KB230623

근대적 글쓰기의 탄생과 문학의 리부

근대적 글쓰기의 탄생과 문학의 titanium

근대적 글쓰기의
탄생과 문학의 리부

권 용 선

이 책에 실린 글들은 1910년대에 발표된 연설·번역·편지 양식의
글을 통해 '근대적 글쓰기'의 형성과정을 추적하고 그 의미를 규명
하고자 한 목적에서 쓰여진 것들이다. 여기서 연설·번역·편지라는
세 가지 양식의 글쓰기에 주목한 것은, 그것이 이전에 없었던 양식
이었기 때문이 아니라 그 세 가지 양식의 글쓰기가 1910년대라는
특정한 시대와 만나 새로운 글쓰기의 규범과 문학적 배치를 만들어
냈기 때문이다.

연설과 번역과 편지 속에는 모두 일정하게 말하기와 글쓰기의 성
격을 확인할 수 있는 요소가 포함되어 있으며, 한 쪽에서 다른 쪽
으로의 이동 과정을 통해 글쓰기가 형성되어 가는 과정과 독자의
성립과정을 동시에 추적할 수 있는 지점이 내포되어 있다. 이러한
성격은 근대적 '소설'이 만들어지는 과정에 일정하게 동기화 작용을
했다는 점에서 중요하다.

이들 세 양식의 글쓰기는 모두 '번역'의 의식 속에서 형성된 것이
라는 공통점을 지닌 것이기도 하다. 연설은 말을 글로 옮기는 것이
고, 번역은 한 언어를 또 다른 언어로 옮겨 적는 것이다. 또한 편지
는 문자언어의 세계에서 탄생한 것이지만 그 문자가 대화를 지향한
다는 점에서 다시 말의 세계로 귀환한다는 특성을 지닌다.

이 책의 2장에서는 '연설'을 중심으로 구어(口語)의 문자화 과정
에서 생겨나는 사태들을 살펴보았다. 연설은 근대에 새롭게 발명된
매체로서 '계몽'을 전파하는 유력한 도구로 활용된 것인데, 이것이
문자로 정착되는 과정은 새로운 문장 언어를 발견해가는 과정이기

도 했다. 안국선의 『연설방법』이 주로 말하기 방식의 규범을 보여준 것이었다면, 김창제의 「연설법요령」은 1910년대 들어서 연설이 문자화되는 과정을 참조할 수 있는 글쓰기 규범과 관련된 텍스트이다. 본 장에서는 이 두 텍스트를 중심에 두고, 1900년대에서 1910년대에 이르는 기간동안 벌어진 '연설'의 변화양상에 주목하였다.

3장에서는 '번역'과 관련된 부분을 다루었다. 이 시기에 번역은 '근대성'과 '문명'을 학습하는 데 핵심적인 것이었고, 그 스펙트럼 또한 넓은 것이었다. 여기에서는 근대 초기 번역에 관한 요구와 양상의 개략적인 면을 살피면서 그것이 '문학' 관념을 형성하는 데 어떤 역할을 했는지에 주목하였다. 1910년대 '문학'에 있어서 번역의 주된 태도는 외국의 작품을 '번안'하는 것이었지만, 한편으로는 같은 시기에 '번역'에 대한 자의식이 형성되기도 했다. 여기서는 이상협의 『정부원』을 통해 번역의 자의식이 생겨나는 과정을, 진학문의 단편 번역과 창작활동을 통해 본격적인 근대 단편소설에 관한 의식이 생산되는 과정을 보여주고자 했다.

4장에서 다루는 대상은 '편지'이다. 편지는 의사소통의 매체로, 문학적 글쓰기의 일부로 근대 이전에도 자주 활용되던 것인데, 여기에서는 근대에 들어 각종 교통공간이 정비되고, 사적 생활이 확보되며 '이향(離鄕)'의 경험이 생겨나면서 이전과는 다른 방식으로 '편지'가 활용되기 시작했다는 점에 주목하였다. 새로운 방식으로 편지가 인식되기 시작하면서, 1910년대에 편지는 한편으로는 '계몽'의 수사로 활용되면서 다른 한편으로는 독립된 개인의 자기 인식과 내면의 고백을 위한 장치로 활용되었다. 본 장에서는 이러한 내용을 '서간체 기행문'과 이광수의 「어린 벗에게」를 분석하는 과정에서 살펴보았다.

'근대적 글쓰기'란 '말하기'를 문자화하는 과정에서 새로운 문장 언어를 창출하는 과정에서 발견되는 것이다. 이것은 글을 쓰는 주체가 가지는 근대적 주체로서의 자의식, 그리고 그것을 읽어낼 수 있는 독자층의 형성이 연동하면서 만들어지는 사태이다. 1910년대의 연설과 번역과 편지는 이러한 현상을 가장 예민하게 보여주는 글쓰기 양식이었다.

부족한 글이 세상에 나올 수 있도록 관심과 도움을 주신 모든 분들께 감사드린다. 원래 이 책에 실린 글은 박사논문으로 제출된 것이었고, 그것으로 충분히 이 글의 운명은 다한 것이라고 생각했다. 그런데, 한국학술정보의 신재훈님께서 관심을 가져주셨고, 책으로 다시 세상의 빛을 볼 수 있도록 도와주셨다. 감사드린다.

2007년 5월 권 용 선

∽ 목 차

제1장 서 론

1-1. 연구목적 및 문제제기

근대는 자본주의의 탄생과 더불어 시작된 서구적 개념이자 역사적 시기의 한 단계이다. 근대의 중요성은 이 시기에 이르러 비로소 모든 사물의 주체인 인간 개념이 탄생한다는 점으로부터 시작된다. 신 중심 사고에서 인간 중심 사고로의 전환, 이것은 봉건 세력과의 투쟁과정을 거쳐 시민사회를 건설하게 된 서구 부르주아들의 민주주의 이념으로 자리잡게 되고, 자본주의 발전의 원동력이 된다. 데카르트의 코기토와 갈릴레이의 과학주의로 무장한 근대 이성은 다른 어떤 것으로도 대체할 수 없을 만큼 절대적인 위치에서 자신과 같지 않은 외부에 대해 철저히 배타적인 태도를 취하는 것으로 스스로의 동일성을 확보해 나간다. 푸코의 말처럼 근대가 만들어낸 규율과 질서에서 벗어난 것들은 모두 '비정상'적인 것들로 간주되며, 폭력적으로 배척되거나 권력에 의한 감시와 교화의 대상으로 전락한다. 따라서 이러한 근대 이성의 자기 동일성이 자본주의의 무한한 자기 확장적인 성격과 결합하여 식민지화를 정당화하는 제국주의의 모습으로 드러나는 것은 정해진 결과이다.

서양의 근대화 과정과는 달리 동아시아에서의 근대는 보다 복잡한 양상을 띠고 전개되었다. 그것은 한편으로는 '강요된 開化'이었지만, 또 다른 한편으로는 '필요에 의한 수용'이기도 했다. 19세기 후반 중화체제의 붕괴로 국제사회에서 새롭게 발생하는 권력관계의 장 속으로 들어가기 시작한 한국사회는, 1905년 무렵까지의 '모색기'를 거쳐 '국민국가 건설'의 주체적 열망이 분출하던 '애국계몽기'의 노력에도 불구하고 1910년 일본과의 합병으로 새로운 성격으로 전환된다. 식민지 근대인들은 근대화에 대한 내적 열망과 함께, 일제에 대한 저항이라는 측면에서의 근대에 대한 부정적 인식으로 이중의 딜레마에 빠지게 된다. 이 과정속에서 제국주의 지배를 뛰어넘기 위한 근대의 완수라는 입장이 자리 잡게 되고 식민지적 근대의 경험은 지배자였던 일제에 '대립하면서 닮는 과정'[1]으로 전개된다. 여기에 합리적 이성이 결여된 비서구 지역을 서구화시켜야 한다는, 식민지화를 정당화시키는 서양의 근대기획이 일제의 식민지 근대화론으로 전수되면서 식민지 한국은 '근대의 실험실(laboratories of modernity)'[2]로 자리 잡게 된다.

근대성을 이전에 없었던 새로운 종류의 욕망과 그것을 억압하려는 기존의 질서 사이에서 만들어지는 갈등의 표현양상속에서 찾을 수 있다고 한다면, 1910년대 문학에서도 근대성의 징후는 도처에서 발견된다. 일례로 문학적 헤게모니를 둘러싼 신·구 지식인들 사이의 대결양상이 그렇다. '조선어'를 무기로 새로운 문학적 지식을 표현했던 유학생 출신의 신지식인층이 출현했다는 것만으로는 문학의

---

1) 김진균·정근식 편, 『근대주체와 식민지 규율권력』, 문화과학사, 1997, 34면.
2) 강상중, 이경덕·임성모 역, 『오리엔탈리즘을 넘어서』, 이산, 1997, 15면.

근대성이 온전히 설명되지 않는다. 그들은 한자를 문학의 언어로 구사하던 구지식인3)들이 근대적 학문체계에 대한 위기의식 속에서 만들어낸 '문학의 무용성(無用性)'과 같은 담론과 대결해야 했고, 속악하고 통속적인 '이야기 책'으로서의 신·구소설과도 대결해야 했으며, 비판적 지식인 선배들이 국외로 대거 탈출한 상황 속에서 시대가 요구하는 '계몽'의 이념에도 충실해야 했다. 그들은 "우리들 청년은 피교육자되난동시에 교육자되여야"4)한다는 의식 속에서 스스로를 새로운 존재로 규정해 나가야만 했다.

'한문학'을 중심으로 하는 구지식인들의 활동이 문예구락부, 신해음사 조선 문예사 등을 중심으로 이루어졌다면5) 최남선, 이광수,

---

3) 이 부분에 대한 보다 자세한 논의는 강명관, 「일제초 구지식인의 문예 활동과 그 친일적 성격」, 『창작과비평』, 1988년 겨울호를 참고할 것.
4) 이광수, 「금일아한청년의 경우」, 『소년』 3년 6권, 1910. 6.
5) 이 시기 한문학과 관련된 담론은 주로 〈매일신보〉를 통해 확산되었다. 인용된 사설은 한자의 훌륭함을 찬양하고 신지식만 탐하는 청년들을 경계하면서 구지식인들에 의한 '문예구락부' 창단을 축하하는 내용으로 이루어져 있다. 한편, '한자' 사용의 문제는 단순히 신·구지식인들 사이의 문학적 헤게모니를 둘러싼 투쟁의 쟁점일 뿐만 아니라, 첨단의 고등 신지식을 피하고 보통의 교육으로 식민지 운영의 편의를 도모하고자 한 총독부의 교육정책과도 맞닿아 있다. "嗚呼－라 漢文은 其生이 四千年에 垂ᄒ고 其流布가 方數萬里에 達ᄒ야 發如何흔 違成에 至홀지라도 文이 同흔則 其衷情을 相訴ᄒ니 漢文은 則東洋의 大語學이라 謂홀지어늘 況幾千年歷史도 此中에 在ᄒ며 聖人의 訓誥도 此中에 在ᄒ며 英雄의 事業도 此中에 在ᄒ며 文章의 奎華도 此中에 在ᄒ며 六藝의 料와 四民의 本과 其他百家의 術이 幷히 此中에 在ᄒ니 吾人이 東洋今日에 在ᄒ야엇지 一日이라도 漢文을 棄擲ᄒ리오 …… 且近日은 新進靑年이 科學에만 專力ᄒ고 一人도 漢文을 談論ᄒᄂ 者가 無ᄒ야 言必稱漢文은 無用이라ᄒ니 自此十數年을 過ᄒ면 漢文의 絶種홈을 了然可知할지니 …… 何幸文學에 有志흔 諸君이 文藝俱樂部를 設立ᄒ고 當世의 文華者流를 萃集ᄒ야 漢文講習所를 置ᄒ며 各種書籍을 編輯ᄒ며 各種文字를 著述ᄒ며 各種書籍을 印行흔다ᄒ니 此ᄂ 漢文界의 一大曙光이라 謂홀지로다"(「文藝俱樂部」(사설), 〈매일신보〉, 1911. 7. 24).

현상윤, 진학문 등 유학생 출신의 신지식인층의 활동은 『청춘』과 『학지광』을 중심으로 형성되었고, 『신문계』와 『반도시론』에는 최영년, 최찬식 부자와 백대진이 포진하고 있었다. 문예단체 혹은 문예잡지를 중심으로 짜여진 이들 세 진영은 각각 자신들의 고유한 글쓰기를 실천하면서 10년대 문학적 지형을 만들어 갔던 것이다. 물론, 이러한 구도로 10년대 문학의 배치를 온전히 설명할 수는 없다. 〈매일신보〉를 중심으로 하는 번안·신소설은 당시 막강한 영향력을 행사했던 대중문학의 핵심이었고, "1910년대 국내 민족운동에서 상당한 세력을 형성했던 주시경 그룹"[6]의 존재를 부인할 수도 없을 것이다. 단지 여기서 주목하고자 하는 것은 근대문학 혹은 근대적 글쓰기가 형성되어가는 과정에서 발견되는 세력 간의 대결과 갈등에 관한 것이고, 앞서 제시한 세 그룹이 서로 이질적인 '문학'에 관한 이념과 문체[7]를 선명하게 보여주고 있다는 점에서 10년대 문학을 이해할 수 있는 하나의 준거 틀로 제안한 것이다.

1910년대는 일제의 침탈로 자주적 근대국가 수립의 가능성이 몰수된 시기였다. 지식인들의 정치적 소외, 경제적 수탈체제의 확립, 친일적 언론의 독점으로 인한 문화적 황폐화가 이 시기를 해명하는 일반적인 말들이다. 때문에 문학연구에서도 1910년대는 '독자적 의미를 갖지 못하는 공백기' 혹은 '암흑기'로 명명되어 왔다. 개화기, 애국계몽기, 근대계몽기 등등의 역사적 시기 설정의 문제 속에서도 1910년대는 하나의 이행기로, 혹은 과도기로 이해되면서 의식적으로 혹은 무의식적으로 배제되어 왔다. 하지만, "1910년대는 문학에

---

6) 한기형, 「최남선의 잡지 발간과 초기 근대문학의 재편」, 『대동문화연구』 45호, 2004, 249면.
7) 그것들은 각각 '한문체', '언한문체', '시문체'라고 이름붙일 수 있는 것들이다.

대한 인식의 차이와 함께 다양한 문학론과 '문학적 생산물'들이 산출된 시기였다. 상업화된 통속적 신소설의 범람과 신파소설의 등장, 활자본 고소설의 복고적 유행, 친일적 구지식인층을 중심으로 한 복고적 문예운동, 부르주아 계몽문학, 망명지 문학 등 여러 양상으로 나타났다."8) 단지, 전 시대에 나타났던 계몽의 열망과 다양한 제도적 담론적 가능성들이 이 시기에 들어서면서 속악한 형태로 변질되거나 외부적 힘에 의해 변형되었고, 그것이 사회현실을 재현하는 문학의 영역에도 일정한 작용을 했던 것이다. 이런 의미에서 "애국계몽기와 1910년대를 하나의 계몽주의시대로 통합적으로 파악하되, 1910년을 고비로 우리 계몽문학이 새로운 국면에 접어들었다"9)고 말한 최원식의 발언은 주목할 만한 것이다. 물론 1910년대를 계몽문학의 범주 속에서 바라볼 때조차도 그 안에서 발견되는 계몽의 스펙트럼 혹은 근대성의 표현양상을 정밀하게 분석해내는 일은 쉽지 않다. 거칠게 말해서 10년대 전반기 문학의 '계몽성'이 대체로 '문명의 제도화'라는 공적 가치에 의미를 부여했다면, 후반으로 갈수록 '자아의 각성'에 계몽의 성격이 맞추어지면서 '미적 근대성'을 발견해가는 주체의 문제가 핵심적으로 부각되는 양상을 보였다고 할 수 있다.

미리 앞당겨 이야기 하자면, 1910년대 문학에서 1914년에서 15년은 하나의 전환점이 된다. 이 시기부터 일제의 식민지 통치가 제도적으로 안착되면서 사회 문화적으로 변화의 징후들이 포착되기 시작한다. 무엇보다도, 1914년 『청춘』과 『학지광』이 창간되면서 근대적 성격의 글쓰기가 가능한 장이 열렸다고 말할 수 있을 것이다.10)

---

8) 김복순, 『1910년대 한국문학과 근대성』, 소명, 1999, 20면.
9) 최원식, 『한국계몽주의문학사론』, 소명, 2002, 18면.
10) 이보다 한 해 앞서 『신문계』가 창간되었는데, 사실, 『신문계』 안에는

번안·신소설이 퇴조하고 구소설이 오히려 활발하게 유통되기 시작했던 것과 마찬가지로 신파극 공연이 영성해졌던 것과는 달리, 전통적인 연희나 창극이 오히려 활기를 띠기 시작한 것도 1914년 무렵이었다. 하지만, 이러한 현상을 문예적 퇴조라고 부를 수는 없다. 오히려 이러한 현상은 신소설과 신파극이 시대적 사명을 다하고 퇴각하는 시점에 그것을 대체할 근대적 문학과 연극이 아직 성숙하지 못한 데서 빚어진 것에 가까웠다. 1915년 이후 구연극은 '연희'로 통칭되면서 연극과 다른 것으로 이해되기 시작했고, 1915년 공진회에서 「살로메」가 상연됨으로써 서양식 연극의 가능성이 모색되기 시작했다.[11] 〈매일신보〉가 1차대전의 진행 상황을 보도하기 시작하면서 영국작가의 원작을 토대로 한 소설이 번역 연재되었다는 사실도 염두에 둘 만하다.

1910년 회사령, 12년 토지조사령을 발표하면서 경제적 침탈로부터 식민지 지배를 시작했던 일제는 1914년 지방행정조직을 개편함으로써 조선에서 일상적이고 전면적인 통치권을 확보하기에 시작했다. 경인(1899), 경부·경의(1905)선에 이어 1914년 호남선과 경원선이 전통되면서 한국 철도의 기초공사가 끝났고, 전차와 인력거가 오가는 경성 시내에 버스가 출현한 것도 이 무렵이었다.[12] 『신문계』나

앞에서 언급한 세 가지 글쓰기 문체가 뒤섞여 있다. 조선문예사에 관여했던 최영년 그룹은 이 잡지에 한시류와 한문체 산문들을 발표했고, 사설과 기고문의 대부분은 언한문체로 작성되었으며, 백대진이 쓴 것으로 보이는 기사 일부는 시문체로 쓰이었다. 또 문학작품의 경우에도 백대진의 번역과 창작 단편에서 나타나는 문체와 최찬식의 단편에서 나타나는 문체는 다르다. 전자가 근대단편의 성격을 보여주고 있다면, 후자는 짧은 신소설의 특징을 고스란히 가지고 있다.
11) 연극과 관련된 논의는 김소은, 『한국 근대 연극과 희곡의 형성과정 및 배경 연구』, 숙대 박사논문, 2002에서 참조.
12) 정재정, 「대중교통의 발달과 시민생활의 변천」, 『일제침략과 한국철

〈매일신보〉를 통해 실업과 저축을 장려하는 이데올로기가 확산되기 시작하면서 "다 썩어진 심장에 돈이라는 욕망이 극도에 달하야 돈을 위하야 자녀도 팔고 돈을 위하야 부형과 소송도 하고 돈을 위하야 심지어 제 혼조차 팔나니 이제 조선인의 뇌중을 섭리하는 자는 오즉 돈이라"[13)는 개탄이 터져 나온 것도 이 무렵이었다. 이러한 상황 속에서 1915년에 치러진 '시정5년 기념 조선물산공진회'는 일제의 식민지 지배가 안정적 지반 위에 올라서게 되었다는 것을 암시하는 사건이었다.

어떤 경험의 양상들은 시각의 변화를 가져온다. 공간의 구획, 시계적인 시간표,[14) 교통의 정비, 미디어의 확장, 교육의 진행[15) 등등. 이런 다양한 경험의 얽힘이 사물을 재현하는 방식에 변화를 가져온다. 원산지에서 떨어져 나온 물품들을 특정한 시공간에 나란히 배열

도』, 서울대학교 출판부, 1999, 555면.
13) 「冷罵熱評」, 『청춘』 4호, 1914. 12, 105면.
14) 참고로 조선에서 처음 24시간제가 실시된 것은 1916년 1월 1일부터이다.(〈매일신보〉, 1915. 12. 19일자 참고)
15) 1912년부터 1921년까지 조선인 교육기관을 일람한 조선총독부 통계자료에 의하면, 1912년 보통학교 수가 367개, 실업학교가 53개, 사립각종학교가 1317개였던 데 비해 서당의 수는 18238개에 달했다. 이러한 학교 수는 각종 실업학교와 전문학교가 새롭게 생겨났던 것과 더불어 점차 증가하는 추세를 보여 1919에는 보통학교 수가 570개 실업학교 66개 사립학교 690개 서당의 수가 24030개에 달했다. 한편, 1915년 교과용 도서 배포수를 보면, 국어독본이 259763개, 보통학교용 조선어 및 한문독본, 조선어 독본, 한문독본을 합한 수가 187770개로 다른 교과용 도서에 비해 압도적으로 많은 수를 점하고 있었다.(『朝鮮總督府統計年報』, 朝鮮總督府 刊 참조) 서당과 같이 한문을 전문적으로 교육하는 기관이 아닌, 근대적 교육기관 안에서도 한문은 중요한 교과목의 하나였던 것이다. 일제가 한자교육을 중요시했던 이유는 '한자'가 일본어와 조선어의 공통 언어였기 때문이기도 하다.

16

하는 '볼거리'로 변환시키는 박람회 효과는 동물원과 식물원 또 시찰단과 관광단의 경험을 통해서도 동일하게 얻어지게 된다. 뿐만 아니라, 그것은 문자텍스트인 신문이나 잡지, 책을 보는 행위에도 동일하게 적용된다. 문자로 쓰인 것 자체가 시각의 특권화를 전제로 한 것일 뿐만 아니라, 문자 이외에 그림과 사진이 주는 훈련의 효과 또한 적지 않았다. 1914년, 1차 대전을 보도하면서 중요하게 활용되기 시작한 사진은 이후로 〈매일신문〉에서 전문적인 영역으로까지 확장되었는데, 이러한 현상은 『신문계』와 『청춘』 등의 잡지에서도 확인된다. 한편, 고희동과 김관호의 그림이 일간지에 실리면서 서양화 혹은 풍경화가 대중적으로 소개된 것도 이 무렵이었다.[16]

사물을 분류하고 서열화하는 시선의 효과로서 세계가 기호화되어 격자상의 텍스트 위에 재배치되고 그것이 문자로 재현될 때, '근대적 글쓰기'는 비로소 탄생한다. 식민지 근대화의 진행과 시각적 경험의 특권화가 시대의 에피스테메를 구성했던 1910년대 중반 이후 우리는 그것을 발견할 수 있다.

이러한 내용을 전제로, 본 연구에서는 1910년대에 발표된 연설·번역·편지를 통하여 '근대적 글쓰기'가 형성되어 가는 과정을 추적하는 데 그 목표를 둔다. 연설과 번역과 편지는 이 시기 이전에도 존재했던 글쓰기 양식이지만, 이 시기에 들어와서 '식민지'의 경험과 더불어 시작된 '근대성'의 경험이 이전과 다른 '글쓰기'의 태도를 만들었다는 데 본 고는 주목하고자 한다.

1910년대는 근대적 양식의 '문학'이 완전히 정착되기 이전으로, 여전히 문학과 비문학이 미분화 상태에 있던 때였다. 오늘날의 관

---

16) 근대적 '미술'이 담론화되고, 독자적 의미를 부여받기 시작한 시기 역시 1915년 이후의 일이다. 보다 자세한 논의는 윤세진, 『근대적 '미술' 개념의 형성과 미술 인식』, 서울대 석사논문, 2000을 참고할 것.

점으로 연설, 번역, 편지는 문학 장르의 외부에 있는 것들이지만, 이 시기에 새롭게 만들어진 글쓰기의 규범 속에서 문학의 내부로 포섭되거나 외부로 배제되는 과정은 역으로 '문학'이 만들어져 가는 과정을 보여주는 것이기도 하다. 새로운 글쓰기의 규범은 말하기 영역으로서의 구어와 글쓰기의 영역으로서의 문어를 분리하는 방식, 혹은 '말'을 텍스트 위에 적는 방법을 의미하는 것이 아니다. 그것은 '쓰인 구어'라는 새로운 인공어를 창출하는 문제이며, 이른바 '언문일치'라고 하는 것과 연동하는 사건이다. '글쓰기'의 외부에 있는 말하기의 현실적 제도로서의 연설의 장, 번역의 욕망을 추동한 정치적 현실의 장, 새로운 교통 공간 혹은 전신 미디어로서의 편지의 장이 글쓰기의 영역으로 변환되어 들어오는 과정과 문학의 내부를 구성하는 하나의 요소로 작용하면서 문학 장르의 외부로 자리잡게 되는 과정 속에서 새로운 글쓰기의 규범을 보여주는 것이 이 글의 목표이다.

1-2. 기존연구 검토

1910년대 문학에 대한 연구는 그동안 주로 '단편소설'을 중심으로 진행되어 오다가[17) 90년대 이후, 1910년대가 '한국적 근대성'이 형성되어 가는 중요한 역사적 시기로 인식되면서 새롭게 바라보고자 하는 태도가 생겨났다. 주지하듯이, 문학 연구의 핵심적 과제로 '근대

---

17) 이재선, 『한국단편소설연구』, 일조각, 1975.
　　주종연, 『한국근대단편소설연구』, 형설출판사, 1982.
　　이동하, 「1910년대 단편소설연구」, 서울대 석사학위논문, 1982.
　　김현실, 「1910년대 단편소설연구」, 이화여대 박사학위논문, 1989.

성'을 문제 삼았던 최초의 연구자는 임화이다. "근대문학이란 단순히 근대에 쓰인 문학을 가리킴이 아니라 근대적 정신과 근대적 형식을 갖춘 질적으로 새로운 문학", "시민정신을 내용으로 하고 자유로운 산문을 형식으로 한 문학"[18]이라는 그의 말은 여전히 유효하다.

한점돌은 1910년대 활동했던 유학생 출신의 신지식인층의 작품을 그들의 정신사적 맥락을 고찰하는 과정 속에서 해명하고자 했다.[19] 김복순은 한점돌의 논의를 보다 확장하여, 민족문학적 관점에 입각, 1910년대를 '부르주아 계몽문학 기간'으로 설정하고 이 시기에 발표된 신지식층의 단편소설과 문학이념을 분석했다. 그는 "민족문학의 과제가 소설에 어떻게 반영되고 있는가 …… 또 하나는 민족문학의 구도를 어떻게 잡을 것인가"에 주목하면서, 이 시기 문학의 특징을 부르주아 계몽문학과 리얼리즘 경향의 문학, 자연주의 경향의 문학으로 삼분하고, 이들을 대표하는 작가로 이광수, 양건식, 백대진의 문학작품을 주요한 분석의 대상으로 설정한다.

앞의 연구가 대체로 장르론에 입각, 개별 작가와 작품의 가치를 규명하는 데 맞추어져 있다면, 한편 대상 텍스트의 외연을 확장시키면서 새로운 연구의 시각을 보여준 성과물들도 나타나기 시작했다. 김영민은 '소설'이라는 이미 규격화된 문학 장르의 하위 개념에 중심을 두면서도 중세문학과 근대문학의 교량적 역할을 한 '서사양식'에 주목함으로써 한국근대문학의 자생적 생산 양식에 의미를 더했고,[20] 정선태는 근대 초기에 각종 매체들에서 발견할 수 있는 다

---

18) 임화, 「개설신문학사」, 〈조선일보〉, 1939. 9. 8.
19) 한점돌, 『한국 근대소설의 정신사적 이해』, 국학자료원, 1993.
20) 김영민, 『한국근대소설사』, 솔, 1997. 김영민의 논의는 송민호(『한국 개화기소설의 사적연구』, 일지사, 1976), 윤명구(「개화기서사문학연구」, 『한국문학연구총서』, 새문사, 1981), 김윤식(『한국근대문학양식론고』, 아세아문화사, 1980),구에서 보여준 선행연구 조남현(「개화기

양한 글쓰기의 형식들을 추적하면서 확정된 문학성을 틀을 깨고 문학 혹은 소설의 영역이 만들어져 가는 과정 자체를 복원하고자 했다.[21] 한기형은 '신소설'이라는 근대적 서사문학이 나타나게 된 사회적 환경, 즉 텍스트 생산의 시스템 문제에 주목함으로써 장르적 차원에서 진행되던 문학연구의 저변을 확장시켰다.[22]

90년대 이후 근대문학 연구의 주된 특징 중 하나는 '개념사' 연구이다. 개념사 연구는 오늘날 자명한 것으로 이해되고 있는 문학의 주된 개념어들이 특정한 역사적 시기에 어떤 방식으로 담론되고 지식으로 분화되었는지를 추적하면서 그것들의 학문적 성립과 배치의 결과를 규명하고자 한다. 김동식의 논문은 "문학용어의 의미변화와 양식의 생산이 의사소통 양식으로서 사회적 승인을 획득하는 과정을 문학영역 외부의 시선으로 고찰"[23]한 것이다. 권보드래는 "근대의 발원지이면서 동시에 오늘날의 근대와는 전혀 다른 운동을 보여준 장"으로서 1900년대에 주목하면서 이 시기 한국에서 근대가 발현되는 다양한 양상을 추적하는 과정 속에서 '문학'이 형성되어 가는 과정을 살피고자 했다.[24] 당시 유통되던 다양한 층위의 담론들을 개념적 층위에서 분석함으로써 그러한 개념들이 나타나게 된 인식론적 토대를 검증해 나가는 방식을 취했다.

본 연구는 선행연구 성과들을 참조하여 1910년대 문학의 근대적 성격을 '글쓰기' 영역의 차원에서 해명해보고자 한다.

소설양식의 변이현상」, 『한국현대소설연구』, 민음사, 1987) 등이 '개화기 문학' 연의 지반 위에서 이루어진 것이다.
21) 정선태, 『개화기 신문 논설의 서사 수용 양상』, 소명, 1999.
22) 한기형, 『한국근대소설사의 시각』, 소명, 1999.
23) 김동식, 『한국의 근대적 문학개념 형성과정 연구』, 서울대 박사논문, 1999, 4면.
24) 권보드래, 『한국 근대소설의 기원』, 소명, 2000, 16-26면 참조.

1-3. 연구 방법

'근대'가 각성한 개인의 출현과 국민국가의 성립을 전제로 한다면, '근대적 글쓰기'는 '자국어 의식'으로부터 출발한다고 말할 수 있을 것이다. '애국계몽기'에 활발하게 진행되었던 '국문논쟁'이 1910년대에 들어서면서 크게 약화되었지만, 주시경으로 대표되는 '한글전용론'과 『청춘』지를 통해서 확산되었던 '시문체'는 식민지 상황 속에서도 '자국어 의식'의 끈을 놓치지 않았던 대표적인 사례이다. '조선어'로 쓰인 텍스트들은 그것이 내포하고 있는 각기 다른 이데올로기적 함의에도 불구하고 모두 '자국어 의식'의 계승이라는 측면에서 '근대적 글쓰기'의 맥락 속에서 논의될 수 있을 것이다.

'근대적 글쓰기'가 갖는 두 번째 함의는 글을 쓰는 자가 갖는 자의식으로부터 나온다. 세계와 대결하는 고립된 개인으로서의 자아에 대한 인식과 그것을 표현하는 것으로서의 글쓰기가 그것이다. 원근법적 시선의 발견과 신문과 잡지 매체를 통한 시각훈련의 과정, 교통공간의 변화와 여행의 경험 등이 세계를 이전과는 다른 방식으로 이해하는 하나의 창구로 기능하기 시작했고, 이러한 것들을 통해 새로운 방식의 글쓰기가 시도되었다. 이러한 현상은 1910년대 이전에도 그 징후가 목격되지만, '서구적 근대'와 길항하는 것 속에서 만들어진 정치·경제적 토대의 변화와 문화적 변환이 이 시기에 들어서면서 식민지 지배 권력이 행사하는 통치 방향에 따라 전면적으로 조정되기 시작했고, 그것이 '글쓰기'에도 일정하게 작용을 했다는 점에 본 연구는 주목한다.

1910년대에 형성되기 시작한 '식민지 근대성'은, 한편으로는 글쓰기에 있어서 '근대적' 성격을 강화하는 쪽으로 영향을 미쳤지만 또 다른 한편으로는 글쓰기가 가능한 조건들을 제한하면서 '식민성'을 강화해 갔다. 물론 이때의 '식민성' 역시 '근대성'의 한 형태이다. 비록 속화된 형태이긴 하지만 1910년대 내내 핵심적 위치를 점유했던 '계몽'담론 속에서도 새롭게 인식되어 갔던 '자율적 영역'으로서의 문학관이 자기를 표현하는 방식으로 '글쓰기'를 가능하게 했다면, 그것을 제도화하는 과정 속에서 만들어진 글쓰기의 규범들은 글을 쓰는 자가 준수해야 할 글쓰기의 질서를 요구한 것이다. 하나의 양식 혹은 장르적 글쓰기를 만드는 규범은 특정한 기준을 중심으로 포섭과 배제의 작동원리에 따라 각각의 영역들을 분류하고 배치해 나갔다. 그것은 구체적으로 '현상문예'와 같은 형태로 제시되거나, 외국의 텍스트를 번역하여 전범을 제공하거나, 「연설법요령」이나 「척독대방」과 같이 특정한 글쓰기의 양식을 예시하는 식으로 나타났다.

이러한 '근대적 글쓰기'는 그 자체로 성립하는 것만은 아니다. 자기표현의 욕망으로부터 시작된 '근대적 글쓰기'가 제도적 규범 속에서 형성되어 가는 과정은 새로운 방식으로 쓰인 글을 읽고 그것에 공감하고 호응하는 독자층의 성립과 함께 가는 것이기도 하다. 이 독자층의 성립은 근대적 교육제도 속에서 훈련받은 학생층을 중심으로 형성되어 가는 한편, 1910년대에 새롭게 형성되기 시작한 문화적 환경 속에서 그 저변을 확대해 나갔다. 그것은 무엇보다도 지면 위에 '쓰인 것'이 유통되고 읽히는 방식에 변화가 생겨났다는 것을 의미하는 것이다. 말하기가 청자를 전제로 하는 의사표현 형식이라면 글쓰기는 그것을 읽는 독자를 필요로 한다. '이야기를 전달한다'는 감각으로 쓰인 신·구, 번안소설이 낭송과 청취를 텍스트 유통방식으로 활용한 측면에 컸던 데 반해,[25] 1910년대 중반 이후

---

25) 신소설과 낭송의 유통방식에 대한 부분은 최원식, 앞의 책, 37-42면

나타나기 시작한 규범적 글쓰기는 교육받은 개인의 고립적인 독서 행위를 기반으로 한다. 연설이 청중을 대상으로 하는 말하기에서 지면 위에 문자를 기입하는 글쓰기로 이전하는 과정 속에도 청중에서 독자로의 이행이 숨어 있으며, 일간지 신문 위에 게재된 읽을거리가 신소설에서 번안소설로 그것이 다시 근대적 장편 소설로 바뀌는 과정 속에도 이야기를 듣는 청중에서 소설을 읽는 독자로의 변화가 내재되어 있다.

'근대적 글쓰기'라고 했을 때, '글쓰기'란 글을 쓰는 행위 자체, 그리고 쓰인 글의 스타일이라는 의미를 동시에 갖는다. 때문에 글쓰기는 오늘날 일반적으로 통용되는 장르에 국한되거나 작가나 작품 그 자체에 한정되지도 않는다. 서구에서도 근대문학의 출발기라고 이야기되는 18세기 후반 무렵부터 '문학' 혹은 '문학성'이라는 개념은 자신의 고유한 영역을 유지하기 위해 극단적 전문성으로 무장해 왔지만, '글쓰기'와 '커뮤니케이션' 일반에 의해 심각한 도전을 받아 왔다. 때문에 '글쓰기'라는 보다 일반적인 개념이야말로 '문학' 개념에 의해 배제되어 왔던 동시대의 가장 활발하고 실제적인 감각들을 발견하게 해 준다.[26] 바르트의 말을 빌자면, "글쓰기(에크리튀르)는 창조와 사회 사이의 관계이고, 그것의 사회적 용도에 의해서 변형된 문어(文語)이어서, 인간의 의도 속에서 파악되고 그래서 역사의 커다란 위기에 연결된 형식인 것이다."[27] 글쓰기는 일반적 의미에서의 랑그(이를테면 조선어라고 하는)나 개인적 차원의 파롤, 혹은

참조.

26) R. Williams, *KEYWORDS: a vocabulary of culture and society*, Oxford uni pre. 1985, p.187.
27) R. Barthes, R, A.Lavers & C.Smith trs, *Writing Degree Zero*, Hill & Wang, 1987, p.14.

문체라고 하는 것과 다르다. 그것은 랑그를 사용하지만, 개별적 수준의 문체들을 포괄하는 상위개념으로, 글쓰기 행위 자체일수도 있지만, 텍스트 위에 '쓰인 것'이라는 측면에서 물질성을 갖는 것이기도 하다. 본고에서 사용하는 '글쓰기'란 이런 맥락 위에서 사용되는 것이다.

이상의 내용을 염두에 두고 본 연구에서는 1910년대에 근대적 글쓰기가 형성되어가는 과정을 연설과 번역과 편지라는 세 가지 양식을 중심으로 고찰하고자 한다.

본 연구의 2장은 '연설'에 관한 논의로 구성된다. 그것을 위해 19세기 후반에서 1910년대까지의 신문과 잡지 매체에 실린 연설과 일부 연설(토론)체 소설을 분석의 대상으로 삼을 것인데, 구체적으로는 〈독립신문〉으로부터 〈대한민보〉, 〈매일신보〉 등의 신문에 실린 연설과 연설체 소설, 그리고 『대한유학생회월보』, 『대한흥학보』, 『태극학보』, 『소년』, 『청춘』, 『학지광』에 수록된 윤치호, 최남선, 이광수, 현상윤 등의 글이 분석의 대상이 된다. 또한 말하기에서 글쓰기로의 이행과정에서 확인할 수 있는 새로운 글쓰기 규범의 창출을 안국선의 『연설법방』과 김창제의 「연설법요령」을 비교분석하는 과정에서 알아볼 것이다.

1910년대 이전에 연설은 계몽의 담론을 전파하는 매체로 활용되었다가 10년대에 특정한 글쓰기의 양식으로 포섭되었다. 연설은, '말을 글로 적는다'라고 하는 것을 실천한 영역이다. 이것은 말을 적는다는 의미도 아니고, 문어를 실천한다고 하는 의미도 아니다. 연설은 일상어를 글로 적는 과정에서 새로운 문장 언어를 발견하고 실천했다. 이것은 '소설'이라는 문학적 글쓰기의 영역이 일상어인 구어를 글로 적는 과정 속에서 만들어졌던 것과 동시적으로 진행되는 사태였다. 연설에 대한 대중적인 호응에 힘입어 작성된 안국선의 『연설법방』(1907)이 주로 말하기의 규범을 지시하는 것이었다면, 김창제의 「연설법요령」(1917)은 연설의 문장을 쓰는 방법에 더욱 중점을 두고 있다. 연설의 금지는 문자화된 연설을 낳게 했고, 이러한 글쓰기로서의 연설은 『소년』을 거쳐 10년대 잡지를 통해 전파되어 나간다.

연설은 계몽의 담론을 전달하는 매체였을 뿐만 아니라, 일종의 '볼거리'이기도 했다. 연설하는 사람에게는 그가 전달하고자 하는 말의 내용만큼이나 목소리, 몸짓, 몸가짐 등이 중요하게 작용했는데, 이것을 통해 청중이나 독자로부터 공감의 정서를 끌어내야 했기 때문이다. 이런 점에서 연설자는 무대 위에서 공연하는 배우와도 같았다. 실제로 연설의 현장이 연극장인 경우도 없지 않았다. 한편, 연설이 문자로 표현되었을 때 감정의 전달은 각종의 문장부호를 동원하거나 감정을 끌어내는 문체를 사용하는 것으로 나아가게 된다.

이 글의 3장에서는 '번역'과 관련된 논의가 진행된다. 10년대 이전에 번역은 문명의 사상을 수입 소개하거나 그것을 조선의 감각에 부합하는 것으로 바꾸어주는 번안의 양상으로 표현되었다. '번안'의 양식은 실상 1910년대에도 일반적인 번역의 기술이었다. 여기서 주목하고자 하는 것은 서구의 문학작품을 번역하는 행위를 통해서 만들어지는 문학에 대한 새로운 감각과 의식이다. 그리고 그 과정을 통해서 번역의 문장이 소설의 문장을 형성하는 데 끼친 영향관계를 추적하는 것이다.

그것을 위해 1910년대 이전에 출현한 '번역'에 대한 요구를 간략히 살펴보고, 문학작품의 번역 양상에 대해 『소년』지를 중심으로 알아볼 것이다. 1914년 이상협이 〈매일신보〉에 번역 게재한 『명부원』은 '번안'에서 '번역'으로 이행하는 과정에서 발견되는 '번역의식'을 잘 보여주고 있다는 점 때문에 선택된 텍스트이다. 진학문이『학지광』과『청춘』에 번역 게재한 외국의 단편소설은『청춘』에 소개된 '세계명작'과는 조금 다른 지점에서 문학작품에 대한 당시 지식인의 인식수준을 살펴볼 수 있다는 점에서 분석의 대상으로 선택했다. 이 글에서는 진학문이 외국 작품을 번역하면서 실험한 문체가 그의 창작에 어떤 작용을 했는지, 아울러 그것이 1910년대 태동하기 시작한 단편소설에 어떤 작용을 했는지 그가 발표한 두 편의 소설 「요조오한」과 「부르지짐」을 분석하는 과정 속에서 밝혀내고자 한다.

번역의 과정은 필연적으로 이전에는 없었던 것을 만들어내는 과정을 동반한다. 새로운 단어의 창조, 새로운 문장어미의 시도 등. 여기서 '인공어'의 탄생과 이른바 언문일치형 어미 '-다'체의 실험을 확인할 수 있다. 1914년 〈매일신보〉에 게재된 이상협의『명부원』은 번안에서 번역으로 이동해가는 과정을 잘 보여주는 텍스트이다. 이상협은 여기서 번역자로서의 의식을 보여주며, 전쟁의 보도로 인해 '서양'에 대한 이해가 전보다 확산되었던 탓에 번역된 서양의 문학작품을 읽는다고 하는 독자의식도 만들어질 수 있었다. 한편, 러시아 문학을 전공한 진학문은『학지광』과『청춘』에 러시아의 단편소설을 번역 게재하면서 사용한 '-다'체를 자신의 창작소설의 문체에도 활용했는데, 이러한 실험은 동시대의 이광수나 현상윤보다도 그에게서 민감하게 나타난다.

마지막으로 본 연구의 4장에서는 '편지'양식의 글쓰기를 검토한다. 편지가 소식을 알린다고 하는 매체의 역할에서 벗어나 문학의 영역 속에서 보편적으로 활용되기 시작했던 것도 1910년대의 일이었다. 이 시대에 편지형식의 글쓰기는 공적영역에서 거대담론, 혹은 정치적 담론이 운위되는 것이 불가능해진 상황에서 문화적이고 일상적 차원의 계몽담론을 전달하기 위해 사용된 것이기도 하다. 『여자계』, 『청춘』, 『학지광』 등에서 확인할 수 있는 편지와 기행편지의 내용은 대부분 '계몽'을 테마로 한 것이었다. 편지는 '이향(離鄕)'과 여행의 경험이 만들어낸 현상으로, 편지의 유행은 편지 쓰는 법을 설명한 '척독류(尺牘類)' 서적의 범람을 가져오기도 했다. 한편, 편지가 지니고 있는 공감의 정서, 일대일의 소통방식을 일대다의 방식으로 치환시켰던 것은 잡지라는 텍스트였고, 그 과정에서 이광수의 「어린 벗에게」와 같은 특정한 소설의 문체를 만들어내기도 했다. '기서(寄書)'와 같이 공적담론을 실어 나르는 경우를 제외하면, 편지는 사적인 의사소통의 수단으로 의미를 갖는다. 이것은 '이향(離鄕)'과 여행의 경험, 교통공간의 재편 속에서만 제 기능을 발휘할 수 있다. 도시로 혹은 외국으로 유학하거나 여행하는 청년들 사이에서 만들어지는 고독의 감수성과 그들이 본 문명의 감각이 편지라는 글쓰기 속에서 재현되는 것이다. 여기서는 『소년』, 『청춘』, 『학지광』 등의 잡지에 발표된 편지양식의 글쓰기들을 검토하고, 그것이 이광수의 「어린벗에게」로 어떻게 수렴되는지 살펴볼 것이다.

지금까지 문학연구, 특히 1910년대 문학을 논하는 자리에서 연설과 번역과 편지양식의 글쓰기가 한꺼번에 논의되는 일은 드물었다. 이것들이 문학 장르의 외부에 위치해 있기 때문이기도 했고, 텍스트를 확정하는 작업이 쉽지 않아서이기도 했다. 더구나 연설과 번역과 편지가 이 시대만의 고유한 글쓰기가 아니라는 점은 1910년대 문학연구에서 이들 양식이 크게 주목받지 못한 중요한 이유이기도 했다. 하지만, 본 연구에서 이들 세 양식의 글쓰기를 주목하는 것은, 그것이 이전에 없었던 새로운 양식이었다는 점을 말하고 싶은 것이 아니라, 그것이 1910년대라는 특정한 시대와 만나 새로운 글쓰기의 규범을 만들어내는 과정 속에서 이전과는 다른 배치를 만들어냈다는 점 때문이다. 구체적으로 이 글에서 연설과 번역과 편지, 이 세 가지 양식에 주목하는 이유는 이것들 속에 모두 일정하게 말하기와 글쓰기의 성격을 확인할 수 있는 요소가 포함되어 있으며, 한 쪽에서 다른 쪽으로의 이동과정을 통해 글쓰기가 형성되어 가는 과정과 독자의 성립과정을 함께 추적할 수 있는 지점이 내포되어 있다고 보았기 때문이다. 또한 이들 세 양식의 글쓰기는 현재 문학 장르의 외부에 위치해 있지만, 그 안에 포함되어 있는 성격의 일부가 근대적 '소설'이 만들어지는 과정에서 일정하게 동기화 작용을 한 것으로 보았기 때문이다. 이들 세 글쓰기 양식은 넓은 의미에서 모두 '번역'의 영역에 속한다. 연설은 말을 글로 옮기는 것이고, 번역은 한 언어를 또 다른 언어로 옮겨 적는 것이다. 편지는 문자언어의 세계에서 탄생한 것이지만 그 문자가 대화를 지향한다는 점에서 다시 말의 세계로 귀환한다. 말에서 글로, 글에서 글로, 다시 글에서 말로 순환하는 과정은 어떤 점에서는 '글쓰기'의 운명과도 같은 것이다.

제2장 연설, 구어(口語)의 변환과 새로운 문어(文語)의 창출

2-1. 매체로서의 연설과 계몽의 논리

연설은 단수의 화자가 복수의 청자를 대상으로 자신의 의사를 전달하는 말하기 방식의 일종이다. 이때, 화자가 전달하는 담화의 내용은 공공의 이해를 전제로 하는 논리적 담론의 영역에 속한 것들로서, 일상적이거나 비논리적인 차원에 속한 것들은 화제(話題)에서 제외된다. 연설은 '언어'를 통해 세계를 이해하고 규명하는 논리적 사고 활동의 일부이며, 그것의 효용은 '공공성'에 의해 보증 받는다. 이때 공공성은, 한 집단의 이익과 정의를 위해 기능할 수 있는가, 혹은 새로운 방식으로 보편적 가치를 창출할 수 있는가 하는 척도 속에서 만들어진다. 공공성은 그것이 공공의 이익과 윤리를 말한다는 점에서, 혹은 그러한 가치를 제안 한다는 점에서 '계몽'과 연결된다. 그러므로 연설에서 청자의 '동의'나 '공감'을 얻어낼 수 있는 다양한 '수사'(억양, 몸짓 등을 포함한)의 기술을 발휘하는 것은 중요하다. 연설은 논리적 언어를 구사한다는 점에서 학문·지식의 세계에 속한 것이지만, 그것을 통해 정서적 감응을 촉발한다는 점에서 문학의 영역과 맞닿아 있다.

연설은 특정한 시간과 장소를 통해 발화되는 현장의 언어라는 점에서 순간적으로 휘발되는 구어적 특징을 갖지만, 그것이 완성되기 위해서는 몇 가지 단계를 필요로 한다. 무엇을 말할 것인가 그리고 그것을 어떻게 배치할 것인가를 토대로 '초고'를 구성하는 단계, 마련된 초고를 현장에서 말하는 단계, 그리고 그것을 다시 텍스트로 옮겨서 하나의 완결된 문장의 형태로 완성하는 단계가 그것이다.

정리하자면, '사고의 구성－발화－발화된 것의 문자화'라는 세 단계를 거쳐 연설은 완성된다. 이때, 세 번째 단계인 '발화된 것의 문자화' 과정에서 일반적으로 이야기하는 '연설문체'가 만들어진다. 발화된 구어는 그것이 문자화되는 과정에서 새로운 문장의 언어로 탈바꿈한다. 그러므로 연설은 단순히 '말하기'의 영역에서 '쓰기'의 영역으로의 배치의 변화 이상의 의미를 갖는다. '연설문체'는 단순히 '말'을 '글'로 옮겨 적은 것이 아니라, 그것이 실천되는 과정 속에서 이전에는 없었던 새로운 글쓰기의 규범을 스스로 생산하면서 만들어진 것이기 때문이다. 또한, 쓰기의 새로운 규범으로서 '연설문'이 문학작품을 생산하는 작가와 그것을 읽는 독자와의 관계에 직접 연관되는 것은 아니지만, 문학작품이 독자에게 요구하는 '감동' 혹은 '공감'의 정서적 감응(affection)이 여기서도 요구된다는 점에서, 말하는 자 혹은 글 쓰는 자 그리고 그것을 수용하는 자 모두에게 문학적 감각을 훈련할 수 있는 훈련의 장으로 기능한다.

이 글에서는 다음의 두 가지 사항에 주목하고자 한다. 하나는 앞서 이야기했던 발화자 즉 연설의 주체인 연사가 펼치는 계몽의 담론과 그것을 관철시키기 위해 구사하는 수사의 양상 및 전유방식이다. 지금까지 '연설'과 관련된 연구는 대체로 서사적 글쓰기, 혹은 토론·연설체 소설이 어떠한 서사적 구성의 맥락 속에서 어떤 담론

을 표현하고 있는지를 밝혀내는 것에 주목해 왔다.[28] 이 글에서는
'쓰인' 내용이 무엇인가를 살펴보는 것에서 나아가, 연설이라는 말
하기 방식이 문자화되는 과정에서 발생하는 새로운 문장의 규칙들
을 발견하고 그 의미를 해명해 보고자 한다.

　두 번째는 연설담론이 시대적 맥락에 따라 전이되는 방식을 통해
장르화되는 양상을 살펴보는 것이다. 문학적 장치를 통해 표현된
근대 계몽기의 연설이 문학과 비문학의 미분화양상을 역으로 증명
하는 텍스트로 기능한다면, 1910년대 중반 이후 연설은 '문학'을 구
성하는 개념적 담론 속에 포섭되지 못하면서 비문학의 영역으로 확
실히 분화되어 나가는 양상을 보인다. 1910년대 이전에 발표된 서
사적 글쓰기와 연설·토론체 소설이 '계몽'을 위한 일종의 수사적
장치로 활용될 수 있었던 것은 문학에 대한 근대적인 관념, 즉 '문
학의 자율성'이 확보되지 못한 상황이 전제되었기 때문이다.

　하지만, 1910년대 중반에 들어서면서 서양의 문학작품을 읽고 그
이론적 맥락을 학습한 새로운 지식인층이 등장함으로써, '연설'은
비문학의 영역으로 인식되기 시작한다. 동시에 연설에 대한 규범은
이 시기에 들어 한층 정치한 틀을 갖추어 나가게 된다. 이러한 과
정은 연설의 중요한 테마인 '계몽담론'의 변질 내지는 속화 양상과
동시적으로 진행된다. '문학'적인 것에 대한 규준이 만들어지는 것
과 비문학적인 것으로서의 '연설'의 규준이 만들어지는 것은 동시적
으로 발생하는 사태였던 것이다.

---

28) 대표적으로 송민호, 『한국개화기소설의 사적연구』, 일지사, 1976. 윤
　　명구, 『개화기소설의 이해』, 인하대 출판부, 1996. 권영민, 「풍자와
　　우화 그리고 식민주의 담론 비판」, 『서서양식과 담론의 근대성』, 서
　　울대학교출판부, 1999. 조남현, 「개화기소설양식의 변이현상」, 『한국
　　현대소설연구』, 민음사, 1987 등이 있다.

32

근대 초기 조선에서의 연설은 근대적 담론을 배우는 학습의 장이었고, 그것들을 구성하고 실천하는 정치적 행위의 장이었으며, 특정한 언어를 사용함으로써 새로운 담론을 전파하고 공적인 효과를 생산하는 미디어의 장이었다.

> 연설이라는 것은 영어로 스피치(speech)라고 한다. 많은 사람들을 모아놓고 자기의 의견을 말하고 단상에서 자신의 생각을 발표하는 것이다. 일본에는 예로부터 이러한 방법은 없고 단지 절에서의 설교 등이 그것과 비슷한 것이다. 서양 여러 나라에서는 연설이 매우 성행하여 정부의 의회, 학자의 집회, 상인의 회사, 시민의 집회를 비롯하여 성인식·결혼식·제사 등에서 개업·개점에 이르기까지 불과 열댓 명 정도의 사람이 모이면 반드시 그 집회에 대하여 집회의 목적을 말하거나, 사람들의 평생의 지론을 피력하는 습관이 있다.[29]

연설(演說)은 영어의 'speech'를 한자로 번역한 것이다. 동아시아에서 이 단어를 처음 채택하여 사용한 것은 후쿠자와 유키치였다. 후쿠자와는 오늘날 우리가 사용하고 있는 많은 용어들을 『서양사정』(1868)을 저술하면서 만들어냈다. 여기서 만들어냈다는 것이 의미하는 바는, 그가 새로운 개념어를 창조해내었다는 것이 아니다. 그가 만들어낸 용어들은 책의 제목이 뜻하는 바처럼 서양의 사정을 설명하기 위해 끌어들여야만 하는 것들이었고, 그러기 위해서 그는 많은 말들을 번역해 내야만 했던 것이다. 하지만, 이것은 단순히 말과 말의 일대일 대응관계를 설정하는 것으로 해결될 수 있는 성질의 것이 아니었다. 이를테면, 그는 처음에 영어의 'individual'에 대

---

29) 후쿠자와 유키치, 『학문을 권함』, 엄장준·김경신 역, 지안사, 1993, 169면.

한 번역어로 '사람'(ひと)이라는 일상의 용어를 채택했다가 그것이 'individual'이 갖는 역사성과 의미를 온전하게 전달할 수 없다는 것을 깨닫고, '독일개인(獨一個人)'이라는 말을 거쳐 '개인(個人)'이라는 한자어로 정착시킨다.

후쿠자와의 고민은 용어의 선택에만 있었던 것은 아니었다. 오히려 문제는 '서양에는 있지만, 일본에는 없는 현실'을 번역하여 전달하고, 만들어내야만 한다는 의식에 있었다. 때문에 그의 번역어는 차차 '한자어'를 사용하는 것으로 집중되었고, 이때 한자어는 그 낯설고 복잡한 형상으로 인해 '가나(カナア)'와는 다른 뭔가 복잡하고 중요한 원어의 의미가 온전히 포함되어 있다는 환상을 창출하는 효과를 지닌다.[30] '연설'이라는 말이 'speech'에 대한 번역어가 된 사정도 비슷할 것이다. 인용한 글에서 그는 연설이 영어의 'speech'에 해당하는 말이라는 것, 그것은 '사람들을 모아놓고 단상에서 자신의 생각을 발표하는 것'이라고 정의내린 후 '일본에는 예로부터 이러한 것이 없지만, 서양의 여러 나라에서는 연설이 매우 성행'해 왔다고 말한다. 문제는 여기에 있는 것이다. 일본에는 없지만 서양에는 있는 것, 그것을 번역하고 만들어내야만 하는 것이다. 그것은 말할 것도 없이 '문명'이다.

문명은 '정부의 의회, 학자의 집회, 상인의 회사, 서민의 집회를 비롯하여 성인식·결혼식·장례식·제사 등' 전방위적으로 모든 영역에 걸쳐 있는 것이다. 게다가 의회구성이라는 일본의 당면과제를 앞둔 상황에서, 민주적 절차의 핵심요소라 할 만한 '연설'을 모른다면 의회 자체가 무의미해질지도 모른다. 연설은 민주주의의 표현형

---

30) 야나부 아키라, 『번역어성립사정』, 서혜영 역, 일빛, 2003, 42-47면 참조.

34

식이고, 민주주의는 문명의 징표이다. 그리고 문명은 서양에서 만들어진 것이다. 이러한 도식적 이해 속에서 후쿠자와는 일본의 현실 속에는 없는 '연설'을 스스로 학습해서 만들어내야만 했다. 그래서 그는 1873년부터 4년에 걸쳐 케이오 의숙(慶應義塾)의 멤버들과 집중적으로 '연설'연습에 힘을 기울였던 것이다. 때문에 연설에 대한 후쿠자와의 공적은 '연설'이라는 신체적인 언어행위를 오관에 호소한 미디어로 새롭게 구축한 것, 결국 구두의 이야기에 의한 언어적 행위를 학문의 제일요건으로 선택했다는 데 있다고 평가 된다[31]

조선에 '연설'을 처음 소개한 사람은 유길준이다. 그는 『서유견문』에서 연설의 한 형태인 서양에서의 '강연'을 소개했다.

> 강연이란 자기 생각을 말로써 널리 펼치는 것인데 …… (자연과 사람에 관계되는 - 인용자) 이치를 조목조목 따지고 이유를 들춰내어 세상 사람들의 견문을 넓히려는 것이다. …… 학자가 강연하려는 내용을 종이에 써서 강연대 위에 놓고, 그 강연대 위에 예복 차림으로 서서 높은 목소리로 낭독하면, 청중들이 차례로 의자에 앉았다가 자기 마음에 드는 구절이 나올 때마다 손뼉을 치며 부르짖는다. …… 서양 사람이 말하기를 '강연도 역시 개화를 이루는 일대 계기이다'라고 하였다[32]

강연(또는 연설)은 학자가 자기 생각을 펼침으로써 세상 사람들의 견문을 넓혀주는 작업이다. 강연이 중요한 것은 그것이 "개화를 이루는 일대 계기"이기 때문이다. 유길준이 서양의 '강연'에 관해 자세히 소개한 의도는 후쿠자와가 '연설'이라는 말을 처음 번역하고

---

31) 코모리 요이치, 『일본어의 근대』, 정선태 역, 소명, 2004, 45-51면 참조.
32) 유길준, 『서유견문』, 허경진 역, 한양출판, 1995, 392-393면.

소개했을 때의 그것과 크게 다르지 않다. '개화'라는 표현 속에는 조선에 서양의 문명과 민주적 제도를 받아들여야 한다는 의식이 숨어 있다. 강연 혹은 연설은 서양의 문명을 구성하는 제도의 한 표상인 것이다.

유길준이 묘사하는 서양의 강연장 풍경을 통해 우리는 몇 가지 흥미로운 사실을 발견할 수 있다. 하나는 강연자의 강연(또는 연설)이 이미 준비된 원고를 토대로 '낭독'된다는 것, 그리고 청중들이 강연을 일종의 '볼거리'로 인식하고 있다는 것이다. '낭독'이 가능하려면, 말할 것도 없이 미리 강연할 내용을 문자화하는 작업이 필요하다. 하지만, 강연자의 강연 혹은 '낭독'은 쓰인 것을 그대로 읽어 내리는 수준에서 진행되는 것이 아니다. 강연자는 '예복차림으로 서서 높은 소리로' 낭독한다. 그는 강연 내용의 중요한 부분마다 몸짓과 억양으로 악센트를 주면서 '낭독'의 효과를 높인다. 청중들은 '자기 마음에 드는 구절이 나올 때마다 손뼉을 치며 부르짖는' 것으로 강연자의 '낭독'에 반응한다. 강연은 새로운 지식과 사상을 전달함으로써, 청중들을 '계몽'하고 '개화'하고자 하는 의도에서 만들어진 것이지만, '손뼉을 치고 부르짖는' 반응을 끌어내는 일종의 오락적 기능 혹은 '볼거리'로서의 기능을 동반하는 한에서만 '견문을 넓힌다'고 하는 애초의 의도가 관철될 수 있었던 셈이다. 이러한 '볼거리'를 제공하는 연설의 '오락적 기능'은 근대계몽기에 서사적 구조를 지닌 이야기로 문자화되면서 문답체, 토론체, 연설체 등의 문체를 생산하는 데 일정한 작용을 하게 되는 것이다.

'견문을 넓힌다'고 했을 때, 그 '견문'을 제공하는 강연자는 '학자'이다. 그는 일반 청중이 알지 못하는 새로운 지식과 사상을 전달함으로써 그들을 '개화'시켜야 할 의무를 가지고 있는 자이다. 강연 혹은 연설은 '학자'의 특권과도 같은 것이었다. 서양에서 뿐만이 아니라, '연설' 연습을 했던 후쿠자와와 케이오 의숙의 멤버들에게 그러했고, 계몽기 조선의 지식인들의 경우에도 마찬가지였다.

서구의 민주주의적 정치형태와 연결되는 토론 혹은 연설(강연)은, 학교교육이나 정치적 실천의 장을 통해 학습되었다. 서재필과 윤치호는 미국유학을 통해 이것을 학습했고, 그것의 효용을 배재학당과 독립협회를 통해 확인하고자 했다. 서재필은 배재학당에서 '협성회'를 조직하고 '회의 진행법' 등을 가르치는 한편, 정기적으로 '계론회'를 열어서 학생들에게 논리적 사고의 표현과 민주적 절차의 과정을 학습시켰다. 서재필이 배재학당의 학생들과 함께 '연설공부'에 매진했다면, 윤치호는 일본유학시절 후쿠자와와 직접 접촉하면서 계몽과 연설 혹은 토론의 기능을 확신하게 되었다. '연설'이라는 용어 역시 윤치호에 의해 처음 쓰이기 시작했다.[33]

> 빈지 학당 학도들이 학원즁에서 협셩회를 모와 일쥬 간에 흔번 식 모와 의회원규칙울 공부ᄒ고 각식 문제를 내여 학원들이 연설 공부를 흔다하니 우리는 듯기에 넘으 즐겁고 이사름들이 의원원 규칙과 연결 ᄒ는 학문을 공부ᄒ야 죠션 후싱들의게 션싱들이 되 야 만ᄉ를 규칙이 잇게 의론 ᄒ며 즁의를 좃차 일을 결쳐ᄒ는 학 문들을 퍼지게 ᄒ기롤 브라노라.[34]

학교 안에서 연설을 연습한 '협성회' 회원들은 1897년 여름부터 광화문, 종로 등에서 민중 계몽을 위한 가두 연설회를 개최했다. 연설 내용 중 좋은 말과 새로운 용어가 많이 나왔고, 또 사회개혁을 주장하는 것이 대부분이었으므로 이에 대한 청중의 관심도가 높아

---

33) 김영우, 『한국근대토론의 사적 연구』, 일지사, 1991. 53면.
34) 〈독립신문〉 103호, 1896. 12. 1.

지게 되었다. 학생 연사들은 점차 정치문제를 주제로 삼는 연설회
로 발전시켜 나갔다.[35]

> 한 신사가 우연히 다리가에 부친광고를보니 금 이십일오후일시
> 에 신문밧 독립회관에서 정치연셜로 긔회흔다흐고 그 엽헤하다흔
> 출석변사의 성명을 긔록흔지라 …… 문간에순검이 셔서 드러가는
> 사람마다 불너성명을 조사하드가 학도갓치보이는사름은 그 거쥬
> 와통호를 슈첩에적고 분명히 학도가 아님을변명한후에 입장흐게
> 흐더라 원릐 언의정치연셜이던지 그 발긔흔자가 연설의문졔와 대
> 의를 일일이먼져 고흐야 치안의방히가 될듯흐면 인가흐지아니흐
> 고 쏘 연설장에 경찰관이 출장흐야 광무년간에 외국유학흔 싱도
> 즁 정치를 개량흐고 국세를 경동흐고 정부를 공격흐거늘 이럼으
> 로 정부에서 률문을 뎨명흐야 단속을엄즁히 흐는고로 각쳐연설회
> 와 각학교토론회까지 모다 금지흐니 …… 그쎅두신사가 순검의허
> 가를 엇어 당상에오르니 백여간대쳥에 방쳥흐는사름이 가득흐야
> 송곳 꼬질틈이업는데 졍면에는 팔선탁자를 놋코 한변사가 그 우
> 헤셔셔 한참연설흐는즁에 웃는자도 잇스며 부르지지는 사름도잇
> 셔 가부의평론이 분분흐고 그 변사엽헤는 두경무관이 복장에칼을
> 집고 엄연히 교의에거러안젓스며 셔긔일인은 손에연필을가지고
> 자조 연설의대의를 필긔흐고 동벽에는 륙칠장되는조희에 변사의
> 성명과 연설의문졔를 써서거럿스되.[36]

1908년에 발표된 구연학의 『설중매』에는 당시 독립협회의 연설회
풍경에 비교적 상세하게 묘사되어 있다. 독립협회의 연설·토론회
는 1897년 8월부터 98년 12월까지 대략 35회에 걸쳐 열렸다. 그중
에서 작품 속에 묘사된 부분은 고급관료 중심의 초기의 독립협회

---

35) 김영우, 앞의 책, 102-103면 참조.
36) 구연학, 『설중매』, 해동서관, 1907, 6-8면. 본 연구에서는 1978년
    아세아문화사에서 나온 『신소설·번안(역)소설』 3권에 수록된 텍스
    트를 선본으로 하였다.

운동이 정리되면서 지식인 청년층에 의한 비판적이고 반정부적인 내용의 정치연설회가 열리기 시작하던 시기의 상황에 해당한다. 독립협회의 정치연설회는 곧 '협성회'의 연설회가 점차로 정치적인 색채를 띠어가던 상황과 대체로 일치하는 것이기도 하다. 인용된 부분에서 묘사하고 있듯이, 연설회에 대한 사전 신고, 연설회장 앞에서의 신분조사, 연설 내용에 대한 방청 기록은 정치 연설회에 대한 정부 측의 예민함을 보여주는 것이기도 하다.

구연학의 『설중매』는 스헤히로 뎃쪼(末廣鐵腸)의 『셋쮸바이(雪中梅)』(1886)를 번안한 작품이다. 자유민권운동가였던 스헤히로가 이 작품을 발표할 무렵에는 이미 국권론자로 전향한 이후였지만, 작품 속에는 자유민권운동과 자유당 창당 시기에 유행했던 연설·토론회에 대한 묘사가 핍진하게 그려져 있다. 1886년에 간행된 이 작품의 상편에는 이부무라로에서 열린 정치연설회의 모습이 삽화로 실려 있기도 하다. 구연학의 『설중매』에서 묘사되는 정치연설회의 풍경은, 학생들의 참석여부를 경관들이 조사하고, 연설 내용을 기록하는 한편, 비판의 수위가 높다고 판단되는 연설에 대해서는 중지 명령도 내리곤 했던 자유민권운동기에 일본에서 유행한 정치연설회 모습이기도 한 것이다.[37] 구연학은 번안과정에서 "구니노(셋쮸바이의 주인공 – 인용자)가 이부무라로에서 열변을 토하는 장면에서 그 연설 내용을 대폭 삭제"[38]하기도 하였지만, 연설회 장면을 크게 변개하지 않은 것으로 보아, 당시 독립협회의 연설회 모습 또한 여기에서 크게 벗어나지 않은 형태로 진행되었음을 알 수 있다.

---

37) 유모토 고이치, 『일본근대의 풍경』, 연구공간 수유＋너머 역, 그린비, 2004, 72-74면 참조.
38) 최원식, 「번안의 의미; 『설중매』연구」, 『한국계몽주의문학사론』, 소명, 2002, 219면.

1898년 고종의 아관파천 이후, 독립협회는 구국정치운동의 일환으로 만민공동회를 개최했다. 시민들은 미전시정 현덕호를 회장으로 선출했고, 백목전 다락 위에서 열렸던 집회에서는 시민, 협회원, 학생들이 자발적으로 등단해 애국연설을 했다.[39] 시간이 지날수록 일반 민중들의 자발적인 조직과 참여가 두드러진 만민 공동회의 특징은 연설의 주체가 학식과 권력을 가진 자가 아니라, 평범한 민중들이었다는 점이다. '협성회'의 연설연습과 가두 연설회, 그리고 독립협회의 토론회[40]가 만들어낸 효과였다. 하지만, 만민공동회 18일째 되던 1898년 12월 23일, 평민 복장을 한 보부상들과 총을 든 군인들에 의해 시위대는 진압되었고, 고종은 만민공동회를 불법화하는 칙어를 발표하여 민중들을 강제 해산시켰다. 이 시기 이후로 가두에서의 자발적인 민중집회는 3.1운동을 기다려야 했다. 하지만, '만민공동회'의 경험은 '연설'을 서양의 문명과 근대적 제도, 그리고 새로운 담론을 전파하는 유력한 미디어로 인식시키기에 충분한 것이었다.

2-2. 연설의 유행과 말하기의 규범

"백여간대청에 방청ᄒᄂ는사름이 가득ᄒ야 송곳 ᄶ질틈이업ᄂ는데 정면에ᄂ는 팔선탁자를 놋코 한변사가 그 우혜셔셔 한참연설ᄒᄂ는즁에

---

39) 김영우, 앞의 책 141면.

40) 독립협회의 토론 주제를 살펴보면, 교육과 위생, 국문사용, 신문의 보급, 관의 애민정신, 증기·전기력 사용으로 인한 경제력 보강, 의회설립, 국토 조차의 불가, 법률재정, 백성의 권리 등 근대적 제도와 권리 의무 등을 학습할 수 있는 내용으로 채워져 있다.(김영우, 앞의 책, 320-323면 참조.)

웃는자도 잇스며 부르지지는 사룸도잇셔 가부의평론이 분분ᄒ고"[41] 로 묘사되는 『설중매』의 연설회장 풍경은, 대체로 1900년대에도 일반적인 것이었다. 1905년의 을미사변, 1907년의 정미7조약 등 일련의 정치적 사건들을 경험하면서 고조된 정부에 대한 불신과 국권에 대한 위기감이 '연설'을 통해 자주 표출되었고, 이에 따른 정부 측의 연설과 집회에 대한 탄압 또한 만만치 않았다. 이러한 분위기 속에서 대중들은 연설회에 참석함으로써, 새로운 지식과 현실비판의 담론에 공감하고 고무되었으며, 연설을 주도하는 지식인들은 계몽의 효과를 높이기 위해 더욱더 효과적인 말하기 방식을 찾아 골몰했다.

안국선의 『연설법방(演說法方)』(1907)은 이러한 시대적 상황의 산물이다. "我韓이 至今에 束縛主義를 纔脫ᄒ야 釋放主義를 方採ᄒ며 武斷時代를 僅過ᄒ야 憲政時代로 將入ᄒ니, 此一言論自由를 不可不尊重홀時代로다"[42]라고 말한 조창한의 『연설법방』 서문은 당시 조선이 외세에 의해 속박당하며 언론의 자유가 존중되지 못하는 무단의 시대라는 것을 여실히 드러내 준다. 저자인 안국선 역시 '緒言'에서 "余憂言論社會之不振ᄒ야 著此書而發刊" 한다고 말한다.

『연설법방』의 본문은 모두 일곱 개의 부분으로 나뉘어져 있는데, 각 부분은 웅변가의 최초, 웅변가 되는 법방, 연설자의 태도, 연설과 감정, 연설의 숙습, 연설의 종결이라는 소제목을 달고 있다. 본문의 뒤에는 실제 연설의 예문들을 실어서 참고로 삼을 수 있게 했다. 이것들은 각각, 학술강습회의 연설, 낙심을 戒하는 연설, 청년구락부에서 하는 연설, 정부의 정책을 공격하는 연설, 금연연설, 학교의 학도를 권면하는 연설, 부인회에서 하는 연설, 운동에 대한 연설

---

41) 구연학, 『설중매』, 회동서관, 1908, 7면.
42) 안국선, 『연설법방』, 탑인사, 1907, 1면.

등인데, 이러한 제목은 학술, 정치, 학교, 풍속, 위생 등 당시 일반적인 계몽담론의 주제와 상통하는 것이다.

『연설법방』은 그 서명이 제시하는 바와 같이 연설하는 방법에 대해 서술한 책이다. 안국선은 여기서 연설자가 되기 위해 갖추어야 할 요건들인 부단한 노력과 학습(박식)에 관해 이야기하고, 연설자가 갖추어야 할 태도(열성)와 청중의 감정을 불러일으키는 법, 말을 끝마치는 방법에 대해 설명한다. 이러한 내용은 모두 '어떻게 말할 것인가'에 맞추어져 있다. "연설가의 최초"에서 예로 들고 있는 데모스테네스는 "聲音이 不大"하고, "言語의 句絶이 不分明"하며, "一句를 終할 時마다 兩肩을 聳出ᄒ야 苦悶ᄒ 醜態"를 보이기 때문에 청중들로부터 조롱을 받는 것으로 설명되고 있다. 안국선은 데모스테네스의 경우를 예로 들어서, 연설자는 크고 분명하게 말할 것, 그리고 확신에 찬 태도로 말할 것을 주문하고 있는 셈이다.

한편 「연설가 되는 방법」에서는 저자는 항상 변론하는 습관을 들이라고 말한다. 여기서 말하는 변론이란 '토론'과 관계된 것이다. "人이 白이라 言ᄒ거던 我는 黑이라 反對ᄒ며 人이 表라 言ᄒ면 我는 裏라 應答ᄒ야 沒理無根ᄒ 說이라도 어딕ᄭ지던지 主張ᄒ야 屈치 말고 …… 相對者를 勝ᄒ후에 己홀 大勇氣와 大雄辯을 練習"[43] 할 것이 요구된다. 자신의 의견을 관철시키기 위한 훈련을 하는 것이 무엇보다 중요하다고 강조하는 셈이다. 그것이 비록 비논리적인 의견일지라도 상대방을 설득할 수만 있다면 토론에서 이길 수 있기 때문이다. 일대일의 대화인 토론에서 상대를 설득할 수 있는 자만이 다수를 상대하는 연설에서도 설득의 기술을 발휘할 수 있는 것

---

43) 안국선, 위의 책, 4면. 이후로 『연설법방』의 원문 인용은 인용면수 생략함.

이다. 여기서 설득의 기술은 상대의 의견에 반대하거나 자기주장을 굽히지 않는 것 정도의 소박한 차원에 머물고 있지만, '웅변가의 태도'를 문제 삼는 부분에서 그것은 좀 더 구체적으로 이야기된다.

토론이 대화적인 말하기 방식이라면, 연설은 일방적인 말하기 방식이기 때문에 화자의 말이 청자들에게 수용되고 반응을 이끌어내기 위해서는 보다 섬세하게 설득의 기술이 필요한 것이다. 저자가 '웅변가의 태도'라고 이름 붙이고 있는 설득의 기술은 "하이칼라的으로 持身ㅎ면 音聲이 奇麗ㅎ고 句節이 妙妍ㅎ야 聽者로하야곰 愛的思想이 生케"할 수 있다고 말하는 것이나, "嘲弄的의 語는 挪揄的의 言을 發할 時, 外에는 그設을 終ㅎ기 前에 演說者自己가 笑ㅎ은 決코不可"하다고 서술하는 등 말하기 방법을 제안하고 있는 것과 "演說者의 態度는 其演說중의 語勢를 從ㅎ야 혹은 手를 擧ㅎ며 或은 顏을 變ㅎ야 其心中의 情態를 現示ㅎ이 必要"하다고 하거나, "演說을 畢코자ㅎ야 恭遜ㅎ 言辭를 始ㅎ야 演卓것으로 조곰비켜시면서 一手의 指端으로는 卓子모소리를 輕ㅎ게집고 一手는 넙적다리에 順垂ㅎ야 語를 終ㅎ는 同時에 揖ㅎ고도라서 鄭重히 壇을 下"하라고 주문하는 두 가지로 나누어진다. 전자가 말하기 방법과 연관된 것이라면, 후자는 연설자의 몸가짐과 연관된다. 전자는, 논리에 의한 이해와 설득을 문제 삼는 것이다. 때문에 연설가는 '박식'해야 한다. 多讀, 多聽, 多演의 훈련이 필요하며, 연단에 서기 전에 초고를 외울 정도로 '熟習'하지 않으면 안 된다.

후자의 경우 "연설은 열심히 하는 것이 제일"이라는 말을 덧붙이고 있는 것처럼, 연설자의 태도에 따라 청중의 반응이 달라질 수 있다는 점을 상기 시킨다. 연설자는 무대 위의 배우와도 같다. 연단과 무대는 동일한 이미지를 생산한다. 배우가 무대 위에서 한 인생과 삶의 장면들을 리얼하게 연기하는 것을 관객들이 보고 자신과 동일시하거나 동정할 수 있는 것처럼, 연설자가 특정한 몸가짐과 어조와 발성으로 자신의 의견에 청중이 몰입하고 공감할 수 있도록 하는 것은 유사한 형태인 것이다. 때문에 연설자에게는 "演說홀 時에 맛당히 其感情에 訴ㅎ야 他의 感情을 動케ㅎ기를 注意홀" 필요가 있는 것이다. "感情에 訴ㅎ는 演說은 誰가 聽ㅎ던지 誰가 讀ㅎ던지 아—悲慘ㅎ다, 아—불상ㅎ다, 아—견딜슈업다,ㅎ는 念이 起ㅎ야 自然히 其說에 同情을 表ㅎ게" 된다. 演說의 演과 演技의 演은 모두 말하는 자와 듣는 자 혹은 행위 하는 자와 보는 자가 서로 '통한다'라는 의미를 지닌다는 점에서 동일하다. 무엇이 서로 통하는가. 그것은 바로 다름 아닌 '感情'인 것이다.

연설을 마무리할 때, "滋味잇는말삼이 多ㅎ오나 時間이 不足ㅎ오니, 後日에 機會가 有ㅎ면서 다시 演說ㅎ겟슴니다"와 같이 "演說을 畢了ㅎ고 下壇홀 時에 本題의 說明을 終結ㅎ고 卽時下壇ㅎ야 贅言을 不要ㅎ되 形式上의 演說은 形式上의 言語를 用홈이 必要"하다고 말하는 것도 어떻게 마무리하는 것이 연설에 대한 아쉬움의 감정을 유발할 수 있는지를 설명하고 있는 것이다. 이렇게 보자면, 이 시기에 "연설이라든가 토론이라든가 하는 담론의 전파를 위해 연극 공간은 공공연하게 이용되었고 그 필요성의 요구를 부단히 받게"[44] 되었던 것도, 단순히 연설·토론 공간의 부족 때문만은 아니었던 것이다.

'어떻게 말할 것인가'의 문제는 '구어'에 규칙을 부여함으로써 공적인 언어로 조직하는 실천을 통해서 구체화된다. 이때 연설 언어

---

44) 김소은, 『한국근대연극과 희곡의 형성과정 및 배경연구』, 숙명여자대학교 박사논문, 2002. 6, 109면.

의 규칙성은 '연설'이 이루어지는 특정한 시공간을 전제로 이루어진다. 연설의 공간은 무엇인가를 욕망하는 공간이다. 그 공간에서는 정치적인 것, 경제적인 것, 제도적인 것 등 무수한 담론들이 펼쳐지는데, 그것들은 모두 '문명'이라는 하나의 코드로 수렴되는 욕망을 표현하는 것이다.

토론이 일 대 일의 발화상황을 중심으로 이루어지는 말하기 방식이라면, 연설은 일(一) 대 다(多)의 발화상황 속에 놓인다. 이때의 발화상황은 말하는 자와 듣는 자 사이에서 형성되는 입장과 관계에 따라 다르게 형성된다. 하지만 그 연설회의 성격이 정치적인 것이든, 가두에서 행하는 것이든, 학생회나 단체 안에서 행하는 것이든 상관없이 연설자와 청중 간의 관계는 계몽하는 자와 계몽 당하는 자로 이분화 된다. 연설의 계몽적 성격 속에서 화자의 전달 동기와 표현 동기는 완전하게 분화되지 않는다. 논리적 세계와 정서적 세계 속에 한 발씩 딛고 있으면서, 그 둘을 모두 가지는 것이 말하기로서의 연설의 규범이다. 연설의 영역 속에서 이 둘의 분화가 일어나는 것은 1910년대이고, 이것은 '문학'과 '비문학'에 대한 개념적 차이를 인식하기 시작하는 것 속에서 이루어지는 것이다.

2-3. 연설의 재배치와 글쓰기의 규범

지금까지 정치연설의 쇠퇴와 산문화 경향에 대해서는 "연설의 금지라는 정치적 강압에 의한 토론성의 내재화"[45]라는 측면에서 이해되어 왔다. 여기서 토론성의 내재화란 연설의 산문화라는 말과

---

45) 김윤식, 『한국근대문학양식논고』, 아세아문화사, 1980, 201면.

다르지 않은 것인데, 현장에서의 연설이 주는 감응력을 문자로 표현했을 때 줄 수 있는 서사적 감응력이 이때 중요한 요소로 작용한다. 하지만, 이때의 감응력이란, 서사구조 속에 들어간 '연설' 혹은 '토론'의 내용으로부터 생겨나는 것이 아니라, 서사구조 즉 이야기성 자체의 힘에 의한 것이다. 이를테면, 「鄕老訪問醫生」[46] 처럼 신문 잡보란에 실린 서사적인 글에 연설이 포함되고 있는 형태이든, 『금수회의록』이나 『자유종』과 같이 우화적이거나 풍자적인 소설의 구조 속에 연설·토론이 포함되어 있는 것이든, 그러한 글들의 일차적인 목표는 '계몽'이다. 때문에 이러한 양식의 글들이 가지는 "문체의 감응력은 논설의 속화에 있고, 또한 풍자성에서 그 감응력이 획득되는 것"[47]이다. 〈대한민보〉에 수록된 「병인간친회」, 「금수재판」, 등에서 볼 수 있듯이, "근대적 시공간감각, 토론의 형식적 절차모방, 행동묘사에 쓰이는 '-다'체의 시도 등을 통해 현실의 토론은 '토론체'라는 허구적 공간 안에서 현실감 있게 재현될 수 있었다."[48] 하지만, 계몽기의 문답·토론체 소설은, 다양한 집단의 대표들이 각자의 입장을 토로하는 복수의 관점을 취한다는 점에서 한 명의 발화주체와 그것을 듣는 다수의 청중으로 구성되는 '연설'과 다르다. 연설은 계몽 지식의 일방향적 전달과 발화자와 청중 간의 관계의 역전이 일어나지 않는다는 점에서 토론과 다르다. 이 글의 목적은 '계몽'의 내용이 어떤 서사적 구성을 통해 산문화되었는지, 혹은 그렇게 만들어진 서사물 속에 어떤 '연설적 요소'가 들어 있는지를 살펴보는 데 있지 않다. 오히려 여기서 주목하고자 하는 것은, '말하기'를 '문자화'

---

46) 〈대한매일신보〉, 1905. 12. 21-1906. 2. 2.
47) 김윤식, 앞의 책, 202면.
48) 신지영, 『「대한민보」 연재소설의 담론적 특성과 수사학적 배치』, 연대국문과석사논문, 2003, 153면.

시키는 과정에서 일어나는 현상, 즉 그때 만들어지는 새로운 문체의 문제이며, '연설'의 주체가 '말하는 자'에서 '글 쓰는 자'로 전이되어 가는 과정에서 만들어지는 쓰는 자로서의 자의식의 구성방식에 있다.

토론과 문답체의 전통은 1910년대 들어오면서 거대 서사(혹은 정치적 담론)를 말하는 것이 금지된 상황, 일상적이고 제도적인 차원의 계몽 담론만 허용된 정치적 상황 속에서 사라져 갔다. '연설' 및 '토론'을 위한 현실의 공간은 여전히 존재했지만, 그 경우에도 특정한 담론은 말할 수 없었고, 무엇보다도 '문학'과 '소설'에 대한 장르적 인식이 생겨났기 때문이다. 연설 혹은 토론과 문답은 여전히 '계몽'의 유력한 매체였지만, 문학의 영역 안으로 포섭되는 일은 더 이상 일어나지 않았다. 현재까지 확인한 바에 따르면, 1917년 2월호『신문계』에 실린 碧鍾居士의「京城遊覽記」49)가 1910년대에 발표된 유일한 문답·토론체 소설이다.

만민공동회의 해산과 더불어, 대한제국 정부는 '신문지조례'와 '민회규칙'을 반포함으로써, 정부에 대한 비판적 입장에 대해 공식적으로 말을 하거나 글을 쓰는 일을 금지시켰다. 하지만 연설이나 토론 혹은 회의와 같은 특정한 말하기 방식은 이미 미디어로서의 역할을 함으로써 하나의 제도로 굳어지기 시작했고, 단체의 유지와 확장을 위해서도 불가결한 요소로 자리잡았다.

개화기에 만들어진 대부분의 학술단체에서 발간한 학회지에는 연설과 토론, 강연, 회의 등의 말하기 방식이 제도화되고 산문화되는 과정을 보여주는 증거들이 실려 있다. 이를테면, 1906년 조직된 재일 유학생 단체인 태극학회는 기관지『태극학보』에 '講壇'란을 둠으

---

49) 시골에서 상경한 노인과 도시의 청년 학생 간의 문답으로 이루어진 이 소설의 주제는 '총독정치의 결과 조선이 날로 문명화되고 있다'는 것이다. 일종의 식민지계몽담론의 서사화라고 할 만한 것이다.

로써 '강연' 혹은 '연설'을 문자화시켰던 것이다. 『대한흥학보』, 『대한유학생회학보』, 『대한학회월보』 등 『태극학보』와 비슷한 시기에 만들어졌던 여타의 학회지들에도 '연설적' 성격이 강한 글을 싣는 코너가 마련되어 있었는데, 이들 학회지에서는 이것의 이름을 '演壇'이라고 붙이고 있었다. 코너의 이름이 '연단'이든 '강단'이든 글의 성격이 크게 다른 것은 아니었다. 하나의 사안에 대한 자신의 견해와 논거들, 그리고 설득력을 더하기 위한 수사적 장치들로 구성된 글들이었다. 하지만, 이 시대의 공통적 관심사가 정치와 문명이었던 만큼, 코너에 실린 글들은 대체로 근대 국가 건설과 국민 만들기라는 주제를 사회 진화론적 입장에서 강조하거나, 그것을 위한 교육의 필요성을 역설하는 것이 다수를 이루었다.

國家論(崔錫夏)
我國普通敎育論(張膺震)
獻身的精神(崔南善)
宗敎維持方針(柳承欽)
無學의不幸(全永爵)
社會敎育(蔡奎丙)
告我二千萬同胞(尙灝)

위에 제시된 것은 『태극학보』 창간호 '강단(講壇)'란에 실린 글의 제목들이다. 시대의 요구와 조선의 현실을 재단하고 고민하는 것 속에서 나온 이 글들은 국내의 법적 규제로부터 어느 정도 자유로운 출판 환경과 유학생이라는 한정된 독자층(비록 이천만 동포를 호명할 때조차도)을 향한 '발화'(글쓰기) 상황 속에서 만들어졌다.

48

　吾輩!志를決ᄒ고笈을負ᄒ야멀리海外에遊홈은莫非新世界의新精
神을採取ᄒ야他日國家에獻身홈이有코자홈이라 …… 萬一, 一以貫
之ᄒ主義가無홀진딕棟梁이失ᄒ大廈와帆檣은失ᄒ巨艦과胎同ᄒ야東
丕西倒치아니ᄒ면　南陷北落ᄒ後에야乃己홀지니一念到此에　豈不悚
然가
　嗟홉다吾輩靑年!
　天地ㄨ치大한職務와出岳ㄨ치重ᄒ責任을兩肩에荷ᄒ吾輩靑年!
　短體ᄂ五尺이요丹心은一片이여늘山將々水森々에前路ᄂ茫然ᄒ고
火炎炎煙騰々에當頭가危哉로다홀恰然히硝藥을手持ᄒ고熱火에自投
ᄒᄂ吾輩靑年!
　試思ᄒ라.50)

　위의 글은 실제로 말해진 연설을 그대로 옮겨 적은 것은 아니다.
한자가 그대로 노출되어 있으며, 발화 시의 호흡을 무시한 채 글자
를 붙여서 적고 있기 때문이다. 한자어의 완전한 노출은 글쓴이의
의도를 읽고 해석하는 데는 유익하지만, 그것이 '읽고 해석하는' 행
위인 한'청취'의 영역에서 벗어나 '독서'의 영역으로 수렴된다. 그럼
에도 불구하고, 이 글은 연설적 상황을 만들어내는 일련의 장치들
속에서 하나의 목소리를 획득한다. 청중에 해당하는 독자는 텍스트
를 읽는 과정 속에서 반복적으로 호명되는 '청년'이라는 단어를 통
해 글쓴이의 목소리를 듣는 듯한 착각에 빠진다. 이때 독자는 '청년'
을 호명하는 환청 속에서 연설이 펼쳐지는 공간을 함께 상상하게
된다. 또, '-함이라', '-인가', '-하라' 등의 구어적 문장 어미는 읽
는 이로 하여금 그것이 '구어'라는 환상을 갖게 만든다. 여기서 실
제 텍스트를 읽는 독자가 글쓴이와 비슷한 연배 혹은 비슷한 상황
에 놓여 있는 '청년'임을 떠올린다면, 존칭어를 사용하지 않는 상황

---

50) 최남선,「헌신적 정신」,『태극학보』1호, 1906, 16-17면.

조차 문제가 되지 않는다. 오히려, 이것이 보다 강렬한 웅변적 분위기를 만들어내기도 하는 것이다. 단, '-하라'라는 명령형 어미를 사용함으로써 필자(화자)와 독자(청자)와의 관계가 그 연령이나 계층적 동질성에도 불구하고 여전히 계몽의 주체와 대상 간에 형성되는 권력관계의 장 속에서 작동한다는 점을 간과해서는 안 될 것이다.

『태극학보』의 '강단'란에 실린 모든 글들이 이렇게 현장감을 살리고 있는 것은 물론 아니다. 이것은 오히려 글쓴이의 개인적 특성에서 나온 것에 가깝다. 이 글의 필자인 최남선은 발표당시 와세다 대학 지리·역사학과에 재학 중이었고, 비슷한 시기에 『대한유학생회보』의 편집간사 일을 맡아 보기도 했다. 또 유학시절 문학적 세례를 최남선으로부터 받았다고 말한 진학문의 회고[51]를 참고하면, 필자의 인문학적 감각이 독특한 연설적 문장을 만들어 냈다고도 말할 수 있을 것이다. 최남선의 이 연설문은 구어로 행해진 실제의 '연설'과는 다른 차원에서 만들어진 문어적 특성을 지닌 것이다. 하지만 이러한 경험이 공적 영역으로 확대됨으로써 그의 '연설'적 감각은 개인적 차원을 넘어선다. 실제의 구어로 연설을 문자화시키는 작업을 했던 것도 최남선의 『소년』지였던 것이다.

물론, 후쿠자와 유키치가 케이오 의숙에 처음 '연설'을 도입했던 그 때부터 메이지, 다이쇼 시대를 거치며 일본에서 크게 유행했던 '연설'적 열기의 세례를 받는 것은 유학생 지식인 청년들의 공통된 경험에 속한다. 일본의 경우, "특히 1910년 노마 세이지(野間清治)가 강담사(講談社)에서 『웅변』이라는 잡지를 창간하면서 웅변열은 폭발적으로 되었다. 전문학교와 사립대학에서는 앞을 다투어 변론부가 만들어졌고, 대항시합 등이 벌어졌다. 그리고 웅변열은 청년층

---

51) 본 연구의 3-3장을 참조할 것.

에게 파고들어 도시와 농촌을 막론하고 대유행을 보이게 되었다. 학교 안에서는 각종 연설 대회가 열렸고, 외부에서 유명인사를 초빙하여 연설회를 열기도 하였다."[52] 조선의 경우, 독립협회의 해산 이후 가두에서의 '정치연설'은 불가능해졌지만, 이 시기에도 청년 (혹은 소년) 단체를 비롯한 학술, 종교단체, 그리고 학교에서 '연설' 은 이들 단체의 중요한 활동의 하나였고, 이러한 전통은 1910년대 에도 여전히 계속되었다.

1908년 귀국한 최남선은 신문관(新文館)을 차리고 종합교양지인『 소년』잡지를 발행했다. 1909년 8월호부터『소년』지에는「청년학우 회보」가 실리기 시작하는데,「청년학우회보」는 1909년 안창호의 발 의에 의해, 청년들의 인격수양과 애국심함양을 위해 설립된 청년수 양단체인 '청년학우회'[53]의 기관지로, 당시 안창호와 긴밀히 연결되 어 있던 최남선의 배려로『소년』지 안에 단체의 기관지가 실리게 되 었던 것이다. "上으로 先民의 遺緖를 續하야 其短을 棄하고 其長을 保하며 下으로 同胞의 先驅를 作하야 其險을 越하고 其夷에 就할 者 는 卽我一般靑年이 其人이라 …… 有志靑年의 一大精神團을 組織하야 心力을 一致하며 智識을 互換하야 實踐을 勉하고 前進을 策"[54] 하고 자 하는 취지에서 결성된 청년학우회의 회원이 되려면 '심상중학 이 상의 학예를 준수하고 품행 단정한 만 17세 이상의 청년'이어야 했다.

'청년'을 '一國의 使令이며 一世의 導師'로 훈련하기 위한 목적에 서 조직된 청년학우회는 德·體·智 세 분야에 걸쳐 청년들을 교육

---

52) 唐澤富太郎,『學生の歷史』, 創文社, 1955. 160-166쪽; 박찬승,「식 민지시기 도일유학생과 근대지식의 수용」,『지식변동의 사회사』, 문 학과지성사, 2003에서 재인용.
53) 박찬승,『한국근대정치사상사연구』, 역사비평사, 1997, 99면.
54)「청년학우회취지서」,『소년』2년 8권. 1909. 8. 14면.

하기 위한 프로그램을 마련했다. 덕육을 배양하기 위해 강연회, 품행감독, 근검저축의 장려, 공공사업의 실행 등으로 자강·충실·근면·용감한 정신을 고취하고자 했고, 청년들의 체육활동을 위해 위생상 주의할 사항의 수시전달, 운동장의 설비, 순회경기의 실행 등을 계획했다. 또 기간잡지와 유익한 서적을 간행하고 도서종람소와 간이식 박물원을 설립하는 한편, 순회 강연회, 계론회, 강습회 등을 열어서 청년들의 지육을 계발하고자 했다.[55] 강연회와 계론회는 단체의 중요한 활동 중 하나였던 것이다.

> 이곳에셔우리의동포를맛나니대단히깃브웨다겸하야나를위ᄒᆞ야이갓치환영회를열엇스나매우감사하오그러나내가우리동포를대할째마다자연마음이비창하야참아말이나오지아니하오그런고로금번에하와이에서우리동포들을맛나여말코자하다가죵래못하고말앗소이다그러나오날저녁에는강잉하야두어마듸로제군에게말삼하겟소멀니말할것업시제군의이목으로앙향듯고보는이미국을봅세다건국한지가불과백여년에부강이셰게를덥헛스니그는모다하날로서비오듯함이아니아짜속에잇는텬연부고를개발함이니그젼에이짜에살든홍인죵은엇지이것을못하고오날날백인죵에게모다쌔앗시고긔썻한다는것이손으로맨든구슬쑨염이나가지고뎡거댱에서쳔대를밧으오다름이아니오백인은대포를가지고싸오는대홍인은활살만가지고대덕코자하얏스며남은텬연부고를개발하얏는대나는그를못함이오.[56]

「청년학우회보」에 게재된 윤치호의 '연설'이다. 잡지 『大道』에 실린 샌프란시스코 거류민 방문 때의 연설을 『소년』지에 재수록한 것이다. 백인종과 홍인종을 대비시키고, 조선인에게 결여되어 있는 성질을 지적하고 있는 이 연설이 말하고자 하는바, 핵심은 '배움'이다.

---

55) 「청년학우회설립위원회의정건」, 위의 책, 15면.
56) 「윤치호씨의 연설」, 『소년』 3년 5권, 1910, 66면.

조선의 현재 상태를 극복하고 문명을 달성하는 길, 그것은 오직 '교육'에 있을 따름이라는 요지는 '준비론'으로 무장한 청년학우회의 이념과 그대로 상통하는 것이다.

이 글은 '연설'이라는 표제가 붙어있지 않음에도 불구하고 누구나 다 '연설'임을 한 눈에 알아볼 수 있도록 쓰였다. '두어마듸로 제군에게 말삼하겟소'라는 표현에서 알 수 있듯이, 이 글은 '글을 쓴다'라고 하는 의식과는 다른 차원에서 만들어진 것이다.[57] 여기서 글을 쓴 자는 오히려 말을 하는 자에 가깝다. '제군에게 말삼하겟소'로 쓰인 문장이 구성하는 것은, 연설의 현장과 그 현장에서 말을 하고 있는 연사의 목소리이다. 독자를 연설의 현장으로 안내하는 그 목소리는 경어체의 하나인 '-하오'체 어미를 사용함으로써 일상적 언어를 공식적 담화에 활용하고 있다. 그의 '말'은 일상의 언어를 사용한 비일상적 담화이다. 그의 말을 듣는 대상은 일차적으로는 연설회장에 있는 청중들이고, 미국 샌프란시스코에 거주하는 동포들이지만 그것이 다시 잡지에 수록, 재수록 되는 과정에서 조선인 일반으로 확장된다. 화자와 청중이 '조선어'라는 동일한 언어로 묶여지고, 누구나가 다 공평하게 구사하는 일상적 조선어로 소통한다는 것은 그것이 담아내는 담론의 수준과는 상관없이 그들 전체를

---

57) 대체로 '연설문'은 연설하는 주체가 직접 마련한 초고를 현장에서 낭독에 준하는 말하기의 형태로 발표하고, 그것을 다시 문장화하여 지면에 게재함으로써 탄생하게 되는 것이지만, 일본의 경우 치안상의 이유로 경관들이 연설의 내용을 속기하거나, 기자들이 취재를 목적으로 속기하는 사례들이 있었다는 것을 염두에 둔다면, 윤치호의 이 연설도 그 자신이 다시 작성한 것인지 이 글을 게재한 잡지사의 기자가 받아 적은 것을 수록한 것인지 정확하게 판단할 수는 없다. 하지만, 연설의 전문이 순한글로 작성되었다는 점, 그가 관여했던 〈독립신문〉의 문체와 유사한 느낌을 준다는 점 등으로 미루어 윤치호 자신이 작성한 것으로 보아도 좋을 것이다.

하나의 공동체 의식으로 묶어낸다. 그리고 바로 그 순간 연설에서의 담론은 조선이 당면한 과제 일반으로 추상화된다. 조선의 당면 과제는 말할 것도 없이 '문명의 달성'이고, 그것을 주장하는 화자는 그가 구사하는 경어체에도 불구하고 문명을 전파하는 계몽자의 목소리를 내게 되는 것이다.

윤치호는 미국유학 시절, 문학회, 논리학회, 철학회 등 다양한 서클의 토론회에 참여했고, 연설대회 등에도 연사로 많이 참가했다. 특히 그가 교회 및 종교집회에서 행한 연설은 무려 155회에 달하고 있다. 귀국 후 윤치호는 1897년 가을까지 서울의 모든 학교에 토론회를 도입시킬 계획을 가지고 있었다. 그는 독립협회 주체 개국기념식의 연설, 기독교인 주최 고종탄일 축하회 연설, 대한제국 경축 연회의 연설, 배제학당 토론회 1주년 기념식의 연설, 배제학당 토론회의 지도, 정동예배당 청년회 토론지도, 경성학당 광무협회의 연설 등 각종 사회집회, 청년집회의 연설과 토론지도를 통해 계몽운동에 힘썼다.[58]

청년학우회 설립위원장이기도 했던 윤치호는 독립협회와 〈독립신문〉에 깊이 간여했다. "우리 신문이 한문은 아니 쓰고 다만 국문으로만 쓰는 거슨 샹하 귀쳔이 다보게 홈이라 쏘 국문을 이러케 귀결을 쩨여 쓴즉 아모라도 이 신문 보기가 쉽고 신문 속에 잇는 말을 자세이 알어 보게 홈"[59]이라고 밝히고 있는 것처럼 〈독립신문〉은 특정한 문자를 사용함으로써 특정한 계층 안에서의 정보교환의 역할만을 했던 동시대 다른 신문들과는 달리 한글을 전용함으로써 신문미디어를 최초로 대중화시켰다는 공적을 갖고 있다. 또 〈독립신문〉에서 실시한 "띄어쓰기를 규범화한 국문체는 철저하게 시각적인

---

58) 김영우, 앞의 책, 73-81면.
59) 〈독립신문〉(논설), 1896. 4. 7.

54

인식을 중시함으로써 담론의 구성에 공간성을 부여"[60]했다는 의의를 갖는다. 하지만, 〈독립신문〉의 한글전용은 이후에 지속적으로 여타 신문으로까지는 연결되지는 못했다. 신문을 '사서 읽는' 독자는 넓은 의미에서의 '지식인'부류였고, 젊은 신지식인일 경우에도 그들이 사용하는 보편적 언어는 여전히 '한자'였기 때문이다. 게다가 서양의 문물과 담론을 '번역'하는 데 있어 한자가 어쩔 수 없이 필요했다는 점 때문에 신문에서도 한자의 사용은 필연적이었다. 때문에 여성 독자들을 겨냥한 〈뎨국신문〉과 같은 경우가 아니라면, 〈독립신문〉과 같은 한글전용은 사실상 불가능했다. 이것은 〈대한매일신보〉가 처음 한글판과 국한문판을 각각 내다가 결국 국한문혼용체로 통합한 것이나, 〈매일신보〉가 1914년 이후에나 '사회면'에 해당되는 3면에만 한글전용을 실시했던 사태와도 연결된다.

인용된 윤치호의 연설은 『소년』지에 실려 있는 다른 기사나 '서사물'과는 달리 순수하게 한글로만 작성되었다. 일차적으로는 〈독립신문〉의 한글운동과 한글에 대한 윤치호의 개인적 관심 등의 결과이겠지만, 이 글이 발표된 1910년 무렵에 이와 같이 순수하게 한글로 작성된 글은 신·구소설을 포함한 '이야기책'이나 신문·잡지에 연재되는 '서사물' 외엔 없었다. '이야기'의 특성상 한자가 개입하지 않아도 무방했고, 이야기의 독자층 역시 한자를 보편적 언어로 사용하던 지식인부류는 아니었다. 게다가 이야기의 독자는 그것을 눈으로 읽는 것이 아니라, 소리 내어 낭독하거나 낭독하는 것을 듣는 자였다.

---

60) 권영민, 「국어국문운동과 담론의 근대성」, 『서사양식과 담론의 근대성』, 서울대출판부, 1999, 33면.

거기에는 허술한 사나이가 가스등을 앞에 놓고 앉아 있었으며 그 사나이는 무슨 책을 펴들고 고래고래 소리 높여 읽고 있었다. 그 사나이 앞, 가스등 아래에도 그런 책들이 무질서하게 널려 있었다. 울긋불긋 악물스러운 빛깔로 그려진 서툰 그림을 그린 표지 위에 '신소설'이라고 박혀 있고 그 아래에 소설 제명이 보다 큰 글자로 박혀 있었다. 그 사나이는 이 소설을 팔러 나온 것이며 그리하여 밤마다 목청을 뽑아가며 신소설을 낭송하고 있는 것이었다. 그리고 그 사나이의 주변에는 허줄하게 차린 사람들이 언제나 빽 둘러 서 있었다.[61]

1901년 생인 한설야가 자신의 高普시절을 회상하며 쓴 글이라는 점을 염두에 두고 보면, 1910년대 중후반 무렵까지 '낭독'에 의한 책의 유통과정이 일반적으로 행해지고 있었음을 알 수 있다. 이 글은 한 개인의 문학적 경험뿐만 아니라 '문학'을 둘러싼 당시의 정황을 알 수 있게 해 준다는 점에서 흥미롭다. 이 글에 의하면, 당시 '신소설'은 출판사가 겸업하고 있는 서점이나 도서대여점인 '세책가'에서만이 아니라, 소규모 난전 상인들에 의해서도 유통되고 있었고, 그것의 독서과정에 '낭송'의 전통이 여전히 남아 있다. 이러한 낭송(독)으로서의 독서행위는 지역을 막론하고 근대 이전에 공통적으로 행해지던 것이었다.

맥루한에 따르면, 근대 이전에 군중 앞에서의 낭독은 책이 출간되는 방법이었고, 낭독의 기예는 일반적인 것이었다. 이때, 글을 쓰는 작가들은 어떤 모범적인 전범이나 체계에 구속되지 않았고, 청중은 행위와 움직임이 가득한 역동적인 이야기만을 원했다. 때문에 보통 인물묘사는 낭송가들이 그들의 목소리와 제스처를 통해 했다.[62]

---

61) 한설야, 「나의 인간수업, 작가수업」, 이기영 외, 『나의 인간수업, 작가수업』, 인동, 1990, 17면.
62) 마샬 맥루한, 『구텐베르크 은하계』, 임상원 역, 케뮤니케이션북스,

이야기를 낭송(독)하는 자의 '목소리와 제스처', 즉 낭독의 기예가 중요했던 것은 독자(청중)들이 그것을 요구했기 때문이기도 했고 그것이 일반적으로 '책이 출간되는 방법'이었기 때문이기도 했다. 여기서는 이야기를 구성하는 '전범이나 체계'도 중요한 것이 못된다. '이야기'의 낭독이 갖는 일회성과 현장성 때문이다.

낭독(송)의 기예는 안국선이 『연설법방』에서 말했듯이 '연설'의 현장에서도 중요한 것이다. 이야기에서 '전범과 체계'가 중요한 것이 아니듯이, '연설'에서도 연사가 완벽하게 짜여진 한 편의 글을 그대로 읽는 것은 아니다. 연사는 말해야 할 대략의 내용이 담긴 '초고'를 마련하여 그것을 현장에서 나름의 '기예'를 동원하여 말해야 하고, 그것을 통해 청중과 교감해야 한다. '이야기'가 현장에서의 낭송이 중요하듯이 연설 또한 그러하다. 때문에 연설의 초고와 연설이 끝난 후에 게재를 목적으로 다시 쓴 연설문의 경우, 심지어 그 안에 한자가 노출되고, 그것이 전형적인 문어적 문장으로 쓰이었을 때조차도 '구어'적 효과는 여전히 살아있게 된다. 윤치호의 연설문은 그것이 문자화되어 활자로 찍혀 반복생산 가능한 텍스트로 성격이 바뀌었을 때조차도 연설의 현장성을 온전히 보존하고 있었다. '말을 한다'는 의식 속에서 쓰인 문장이기 때문이다.

한편, 1910년 8월호 『소년』지에 실린 이광수의 「天才」는 윤치호의 연설과 조금 다른 맥락에서 주목을 요한다.

> 天才라하니까 무슨 엄청나게 큰 소린줄노 아르실지 몰으겟소마는 只今 내가 말하려하난 것은 그런 것이 아니오, 가장 平凡한것이오, 들어보시면 알니이다.
> 이말하난 나는 毋論天才라난 것을 밋난사람이오―밋기에 이런

2001, 172면.

소리를 하지오. 그런데 只今 내가 말하난 天才는 過眼不再讀하난
것만 닐음이 아니요, 詩成泣鬼神하난것만 닐음도 아니요. 아무렴,
이것도 天才야 天才겟지요, 만은 그런것만을 가르쳐 닐음은 아니
라난말이요. 이것이 짠사설갓히 들니겟소마는, 그러치아니하오, 우
리나라ㅅ사람들은 普通 이런것만을 天才라고하기로 말이요. 그러
면, 네가 말하난 天才는 무엇을 가르침이냐고 물으시겟지오?

　　내가 말하랴난 天才는 여러분의 通常말에 잘 쓰시난 長技라난
것과 갓흐오. 아니, 갓흘쑌아니라 天才卽長技·長技卽天才올시다.

　　…… (중략) ……

　　그런데 애닯다 오늘날우리나라ㅅ靑年까지도 (內外에 在한 者를
勿論하고) 以前ㅅ사람들의 固陋를 밟으랴고 普通敎育은 重히녁이
지 아니하고 퀴퀴한 法律專門이나 (그도잘은못) 맛초아 나면 紳
士야 하고 큰 기침 하기를 조아하니 엇지 慨歎할바–아니겟소?
마는 靑年도 오히려 舊時代의 餘韻이 잇난者이니 이런靑年이야
그러하단들 무엇이 그다지 疑訝로움이 잇스며 걱정됨이 잇스리오,
健壯하고 가장 새로은 우리들 少年이 잇거니. 우리들은 아못조록
普通知識을 넓히 엇고 天才發揮를 잘합시다.[63]

이광수의 글은 구어적 효과를 최대한 발휘한 문어(文語)이다. 그
의 글이 문어로 구성되어 있다는 것은, 한자를 노출함으로써 시각
적 효과를 생산하고 있다는 점, 그리고 그 상태로 발화되었을 경우
즉각적인 이해가 쉽지 않은 한자경구, 이를테면 "天才는 過眼不再
讀하난것만 닐음이 아니요, 詩成泣鬼神하난것만 닐음도 아니요"와
같은 구절이 삽입되어 있다는 데에서 일단 확인할 수 있다. 또 구
어적 표현이기는 하지만, "오늘날우리나라ㅅ靑年까지도 (內外에 在
한 者를 勿論하고) 以前ㅅ사람들의 孤陋를 밟으랴고 普通敎育은 重
히녁이지 아니하고 퀴퀴한 法律專門이나 (그도잘은못) 맛초아 나면
紳士야 하고 큰 기침 하기를 조아하니"와 같은 구절을 보면, 괄호

---

63) 이광수, 「천재」, 『소년』 3년 8권, 1910. 8, 23-29면.

안에 들어가 있는 첨언의 경우 실제로 발화했을 때, 쓰인 문장 그대로 말을 하기 어려운 방식으로 배열되어 있다는 것을 알 수 있다. 덧붙여, '우리나라ㅅ靑年', '前ㅅ사람들'과 같이 단어들 사이에 사이시옷을 집어넣는 것은 구어에서라면 불필요한 것이다. 사이시옷이 문법적 요소이기 때문이다. 문장부호와 띄어쓰기의 경우에도 마찬가지이다. 여기서 띄어쓰기의 기준은 말의 호흡이 아니라, 의미를 가진 한 개의 단어이다. 실제로 말을 했을 때의 상황이 고려된 것이 아니라 활자로 재현되었을 때의 가독성이 중요하게 고려되어 있다. 쉼표와 마침표의 사용 역시 가독성의 차원에서 설정된 것이다. 이광수는 '문장을 쓴다'는 의식으로 현장의 연설과는 무관한 연설, 문장 위에서의 연설을 실천하고 있는 셈이다. '가두정치연설'이 금지되면서 '연설'은 그것을 실천할 수 있는 새로운 공간을 찾아야만 했고, 이때 신문과 잡지 등의 텍스트 미디어는 연설의 정착과 산문화 과정에 개입했다. 현장에서 말해지는 연설이 아니라, 종이 위에 쓰이는 '연설'의 문체는 "구어의 모습을 띠고 있지만, '그대로 서술하는 것'을 상정하여 문자를 길게 늘여 쓰는 중에 창출된 새로운 문어 문체"[64]로 발명된 것이다.

그럼에도 불구하고 이 글은 철저하게 연설적 상황을 전제로 쓰인 것이다. 발화자인 '나'는 '천재'라는 타이틀을 내걸고 청중인 '우리들 少年'을 향해 말을 건다. 이 상황은 천재란 어떤 것인지 "들어보시면 알니이다"로 시작되는 글의 서두에서부터 확인된다. '듣다'라는 경험의 전제로서 '말하다'라는 상황이 개입하고 있는 것이다. 이것은 "이말하난 나는 毋論天才라난 것을 밋난사람이오 - 밋기에 이런 소리를 하지오"라는 부언 속에서도 확인된다. 말하기와 듣기를 문

---

64) 코모리 요이치, 『일본어의 근대』, 정선태 역, 소명, 2004, 49면.

장 안에 표기함으로써 쓰인 것이 구어의 영역에서 작동하고 있다는 것을 확인시켜 주는 이러한 글쓰기의 효과는 말할 것도 없이 연설의 현장감을 산출한다. 여기에 화자가 구사하는 '-하오'체 어미 역시 말하는 자와 듣는 자가 연설적 상황, 즉 일(一)대 다(多)의 상황 아래에 놓여 있음을 표시한다. 여기서 말하는 자와 듣는 자는 '우리들 少年'이라는 범주로 묶여지면서 계층적으로 평등한 관계에 놓인 것처럼 보이지만, 이들 간에는 권력관계가 작동한다. 본질적으로 화자는 명령하고 청자는 그 명령을 듣는 자 혹은 명령을 수행하는 자이다.[65] 그러므로 연설에서 연사가 경어법을 사용하는지 그렇지 않은지, 그리고 화자와 청자가 같은 계층으로 계열화되는지 그렇지 않은지는 중요하지 않다. 연설에서, 말하는 자는 명령하는 자이고 그가 명령하는 자인 한, '계몽자'로서의 성격은 유지된다.

이상에서 살펴보았듯이 이광수의 연설문체는 구어로서의 연설과 문장화된 연설이 미분화된 상태로 공존하게 하는 효과를 생산한다. 여기서 언표 주체인 '소년'인 화자는 말하는 자, 명령하는 자, 계몽자로서의 역할을 수행하는 자이고, 언표행위 주체인 필자는 말을 기록하는 자, 명령과 계몽을 조종하는 자이다. 이광수에게서 발견되는 이

---

65) 들뢰즈와 가타리는 그들의 책 『천의 고원』에서 "언어활동의 기초단위인 언표는 명령어다"라는 테제를 발표한 바 있다. 언어란 그것을 처음 습득할 때, 논리의 차원에서 시작되지 않는다는 것, 끊임없는 암기와 받아쓰기 등의 절차 속에서 습득된다는 점을 상기해보면, 언어를 배우는 행위 자체부터 명령과 명령을 수행하는 과정으로 이루어진다는 것을 알 수 있다. 이러한 관계는 단순히 언어활동 자체에 있는 것만은 아니고, 언어를 통해 삶을 조직하고 질서를 부여하는 전 영역에 해당되는 이야기이다. 그러므로 언어가 정보를 교환하고 의사소통의 '도구'로서 기능한다는 말은, 말하는 자와 듣는 자 사이에서 작동하는 권력관계의 메커니즘을 망각하는 것에 불과하다.(들뢰즈·가타리, 『천의 고원』, 연구공간 수유＋너머 역, 2000, 80-81면 참조.)

른바 '교사의식'은, 그의 개인적 경험의 문학적 재현 속에서 뿐만 아니라, 그가 선택한 말하기 혹은 글쓰기 방법 속에 이미 내재되어 있는 것이다. '연설'은 그것을 확인할 수 있는 하나의 증거인 셈이다.

 '연설'은 그 시대의 보편적 경험이기도 했지만, 이광수 개인에게도 특별한 의미를 지니는 것이었다. "신문 이외에 내게 새 지식을 준 것은 종로에 있는 일진회(一進會)의 연설"66)이었다고 자신의 소년기 경험을 회상한 바 있고, 그는 메이지 학원 재학시절 "교내 문학회 연설회에서 「벗」이란 제목으로 연설을 해 호평"67)을 받기도 했으며, 미국에서 귀국하던 안창호가 도쿄에 들러 행한 애국연설을 듣고 감명을 받기도 했다. 훗날 본격적으로 소설을 쓰기 시작했을 때, 선각자 혹은 교사로서의 인물 성격을 부각하기 위해 그가 즐겨 사용했던 장치 역시 '연설'과 관련된 것이었다. 『무정』의 이형식이 삼랑진에서 세 처녀를 앞에 두고 교육과 실천으로 조선민족을 구해야 한다고 역설하는 장면68)이 그렇고, 『흙』에서 허숭이 농촌의 계발을 역설하는 장면이 그렇다.

 한편, "하로 저녁에는 월화가 영치를 차자와서 연설구경을 가자고 흔다."로 시작되는 『무정』 33회는, 연설하는 선각자 혹은 교육(계몽)가로서의 인물형상의 전형을 보여주는 동시에 1900년대에서 1910년대에 일반적으로 행해졌던 연설회의 한 전형을 보여준다는 점에서 흥미롭다.

---

66) 이광수, 「나의 고백」, 『이광수전집』 7, 우신사, 1979, 222면.
67) 『白金學報』 제15호, 1908: 김윤식, 『이광수와 그의 시대』 1; 솔, 2001, 140면에서 재인용.
68) 이형식의 '교사의식'과 삼랑진에서의 장면에 대한 보다 자세한 논의는 김윤식의 『이광수와 그의 시대』를 참조할 것.

하로 저녁에는 월화가 영치를 차자와서 연설구경을 가자고 흔
다. 그씨에 평양에는 패성학교라는 새로온 학교가 닐어나 스방으
로 수빅명 청년이 모혀들고 패성학교장 함샹모는 그 수빅여명 청
년의 진정으로 앙모흐는 션각쟈러라. 함교쟝은 미쥬일에 일츠식
패성학교닉에 연셜회를 열고 아모나 와서 방청흐기를 청흐엿다.
평양 사름들은 혹은 새로온 말을 들으리라는 정성으로 혹은 다만
구경이나 흐리라는 호긔심으로 저녁후면 패성학교 대강당이 터지
도록 모혀들엇다. 함교장은 열셩이 잇고 웅변이 잇섯다. 그가 슯
흔 말을 흐게되면 텽즁은 모다 눈물을 흘리고 그가 깃븐 말을 흐
게되면 텽즁은 모다 손벽을 치고 쾌흐다 브르지지며 그가 만일
악흔일을 꾸짓게되면 텽즁은 눈꼬리가 씨어지고 입에 거품을 물
엇다. …… 부인에게는 연셜을 들을쟈도 업고 들으려흐는쟈도 업
스매 벼로 부인셕이란 것이 잇지아니흠으로 남쟈들 안즌 걸상 한
편 엽헤 안젓다. 함교쟝이 이윽고 부인이 잇슴을 보더니 엇던 학
생을 불러 무슨 말을 한다. 그 학생이 의자 둘을 가져다가 맨 압
줄 왼편 씃헤 노터니 두사람겻헤 와서 은근히 경례를흐면서, 「저
편으로와 안즈십시오」흐고 두사람을 인도흔다. …… 이윽고 함교
쟝이 연단에 올라선다. 만쟝에 박슈가 닐어나고 월화도 두어번 박
슈흔다. 영치는 올치 부벽루에서 말흐던이로고나 흐엿다. 함교장
은 위엄잇는 틱도로 이윽히 회즁을 나려다 보더니, 「여러분」흐고
입을 열어 …… 여러가지로 죠선사름의 타락흔 것을 개탄흔 뒤에
일단 더 소리를 놉혀 「여러분! 여러분은 이 문허져가는 평양셩과
을밀딕를 다헐어내어 흘러가는 대동강슈에 부쳐 보내고 우리의
새로온 정신과 새로온 긔운으로 새로온 평양셩과 새로온 을밀딕
를 싸흐사이다」흐고 유연히 단을 나리니 만쟝이 박슈갈치셩에 한
참이나 흔들리는듯흐다. 월화는 영치의 손을 꼭 쥐고 몸을 바르르
썬다. 영치는 놀래어 월화를 보니 무릅우 치마쟈락에 굵은 눈물이
쑥쑥썰어지더라. 69)

경관들의 감시와 압력 속에서 진행되던, 구연학의 『셜중매』의 '정

---

69) 이광수, 『무정』, 신문관, 1918. 160-164면.

치 연설회'와 비교해 볼 때, 『무정』의 연설회는 사뭇 다른 풍경을 보여준다. 연설을 할 수 있는 자격은 이제 더 이상 아무나에게 주어지지 않는다. 더욱이 길을 가던 11살 소년도 연단에 설 수 있었던 지난 시대, 만민공동회의 연설회 풍경은 더 이상 기대할 수조차 없다. 이제 연설은 누가 하는가. 그는 "수빅여명 청년의 진정으로 앙모ᄒᄂᆫ 션각쟈"요 교육자이어야 하며, "학교ᄂᆡ 연설회를 열고 아모나 와서 방청ᄒ기를 쳥"할 수 있는 자이어야 한다. 그는 '아모나'로 지칭되는 불특정 다수의 조선인 누구라도 공감할 수 있고, 또 그들에게 필요한 것을 "계몽"할 수 있는 지식과 열성이 있는 자이어야 한다. 때문에 연설회는, "혹은 새로온 말을 들으리라ᄂᆫ 정셩"과 "다만 구경이나 ᄒ리라ᄂᆫ 호긔심"을 모두 만족할 만한 것이어야 한다. 함교장이 평양사람들 앞에서 하는 연설의 내용은 "죠선사ᄅᆷ의 타락ᄒᆫ 것을 개탄" 하고, "새로온 정신과 새로온 긔운"을 가질 것을 역설하는 등, 대체로 대중을 계몽하고 교육하는 것으로 채워지지만, 그의 연설회가 인기 있었던 것은 청중들의 파토스를 자극할 수 있는 기술 때문이었다. "그가 슯흔 말을 ᄒ게되면 텽즁은 모다 눈물을 흘리고 그가 깃븐 말을 ᄒ게되면 텽즁은 모다 손벽을 치고 쾌ᄒ다 브르지지며 그가 만일 악ᄒ일을 ᄶᅮ짓게되면 텽즁은 눈쇼리가 찌어지고 입에 거품을 물엇다." 함교장은 연사로서 '열의와 웅변'이 있는 사람이기도 했지만, '구경거리'와 '감동'을 동시에 주는 자이기도 했던 것이다.

월화와 영채는 '연설구경'을 간다고 말했다. 그들에게 있어 '연설회 방청'은 '연극장 구경'과 다르지 않은 느낌이었던 것이다. 교회와 여학교가 아닌 한 여자가 드나들 수 있는 공간자체가 당시로선 흔하지 않았고, 그나마 길거리를 활보하고 연극장에라도 드나들 수

있는 여자도 '기생' 이외엔 드물었다는 점을 상기한다면 어린 기생
둘이 남자학교에서 행하는 '연설구경'을 간다는 상황설정 자체가 파
격적인 것이긴 하다. 작가 역시 이런 상황을 인식했고, 때문에 "부
인에게는 연셜을 들을쟈도 업고 들으려ᄒ는쟈도 업스매 벼로 부인
셕이란 것이 잇지아니ᄒ흠으로 남쟈들 안즌 걸상 한편 엽헤" 그들을
앉게 할 수밖에 없었던 것이다. 하지만, 그러한 상황마저도 기생도
사람대접을 받아야 한다는 함교장의 의식을 부각하기 위한 장치로
곧바로 활용된다. "함교쟝이 이윽고 부인이 잇슴을 보더니 엇던 학생
을 불러 무슨 말을 한다. 그 학생이 의자 둘을 가져다가 맨 압줄 왼
편 긋헤 노터니 두사람겻헤 와서 은근히 경례를ᄒ면서,「저편으로와
안즈십시오」ᄒ고 두사람을 인도ᄒ다." 연설을 들을 자도, 들으려고
하는 자도 없다고 하는 부인계의 상황과 그것을 구경거리 삼아 나타
난 두 명의 어린 기생이 만들어내는 초유의 사태를 함교장은 슬기롭
게 대처한다. 여기서 그의 선각자적 성격이 다시 한번 빛을 발한다.

함교장을 비롯해서 이광수의 소설에 등장하는 일군의 인물들, 유
능한 연사이자 시대의 선각자요 교육자인 이러한 인물의 전형은 어
디에 그 기원을 두고 있는 것일까.

그는 彼地의 一事一物을 精密하게 硏究하고 西洋文明의 源流와
核心을 銳敏하게 究覈하여 滿復滿筐의 新思想의 新經綸을 抱하고
아직도 春夢을 未覺한 故國에 歸하다. 一國의 文化를 硏究하려 하
여도 十數年 功績을 要하거늘 全혀 舊文明과 因緣도 無하던 異文
明을 如斯히 短期間의 漫遊에 完全히 理解한 그의 天稟과 積力은
果然 絶倫하다 하려니와 天이 日本을 福하려 하시며 如斯한 偉人
을 下하였다. …… 그는 此 一大勢力은 從來 東洋에서 有하던 것보
다 千百層 完美한 新文明임을 道破하고, 日本은 從此로 一切 舊習
을 廢棄하고 思想이나, 社會制度나, 産業이나 政治 軍事를 全혀

> 西洋文明에 學하여야 한다 함을 絕叫하다 …… 祖國을 爲하여 一
> 命을 失함을 實로 本生이라 하여 晝宵를 不徹하고, 或은 演說로,
> 或은 著述로 一邊 西洋文明의 本質을 說明하며, 日本도 此를 學하
> 지 아니치 못할 것을 宣傳한다. 實로 日本서 最初의 演說을 한 者
> 가 그이고, 最初의 新式學校를 立한 者가 그이니(밑줄-인용자)
> …….70)

조국을 위해서라면, 밤이건 낮이건 한 목숨 바칠 각오가 되어 있는 사람, 서양문명을 배우는 것이 당면한 과제임을 깨닫고, 신식학교를 세우고 연설연습을 하면서 연설과 저술로 서양문명을 전파하고자 했던 사람, 바로 후쿠자와 유키치이다. 「동경잡신」의 11편, 「福澤諭吉의 墓를 拜함」에서 이광수는 후쿠자와가 일본의 근대화를 위해 어떤 태도로 일했고, 어떤 공적을 남겼는지, 그가 당시 지식인들에게나 자기 자신에게나 결코 예사로운 존재가 아니라는 것을 보여준다. '연설과 저술로 서양문명의 본질을 설명하는 것' 그것은 바로 이광수 자신이 스스로에게 부여했던 과제였다. 후쿠자와의 묘지 앞에서 "脫帽하고 無言 碑文을 注視하기 多時, 余의 胸中에는 無限한 敬慕와 感慨가 交臻하다"라고 그는 고백한다. 그러므로 기생도 사람임을 보여주었던 『무정』의 패성학교 함교장의 에피소드는, 근대초 일본인에게뿐만 아니라, 조선의 신지식인들에게도 막대한 영향을 끼쳤던 저 유명한 구절, "'하늘은 사람 위에 사람을 두지 않고, 사람 아래에 사람을 두지 않는다'라는 서양의 격언이 있다."로 시작되는 후쿠자와의 『학문을 권함』에 대한 일종의 답신이었던 셈이다.

1910년대에도 연설은 여전히 시대를 계몽하고 운영하는 공적 장치였으며, 한 약방의 약 광고 문구71)에 등장할 정도로 첨단의 담론

---

70) 이광수, 「동경잡신」, 앞의 책, 317면.
71) "슌무넹, ㅎ우듸, 유두, 앗차 失禮ㅎ얏심니다 本身은 月中玉兎로 多年

을 생산하는 유력한 매체였다. 하지만, 이 시기에 들어서면서 연설을 통한 '계몽'의 성격은 대체로 비정치적이고 일상적 영역의 차원으로 한정되어 갔다. 구체적으로 '조선의 독립'을 연상할 수 있는 정치, 식민지, 항일, 독립 등의 개념어는 공공의 매체 속에서 '금지된 말'이 되었고, 일상을 운영하는 담론의 문제가 그 자리를 대신하기 시작했다.72) 학회 차원에서 '사업 성취에는 理想이 긔力보다 낫다는 문뎨'73)로 토론회를 열거나, '제반 위생사상 고취 함양과 동시에 청결쇄신을 기도할 목적'74)으로 경찰서장이 주최하는 '풍속위생강연회'가 열리는 등, 풍속, 실업, 학문, 위생 등의 문제가 연설의 중요한 화제로 떠올랐고, 그것들을 개별적 수준에서 실천할 수 있는 정신적 가치들을 담론의 주제로 삼기도 했다.

　드물게 관(官)에서 개최하는 연설・토론회가 열리기도 했지만, 이 시대에도 연설회는 학교나 학회 혹은 단체가 주관하는 경우가 일반적이었고, 연설의 주체는 그 방면에 명망 있는 지식인이거나 신학

　　製藥에 從事홈으로 藥劑師免許証을 受호고 大正四年 …… 잠간엿줄말
　　슴은다름아니오라 古來로붓터 藥物은 本免에 當흔 物件이라호야도 過
　　言이 아니요 今年年號도 本免에 當흔 年號라 藥物에 對호야 說明호는
　　말슴을 자셔히드러주시기바롬니다 ……."「月中玉兎藥演說」(광고), 『신
　　문계』, 1915. 1.
72) '민족'이라는 말이 담론 상에서 쓰일 경우에도 주체성을 보강하거나
　　긍정적 의미로 쓰이는 것이 아니라, 현실의 상황과 연결되어 결핍과
　　부정의 이미지로 쓰이는 경우가 많았다. 또, '국민'이라는 말 속에는
　　'(일본의)국민'이라는 의미가 담겨 있었다. 한편, 1910년대에 들어서
　　면서 연설의 담론 속에서 일상적 계몽의 문제가 등장한 것은 아니다.
　　다만, 이때의 일상적 계몽이란, '정치적'계몽의 담론이 불가능해진 상
　　황 속에서 만들어진, 식민지 지배권력에 의해 관리되는 일상의 계몽
　　이라는 의미이다.
73) 청우장학회의 계론회, 〈매일신보〉, 1914. 3. 4.
74) 풍속위생강연회, 〈매일신보〉, 1914. 5. 31.

문을 학습하고 있는 학생층으로 한정되어 있었다. 특히, 학생들에게 있어 웅변과 연설은 여전히 논리적 의사표현과 민주적 절차를 실천할 수 있는 유의미한 학습의 장이었다. 정규 교과목에 포함되지는 않았지만, 이 시기의 청년 학생들에게 연설은 보편적으로 행해지던 과외수업 시간이었고, 그것은 각 학교 단위로, 혹은 '학생연합강연회'와 같은 형태로 드물지 않게 경험할 수 있는 종류의 것이었다.[75] 연설이 학교교육의 프로그램 속에서 행해짐으로써, 논리적인 말하기와 글쓰기를 학습한 젊은이들이 양산될 수 있었고, 이러한 교육의 장 속에서 연설을 통한 '근대적 글쓰기'는 실천될 수 있었던 것이다.

당시 청년 학생들에게 연설이 논리적인 자기표현의 장으로 기능했다면, 「연설법요령」은 그것을 미리 준비하고 학습할 수 있는 일종의 가이드북으로 제시된 것이다. 이 글은 『청춘』지 7호(1917. 5)에 발표되었다. 필자인 김창제(金昶濟)는 1910년대부터 30년대까지 활동했던 교육자이자 대표적인 기독교 운동가이다.[76] 그는 보성중학교, 함일학교, 송도고등보통학교, 이화여고보 등에서 학생들을 가르쳤고, 조선 최초의 기독교청년단체인 '황성기독교청년회'(1903) 설립에 관여했으며, 지방에서는 처음으로 '함흥기독교청년회'(1918)

---

75) 『청춘』지에서는 매호마다 경성 시내의 유명학교를 소개하는 '학교방문기'를 게재했는데, 3호에 실린 보성하교 방문기에서 기자가 상학시간 외 학생과 교사가 접하는 시간이 있냐고 묻자 교감은 '토요일마다 계론회를 열고 거기서 서로 이야기를 한다'고 답한다. 이 말을 들은 기자는 "한 달에 멧번식 학술강연회 가튼 것을 열고 인격과 학식 잇는 이를 청하야 강연을 식히엇스면 엇더할가하오 그래야 학생의 학술에 대한 취미도 잇고 견문도 넓어지고 쏘 접하여야만 이를 갓가이 접하는 동안 자연 감화도 어들것이오ㅡ"라고 자신의 의견을 피력하기도 한다.(「중학교방문기」, 『청춘』 3호, 1914 참조.)
76) 김창제의 생애와 사상에 관한 부분은, 김권정, 「金昶濟의 생애와 개혁사상」, 『한국기독교와 역사』 7호, 1997을 참조하였다.

가 창설하는 데 앞장섰다. 1881년 충남 보령에서 태어난 그는 1899년 관립한성사범학교에 입학하기 전까지 전통적인 유교식 교육을 받았지만, 당시 한성사범학교에 재직하고 있던 박은식과 선교사 헐버트 등의 영향으로 신학문과 사상을 습득, 당대의 선진 지식인 대열에 서게 되었다. 1903년 한성사범학교를 졸업한 김창제는 함북 경성에 있는 공립 경성보통학교의 교원 및 교장으로 근무하는 등 교육계에 몸담고 있다가 1912년 도일, 와세다 대학의 정치경제와에 입학했고 1915년 이 학교를 수료했다. 1917년 오사카 정신과학회에 들어가서 7월경 실지실험(實知實驗)을 위한 '정신의학사'라는 칭호를 부여받는 한편, 동경 제대 학위공명강습회에서 이노우에 박사의 동양윤리학사개설과 우에키 박사의 칸트철학을 강습받기도 했다. 그런가 하면, 당시 일본의 대표적 기독교사상가이며 무교회주의자였던 우치무라 간조와의 만남은 그의 기독교신앙에 많은 감화와 깊은 영향을 끼쳤다. 1920, 30년대에 김창제는 교사로 재직하며 학교 교육에 힘을 쏟는 한편, YMCA의 기관지인 『청년』을 비롯하여 『신생명』, 『진생』, 『신생』, 〈기독신보〉 등의 기독교계의 잡지·신문뿐만 아니라 일반 신문이나 잡지 등에도 많은 글을 발표하여 한국사회 및 한국 기독교가 지향할 방향을 제시하였다.

김창제는 1910년대부터 매년 주최된 YMCA 강연회에 정기적인 주요강사로 참여할 만큼, 연설과 강연에 독보적인 재능을 가지고 있었다. 이러한 그의 재능은 한성사범학교 재학시절 형성된 토론회와 연설회의 경험들로부터 만들어진 것이다.

> 그는 한말 풍운의 격변 속에서 당시 개화 지식을 전달하던 〈황성신문〉을 애독하고, 밤이면 흥화학교(興和學校)에 나가 영어와 측량학을 배웠다. 또한 토요일이면 흥화학교에서 열리는 토론회

68

겸 연설회에서 당시 정치부패를 비판하고 정치개혁을 고취하기도 했다. 즉 그는 〈황성신문〉을 통해서 현실 문제를 깨닫게 되었고, 이것을 토대로 하여 흥화학교 토론회 등에 적극적으로 참여하여 웅변과 연설로 자신의 주장을 표현하였던 것이다. 따라서 한성사범학교 시절 습득하였던 지식과 함께 이 당시 익혔던 웅변과 연설 및 교육자적 태도는 이후 김창제로 하여금 민중을 계몽하고 청년을 이끄는 지도자로서의 토대를 형성하는 데 큰 영향을 미쳤던 것이다.[77]

당시의 연설 혹은 토론이란, 앞에서 보았던 것처럼 대체로 정치적인 담론으로 수렴되는 것이었던 만큼, 김창제는 이러한 경험 속에서 비판적 지식인으로서의 자의식을 만들어갈 수 있었다.

한편, '말하기'라는 행위 자체의 측면에서 보자면, 김창제는 당시 유력한 전문적인 강연가 혹은 연설가이기도 했던 셈인데, 그의 경험 내지는 훈련의 과정이 1910년대 중반 이후 글쓰기의 장 속에서 새롭게 의미화되는 양상을 확인할 수 있는 것이 「연설법요령」인 것이다.

이 글은 크게 세 부분으로 구성되어 있다. 저술동기를 알려주는 '小序'[78], 연설의 요령을 알려주는 본문, 참고할 만한 연설문으로 꾸며진 부록이 그것이다. 본문은 서론, 연설가의 자격, 연설가의 알아둘 요건, 연설의 연습법, 구성, 언변의 분류 및 성음, 연설자의 의의 등 총 7개의 장으로 구성되어 있다.

---

77) 김권정, 위의 글, 201면.
78) 「연설법요령」의 '小序'에 의하면 이 글은 『청춘』의 주간인 최남선의 청탁으로 마련된 것이다. "君(최남선 - 인용자)이 쏘 톨쓰토이 先生의 事까지 引證하야 日 先生도 晚年에 小說의 筆을 *하얏스나 必要에 應하야는 「復活」가튼 著作을 하얏나니 君도 今日 「靑春」의 必要를 應하야 一筆의 勞를 惜치 말라하거늘 ……"(「연설법요령」, 『청춘』 7호, 1917, 104면.)

演說이란 字義와 如히 事物의 意義를 演繹論說하는 것이라 그
러나 演說이 普通談話와는 相異한 점이 有하니 곳 前者는 일정한
장소에 중인을 會集하고 一人의 言者와 多數의 聽者가 유하야 학
교의 교사하고 학생의 관계와 如히 얼마쯤 규칙적 조직체됨이 是
오 후자는 不然하야 하등의 장소와 특정한 언자 청자의 지위 및
人數가 無함이 是라 然이나 주의할 것은 연설과 강연을 동일하게
視치 말것이라 전자는 感情에 訴하는 문제오 후자는 理智에 訴하
는 문체라 …… 청중의 감정을 고발하야 유쾌하거나 감격케하야
'참그러타', '잘한다'하야 박수 칭선의 동정을 득하려함이니 ……
고로 연설은 정신상 일종의 에너지를 기할 목적이라 하노라[79]

이 글의 서론에서는 연설의 의의, 목적, 필요 등이 제시되는데,
'사물의 자의를 연역 논설하는' 연설은 일정한 장소에서 한 명의 화
자가 다수의 청자를 상대로 이야기하는 화법이다. 이때, 화자와 청
자 사이에는 "학교의 교사하고 학생의 관계"로 비유되는 계몽자와
피계몽자의 관계가 성립한다. 때문에 연설은 "보통 담화와는 상이
한" 것이다. 연설에는 반드시 특정한 시공간, 즉 화자의 발화가 진
행되고 청자들이 그것을 즉각적으로 들을 수 있는 현장성이 필수적
이다. 또한 연설이 '계몽'의 성격을 지닌다고 해서, 청자의 '理智'에
호소하는 '강연'과 혼동해서는 안 된다. 연설은 청자의 '유쾌' 혹은
'감격'의 '감정'을 고발하여 "정신상 일종의 에너지를 起"한다는 목
적을 갖는다. 예컨대 연설은 "자선사업에 관한 것으로 공중에 대하
야 금전을 요구한다든지 정치문제에 관한 것으로 정당 혹 국민의
여론을 환기한다든지 종교상 포교의 목적"으로 행해진다. 반면 강
연은 "이학, 철학, 역사, 지리 등 일정 특수한 학리로 상당한 계급
의 청중을 요"하는 특징을 가진 화법이다. 불특정한 익명의 다수를

---

79) 김창제, 「연설법요령」, 『청춘』 7호, 1917. 5, 105면.

상대로 해야 한다는 것 속에서 연설은 계몽의 목적은 희박해지고, "사업을 진행할 때 자연적으로 부생하는 것"이 된다.

연설가는 고상한 인격을 가져야 하고, 박식해야 하며, 건장한 체격을 갖추어야 한다.

> 만일 病身이 되여서 액고눈이라든지 한편팔이나다리가 병신이라든지 風症으로 얼골가죽을 실눅실눅한다든지 그러치아니하도 다리가 안짱다리로 활드가치휘엿거나 가슴이 들어가고 억개가 축쳐지고 허리가 꼽으라젓거나 혹체머리장이나난장이가튼이는 衆人의 面前에 立하는 演說者의 體格으로는 不適하다 할지니

'연설을 하는 요령'을 설명하는 글에서 연설자의 체격을 문제 삼는 것은 얼핏 적당하지 않는 일처럼 보인다. 하지만, 연설의 목적이 '청중의 감정을 고발'하고 '정신상의 에너지'로 기능하기 위해서는 말하는 자 즉 청중들 앞에 선 자의 체격에서부터 주의를 기울이지 않을 수 없다. 여기서 문제 삼는 체격이란 '비정상성'의 배제이지 특정한 미의식의 작동은 아니다. 정상과 비정상의 이분법적 분류는 근대 초기부터 '위생담론'과 더불어 확산되기 시작하였고, 문명을 달성하고 경쟁에서 승리하기 위해서는 서구적 표준에 정상성의 기준 두어야 한다는 이러한 논리는 1910년대에 들어서면 일반화되어 가는 양상을 보였다. 이 글에서 '연설가의 체격'과 '연설가의 위생'은 결국 동일한 것의 요구이다. 문명＝정상, 야만＝비정상의 도식 속에서 병신들은 계몽 주체로서의 자격을 박탈당하게 되는 것이다. '병신'은 경쟁에 적합한 신체가 아니다. 뿐만 아니라 그것은 정상적 국가 상태가 아닌 '식민지'를 연상시킨다는 점에서 불쾌한 것이기도 하다. 1909년 〈대한민보〉에 연재된 「병인간친회록」이 병신들의 입을 빌어 '정상인들의 비정상적 사회'를 신랄하게 풍자함으로써 계몽

의 효과를 극대화시켰던 것을 염두에 둘 때, 이러한 인식의 변화는 일차적으로 식민지상태라고 하는 조선사회의 정치적 불구성을 반영하는 것이지만, 다른 한편으로는 그러한 정치적 불구성의 조건 속에서도 조선 사회가 근대적 분류체계를 기준으로 세계를 인식하는 사유구조 속으로 포섭되어 들어갔음을 보여주는 것이기도 하다.

안국선의 『연설법방』이 어떻게 말할 것인가의 문제에 주력했다면, 김창제의 「연설법요령」은 그것을 어떻게 문자화할 것인가의 문제에도 관심을 기울인다. 「연설법요령」의 5장 '構想'은 '演說草' 즉 실제 연설을 하기 전에 미리 준비하는 초고를 작성하는 방법에 대해 설명한 것이다. 여기서 구상은 재료의 수집 - 취사선택 - 배열의 순서를 거치게 되고, 이때, 연설의 제목(혹은 테마)을 정하고 대체적인 내용을 메모하여 순서를 정했다가 완전한 문장의 형태로 글을 작성하면 연설의 초고는 완성된다. 필자는 여기서 연설의 제목을 정할 때 주제가 드러나게 할 것, 結構를 정할 때 冒頭, 展開, 結尾의 순서로 할 것, 내용이 청중의 흥미를 끌 수 있도록 적절한 수사와 인용, 재담 등을 배치할 것 등을 요구하고 있다. 이제 연설은 말하기 자체와 현장에서의 효과를 넘어서 그것을 설득력 있는 논리적 언어로 구성하는 문제에 더욱 관심을 기울이게 되고, 연설을 문장화하는 과정 속에서 그것이 갖는 효용성 내지는 실천 가능성을 확인할 수 있게 된다.

여기서 제안된 '연설초'의 내용은 단순히 '연설'의 영역에만 한정되지 않는다. 그것은 논리적 글쓰기 전반에 활용 가능한 것이며, 넓게 보자면 '서사'의 형식을 지닌 글쓰기에도 적용할 수 있을 만한 것이다. 연설이 한편으로는 담론의 논리적 구성과 표현을 중심으로 구성되는 언어활동이라면, 다른 한편으로는 특정한 담론을 통해 '청중의 감정을 고발하여 동정을 得'한다는 목적을 지닌다는 점에서 문학의 목적과도 부합한다.

연설과 문학에서 요구하는 공통분모로서의 '同情'이란 무엇인가. 이광수는 "同情이란 나의 몸과 맘을 그 사람의 處地와 境遇에 두어 그 사람의 心思와 行爲를 생각하야줌이니 실로 人類의 榮貴한 特質 중 가장 榮貴한 者―라 人道에 가쟝 아름다온 행위―慈善 獻身 寬怒 共盆 등 모든 思想과 行爲가 여기서 나오나니 과연 人類가 다른 萬物에 向하야 소리쳐 자랑할 極貴極重한 寶物"[80]이라고 말한다. 여기서 '자선, 헌신, 관노, 공익' 등은 근대적 시민으로서 갖추어야 할 정서적 교양에 해당한다. 이러한 감정들은 그것을 발생시킨 논리적 이유와 감정의 결과로 특정한 실천을 요구한다는 점에서 '연설'에서 요구하는 '동정'과 통한다.

동정 즉 '나의 몸과 맘을 그 사람의 처지와 경우에 두는' 감정 상태가 가능하기 위해서는 '나'를 인식하는 것이 전제되어야 한다. 다시 말해서, "저(自己)는 저니라 저밧게 저가 업스며 저아닌 저가 업슬것이 맛당히 그럴 것 아니냐 …… 먼저 저를 알지니라 저라 것 잇는줄을 안 다음 저를 볼지니라 그 저가 엇더한 것을 …… 그리하고서 저를 세울지니라 저를 늘릴지니라 저를 펼칠지니라"[81]라고 하는 자아에 대한 자각이 전제되지 않는다면, '동정'은 불가능하다. 이때, '나'를 인식하는 자각의 과정은, 나와 다른 외부 세계(즉 타자)를 인식하는 것과 동시적으로 진행된다. '나'는 '나 아닌 것'과 어떻게 다른가를 이해하는 과정 속에서 '자아'는 만들어져 가는 것이다. 그러므로 이광수가 말한 '나의 몸과 마음을 그 사람의 처지와 경우에 둔다'는 '동정'은 기실 타인을 통해 자기를 발견해가는 과정이라고도 말할 수 있을 것이다. 다른 사람의 처지와 상황을 동정하

---

80) 이광수, 「同情」, 『청춘』 3호, 1914. 2, 57면.
81) 「我觀」, 『청춘』 4호, 1914. 3, 16면.

기 위해서는 타자와 내가 '다르다'는 인식을 전제로 해야 하고, 그 '다름'을 자기화함으로써만 '동정'은 가능하기 때문이다. '동정'은 그것을 통해 '감정이입'이라는 예술적 수용태도를 발생시킨다는 점에서, 그리고 그 과정 속에서 타자를 자기화시키는 자기동일성의 논리를 작동시킨다는 점에서 철저히 근대적인 사유체계 속에서 만들어지는 것이라 할 수 있다.

문학을 일컬어 '情의 分子를 包含한 文章',[82] '人의 情을 만족케 하는 書籍'[83]이라고 말했던 것처럼, 이광수에게 있어 '情'은 예술의 구성요소이자, 문학의 발생동기에 다름 아니다. 그러므로 그 情을 함께 하는(同) 것은 문학작품의 생산동력이자 그 가치를 보증할 수 있는 작품의 수용태도와도 연결된다. '나의 몸과 마음을 그 사람의 처지와 경우에 두어 그 사람의 심사와 행위를 생각하야 줌'이란 바로 소설 작품 속의 인물에 대해 '나'의 감정을 투사하여 동일시하는 감정이입의 시초인 것이다. 현실에서의 동정이 자선, 헌신, 공익 등 실천적 덕목으로 연결된다면, 이것을 추상화한 연설과 문학 속에서의 동정은 계몽과 미적 공감의 두 가지 효과를 겨냥하는 것이다.

> 연설에서 의견을 토로하면 그 내용이 중요한가 아닌가는 일단 별도로 하더라도 이야기 그 자체에 맛이 나는 것이다. 예를 들어 문자로 쓰면 기대만큼 주의를 끌지 못하더라도 입으로 말하면 알기 쉽고 사람의 마음을 움직이는 힘이 있다. 고금의 유명한 시가(詩歌)들도 이와 같은 종류의 것이다. 보통의 산문으로 쓰면 조금도 재미있지 않아도 시가의 법칙에 따라 그 형식과 수사를 갖추면 무한한 맛이 생겨나 대중의 마음을 감동시키는 것이다. 이것만 보아도 한 사람의 마음이 그대로 직접 많은 사람에게 전달되기 위해서는 그 전달방법이 얼마나 중요한 것인가 알 수 있다.[84]

---

82) 이광수, 「문학의 가치」, 『대한흥학보』 11호, 1910, 15면.
83) 이광수, 「문학이란하오」, 〈매일신보〉, 1916. 11.

연설과 소설은 모두 청자나 독자의 감정에 호소한다. 그것을 통해 '동정'(혹은 공감)을 얻어내는 것이 목적이다. 연설이 직접적으로 문학이 되는 것은 아니라고 하더라도, 그것이 하나의 제도로 문학적인 효과를 생산하거나 훈련하는 기능을 수행한다는 점, 그리고 연설을 하는 과정에 '구성과 쓰기'가 포함되어 있다는 점에서 '소설'을 연상하는 것은 어려운 일이 아니다. 연설자는 '말하는 자'이기도 하면서 그것을 수행하기 위해 '글 쓰는 자'이기도 하다. 연설문을 작성하는 과정은 소설의 구성과정과 크게 떨어져 있는 것이 아니다. '연설회'는 그 자체로 청년들을 동류의식으로 묶어주는 제도적 장치였지만, 그 안에는 여러 가지 문학적 효과, 즉 연설회 관련 기사나 연설법·연설문 작성 등이 포함되어 있는, '문학'을 촉발하고 그것을 가능한 것으로 상상하게 했던, 문학의 인접공간이기도 했던 것이다.

『청춘』지 4호에 실린 「六校學生聯合大討論會記事」는 普成, 靑年會(YMCA), 培材, 五星, 徽文, 儆新 등 6개 학교 및 기독교 청년회 소속의 학생들이 모여서 '學問成就에는 勤勉이 勝於才能'이라는 문제를 놓고서 가부토론회를 벌인 것을 취재 기록한 글이다. 이 글의 기사작성 방식은 주목을 요한다.

劈頭의 功名은

普成 金乙鍾君(可)

의 차지라 널따란 니마와 쌔단 알에턱을 洋木黑周衣에 바쳐서 拍手歡迎中 壇上人이 되더니 두팔로 허리를 재고

---

84) 후쿠자와 유키치, 앞의 책, 169면.

「오늘은 學校와 學校가 聯合하야서 ……」

를 始頭로 하야 莊重하고도 流暢한 達辯을 吐한다 누구를 부르는
듯키 각금 손을 내치면서 學問은 第二生命임을 論하고 相當한 勞
力으로야 相當한 功業임을 說하다가 乙支文德을 先鋒삼아 歷史上
勤勉으로 닐커를만한 거리잇는이를 모졸이 쓸어대는대 釋迦牟尼
의 時代表싸지 넑음은 좀 過하며 「또한.또한」하고는 한사람식 집
어오는 것이 宛然히 勤勉例證集의 觀이 잇스며 마조막 勤勉으로
주장삼지 아니하면 그날이 죽는날이라고 結論한다 例證이 太多하
고 外題가 間有하나 可側의 先鋒으로 相當한 用武地를 開拓하얏
스며 內容보담 外態로 成功하얏다할것이더라.[85]

'기사'라는 제목에도 불구하고 이 글은 사실보도에만 집중하고 있
는 것이 아니라, 취재 대상에 대한 기자의 논평자적 언술이 개입해
있다는 점에서 흥미롭다. 여기서 사실에 관한 보도는 그것을 읽는
독자가 연설회의 광경을 연상할 수 있도록 묘사적으로 서술되어 있
는데, 그것은 대체로 연설가에게 요구되는 웅변술과 태도에 연관된
것들이다. 이를테면, "장중하고도 유창한 달변", "누구를 부르는듯
키 각금 손을 내치면서"와 같은 묘사는 그것을 읽는 청년 학생들에
게 연설가는 어떤 목소리로 어떤 움직임으로 말해야 하는가에 대한
실제적인 예시인 것이다. 한편, "例證이 太多하고 外題가 間有하나
可側의 先鋒으로 相當한 用武地를 開拓하얏스며 內容보담 外態로
成功하얏다할 것"이라는 논평은 실제 연설가의 장단점을 말함으로
써 그것을 보는 독자들에게 참고로 삼을 수 있게 한 것이다.

京城宗敎禮拜堂管理下에 잇는 靑年會에셔 京城內 私立中等學校
生諸君의 講演會를 去月七日 午後四時半에 同禮拜堂內에 開催ᄒ엿
더라 …… 講演會長 朴麟鍾君이 拍手喝采中에 壇에 登ᄒ야 …… 開

---

85) 「六校學生聯合大系論會記事」, 『청춘』 4호, 1914. 9, 87면.

會의 辭를 述훈후 …… 五星學校의 韓浩錫군이 壇에 登ᄒ야 「信과
力」이란 問題로 靑山流水의 辯論과 威氣堂々훈 態度로 聽衆의 疲
勞를 回復케ᄒ얏스며 또훈 銷沈한 意氣를 鼓吹ᄒ얏도다. 나의귀에,
가장 굿세게들닌바ᄂ다음두가지의 活敎訓이더라 「우리ᄂ 自信ᄒ
여야ᄒ리라」 「우리의힘은, 나를 信홈에잇ᄂ니라, 또훈 國民의 큰
힘은, 밋음을 굿치홈에 잇나니라」 滔々훈 其言說, 氣槪−하날을 衝
홀듯훈그의 行動우리 靑年學生界의 活人이며 또훈오레−터라
(Orator)이더라 …… 會長, 朴麟鍾군은 右三君의 滔々훈 言論에
對ᄒ야 答辭兼 또훈 自己의 쯧한 바를, 獅子의 吼하는듯훈소리로
暫時間 禮辭가 잇섯도다.[86)

 이 시기에 행해졌던 학생 연설회는 대체로 인용한 기사와 같은
형식으로 진행되었던 것으로 보인다. '경성 종교 예배당'에서 행해진
'경성 내 사립 중등학교 연합 강연회'의 경우, 회장이 개회를 선언하
고 세 명의 연사가 각각 「信과 力」, 「金錢」, 「文學」이라는 타이틀로
연설을 진행한 후, 회장의 답사 겸 예사로 마무리 되고 있다. 근대
초기의 만민공동회와 같은 예외적인 사례들이 없진 않았지만, 연설
이 진행되는 장소는 대체로 교회나 기독교 계통의 청년회관, 학교,
관공서의 강당과 같은 '실내' 공간으로 한정되었다. 연설이 행해지는
공간이 실내 공간으로 제한되는 현상은 화자의 말을 전달하고 그것
에 집중시키고 공감을 불러일으키는 데 요구되는 문제가 일차적이
었지만, 어떤 공간에서 어떤 청중을 대상으로 하느냐라는 문제와도
무관하지 않았다. 앞에서 언급했듯이, 1910년대에 들어서면서부터
연설의 테마는 미시적이고 일상적인 계몽의 담론으로 대부분 구성
되었으며, 그중 일부는 문학이란 무엇인가, 철학이란 무엇인가 등과
같은 추상적이고 전문적인 분야를 다루는 것 또한 없지 않았다. 결

---

86) '경성사립중학교학생제군의 연합강연회에서' 『신문계』 4권 3호, 1916. 3.

국, 연설의 공간이 제한되면서 그 연설을 듣는 '청중'의 성격이 제한되었고, 그 연설이 행해지는 공간의 성격에 맞는 청중을 대상으로 하는 전문적인 내용의 연설이 행해질 수밖에 없었던 것이다.

『신문계』를 발행하던 신문사에서는 1916년에 '강연부'를 설치했다. "일반 사회에 대ᄒ야 강건ᄒ사상과 활발ᄒᆫ 원기를 고취ᄒ고 겸ᄒ야 상식을 배양ᄒ기 위ᄒ야" 설치된 '「신문계 발행소」 신문사 강연부 규칙'에 의하면, "연사ᄂᆞᆫ 현대에 대ᄒ야 박학고명ᄒᆫ 학자우ᄂᆞᆫ 교육가 기타 신사로 사회의 성망이잇ᄂᆞᆫ 자"로 하며, 강연회는 "매월 1차례식 개최"하되, "춘추두차례학생연합강연회를 개최"하는 것으로 되어 있다.[87] 신문계 강연부의 간사가 백대진으로 되어 있는 것으로 보아 이 잡지에 실린 대부분의 연설·토론 관련 기사는 백대진이 작성한 것으로 보아도 좋을 것이다. 『청춘』이나 『신문계』에 실린 연설·계론회 취재 기사는, 전 시대의 연설기록이 감시와 처벌을 위해 경관 서기들에 의해 작성되는 것이었던 데 비해, 기자들에 의한 취재와 방청 기록의 형태로 문자화 되었다는 데 그 특징이 있다. 비록 이때의 기록이 일본의 경우와 같이 '방청 기록법'이라는 제도적 장치 속에서 행해진 것은 아니라고 할지라도, 필자(기자)의 묘사적 진술과 논평자적 개입 그리고 완전한 형태는 아니라고 할지라도 연설가의 발화를 「」표시 속에 직접 인용함으로써 '구어'를 문자화하는 한 가지 형식을 보여주었다는 점에서 의미심장한 것이다.

> 아― 絶大ᄒᆫ生命을有ᄒᆫ愛, 無限ᄒᆫ權力을具ᄒᆫ愛, 不可思議의玄々妙々ᄒᆫ宇宙가, 前々世의去와, 迫頭의現在에―毫의錯亂ᄒᆷ이업시잇슴은, 互相愛ᄒᆷ을因ᄒᆷ이오또ᄒᆫ其愛의力으로因ᄒᆷ이로다. 諸君에게向ᄒ야, 여러 가지活敎訓을與ᄒᆞᆫ者이有ᄒᆯ지라, 余ᄂᆞᆫ오직, 愛로써諸

---

87) '우리 강연부에셔', 『신문계』, 4권 7호 1916. 7.

君을興奮케ᄒ고저ᄒ며, ᄯᅩ흔左右의銘이되게ᄒ고져ᄒ노라, 愛의念
이薄弱흔諸君아- 新生命의活力素가되며, 新奮發의 精神力이 되ᄂᆫ
愛로써 諸君의 第二生命을作ᄒ여라-그러면諸君의前에當ᄒ야離ᄒ
고져아니ᄒᄂᆫ万般의苦病, 千種의恨이夢中에消ᄒ고靑天白日下에新
快樂을맛보리라ᄒ노라[88]

이 글은 하나의 의미를 가진 구절을 중심으로 띄어쓰기가 되어
있고, 구두점 혹은 쉼표가 찍혀 있다. 이러한 표기는 발화 시의 호
흡을 염두에 둔 것이다. 비록 문장으로 쓰이고 그것을 반복 생산
가능한 지면 위에 적는다고 할 때조차도 연설은 언제나 발화상황에
충실한 형태로 작성되고 있는 것이다. 때문에, 연설을 글로 옮겨 적
는다고 하는 실천 속에서 한자가 노출되는 상황이 만들어지기도 하
지만, 이것은 해석에 특별한 이해가 필요한 '언한문체'와는 다른 것
이다. 여기서 노출된 한자들은 특별한 해석의 노력이 필요하지 않
은, 단순히 한자로 표기만 했을 따름인 한자어들이다. 『신문계』에서
볼 수 있는 대부분의 '論'의 성격을 지닌 글들이 즉각적인 해석이
어려운 '언한문체'로 작성되었고, 이러한 문체는 당시에 『청춘』의
'시문체'와 대비될 만큼 특징적인 것이었지만,[89] 적어도 '연설'을 기
록한다는 의식 속에서만큼은 다른 문체를 사용할 수밖에 없었던 것

---

88) 無憂生, 「愛」의 印象이 薄弱흔 半島靑年에게 一言을 寄」, 『신문계』 4
  권 1호, 1916. 1, 98쪽. 이 글의 필자인 無憂生은 '걱정업슬이' 즉
  백대진이다.
89) 이광수는 그의 글 「부활의 서광」(『청춘』 12호)에서 "「夫人者는 有情
  之動物也니- ……」하는 것이 당시의 소위 언한문체였었다. 즉 「현대
  인의 사상과 감정을 생명잇는 누구나 다 아는 현대어로 쓰자」는 것이
  신문학발생기에 필연한 요구이며 필요구를 솔선히 자각하고 실행한
  것이 최육당이엇섯다"라고 하면서, 『소년』지를 통한 최남선의 '시문체'
  공적에 대해 설명하고 있는데, 1913년에 창간된 잡지 『신문계』의 경
  우, 여전히 이광수가 지적하는 '언한문체'의 자장 속에 있었다.

이다. 그것은 다름 아닌, '구어'를 적는다고 하는 의식인 것이고, 그 과정에서 구어 그 자체도, 관례적인 문어의 형태도 아닌 새로운 문체가 실험되었던 것이다.

일본에서는 1910년 노마 세이지(野間淸治)가 講談社에서 『웅변』이라는 잡지를 창간하면서 웅변열이 폭발적으로 확산 되었다. 전문학교와 사립대학에서는 앞을 다투어 변론부가 만들어졌고, 대항시합이 벌어졌다. 또한 청년층에게 크게 파고들어 도시 농촌을 막론하고 크게 유행했다. 학교 안에서는 각종 연설대회가 열렸고, 외부에서 유명인사를 초빙하여 연설회를 열기도 하였다."[90] 이러한 현상은 조선인 유학생들에게도 크게 영향을 끼쳤다. 『학지광』 5호에 실려 있는 '조선유학생학우회세측'을 보면, 학우회에서는 계론·연설 또는 체육을 장려하는 일(1조3항)을 하며, 智育部는 웅변회 혹 계론회를 수시 개최하고 각분회의 연합웅변 혹은 연합계론의 보고가 있을 때 부장 혹은 해부원이 출석하여 사회를 본다(6조1항)고 되어 있다. 연설과 토론이 일상적이고 조직적으로 행해지고 있었음을 알 수 있다. 『학지광』 각호의 「우리소식」란에 실려 있는 연설과 관련된 소식을 몇 가지만 예로 들어본다.

 * 조도전대학, 명치대학 양동창회에서 연합계론회를 11월 12일에 개하야 성황을 개하다 / * 학술강연회를 청년회교육부 주최로 11월 14일에 개하다(3호)

 * 15년 1월 9일 하오 6시에 학우회지육부 주최 웅변회를 우리청년회관에서 / * 2월 8일 6시에 학우회 지육부 주최로 명사연설회 우리청년회관에서(4호)

 * 조도전명치 양대학 우리동창회의 연합웅변회를 3월 26일에 우리청년회관에서 개하얏는듸 徹底鏡, 풍운아, 출발점, 국가와 인

---

90) 박찬승, 앞의 글 참조.

민, 청년에 대한 요구, 자아현실의 제문제로 불갓흔 열변을 천하에 토로. / * 졸업생 대연설회를 4월 8일에 우리청년회관에 개하얏는듸 만장입추의 지가 업서슴은 물론, 절개잇스며 용기잇고힘잇스며 선견잇는 대웅변 참으로 성황이더라(5호)

　* 조선학회에서는 거 2월 9일에 공개강연회를 개하고 장덕수, 노익근, 현상윤 3군이 출강하얏는데 다수의 청자가 유하얏다더라 / * 유학생기독교청년회에서는 거 2월 3일에 법학박사 길야작조씨를 청유하야 「조선청년과기독교」란 문제로 강연회를 개하얏는데 다수의 내청이 유하얏다더라 / * 청년회에시는 거 2월 27일에 종교강연회를 개하얏다는데 명치학원총리 정심미지조씨의 「상제를 경외함은 지식의 근원」이란 강연이 유하얏다더라.(12호)

이상의 내용으로 보자면, 와세다, 메이지 대학 출신들은 정기적으로 토론회를 열었고, 학우회 지육부와 기독교청년회는 강연회를 주로 주관하였다는 것을 알 수 있다. 또, 연설(웅변)의 주제가 다양했으며, 학지광의 주요 필자들이 강연회 연사로 등장하는 경우가 드물지 않았다는 것을 알 수 있다.

현상윤의 「구하는바청년이 그누구냐」(『학지광』 3호)와 「말을반도청년의게붓침」(『학지광』 4호)은, 고립적 문자텍스트로서의 연설의 예이다. 과학적 학문연구를 기피하고 정치나 법률 연구에만 골몰하는 유학생의 태도를 비판하는 「구하는 바 청년이 그 누구냐」에서 화자는 "모름지기 우리의 배우는 學問은 「生」의 爲한 學問이여야 하고, 우리의 觀察하는 文明은 實質的이여야 하고, 우리의 그리는 理想鄕은 永久的完全的이여야 하고, 우리의 셔두는 生活은 充實的圓滿的이여야 하리로다."[91]라고 말한다. 그런가 하면, 「말을 반도청

91) 현상윤, 「求하는바 靑年이 그누구냐?」, 『학지광』 3호, 1914. 12. 7면.

년의거 붓침」에서는 청년들의 속물주의와 이기주의를 경계하면서
"사랑하는 兄弟들아 우리의나서자란쌍-將次죽어돌아갈곳인 半島山
川을 爲하야 다시한번생각하고 다시한번힘쓰지안으랴는가?"[92]라고
말한다. 이 두 연설문은 모두 밤에 쓰인 것이다. 전자의 경우 글의
맨 뒤에 '甲寅十一 月五日夜'라고 기록되어 있고, 후자의 경우 '甲寅
十二月 二十五日夜'라고 부기되어 있다. 이러한 현상은 화자가 말을
하고(혹은 글을 쓰고) 청중이 듣는(혹은 독자가 읽는) 연설의 시공
간이 완전히 분리되었다는 것을 의미하는 것이기도 하다. 현상윤의
글에는 특정한 화자의 목소리가 있다는 점, 특정한 대상을 상대로
한다는 점에서 연설적이지만 화자의 발화공간과 시간을 중심으로
보면 독백적인 발화이기도 하다. 이러한 현상은 화자의 위치가 필
자의 위치로 전이되면서 벌어진 현상이고, 이때 화자 혹은 필자는
실물로서의 청중이 아니라, 대상을 상상하고 그 상상의 대상이 문
자를 읽는 독자라는 것을 염두에 두게 된다. 말하는 자와 듣는 자
가 함께 구성하던 연설의 공간은 이제, 각각의 한정적 시공간 속으
로 전이되고, 이러한 현상은 한편으로는 묵독하는 독자와 내면을
자각하는 필자의 탄생과 연동하는 것이기도 하다.

　하지만, 현상윤의 연설문이 시종일관 위와 같은 방식으로 쓰인
것은 아니다. 오히려 「자기표창과 문명」(『학지광』 14호)이나 「조선
청년과 각성의 제일보」(『학지광』 15호)에 이르면 '-하오'체의 구어
를 구사하는 방식으로 연설의 형태가 바뀐다. 이러한 현상이 일어
난 이유에 대해서는 약 두 가지 차원에서 생각해 볼 수 있다. 하나
는 이광수 연설문으로부터의 영향이다. 현상윤이 위의 연설문들을
발표한 『학지광』에 이광수 역시 몇 편의 연설문을 발표한 바 있고,

---

92) 현상윤, 「말을 半島靑年에세붓침」, 『학지광』 4호, 1915. 2, 20면.

그들 둘은 모두 『청춘』의 필자이기도 했으며, 같은 정주태생이기도 했다. 때문에 현상윤이 이광수로부터 받은 영향은 적지 않았을 것이라는 점을 이미 선행연구자들에 의해 지적된 바 있다.[93]

앞에서 살펴본 『소년』지에 실린 연설 이외에도 『학지광』 12호에 실린 「천재야!천재야!」 그리고 「혼인에 대한 관건」 이 두 편의 글에서 이광수는 경어체의 구어를 사용하여 연설문을 쓰고 있다. "只今 東京留學生中에도 天才가 잇는지모르지오. 잇슬것이외다, 잇서야 홀것이외다. 京城各學校中에도 天才가 잇는지모르지오. 잇슬것이외다, 잇서야홀것이외다. 업스면 엇지흐게요? 그야말로 큰일납지오. 다믄 누가 그네의 天才를 알아보아주며 그네의 天才를 激勵히줄가요?"[94] 라든가 "남녀양성의 결합은 생물계에 최대흔 필연적 약속이지오. 그리고 차결합의 구경적 원시적 목적은 무론 생식일것이외다. 그러나 생식을 목적으로홈은 조물주의 일이오 생물의 일은 아니지오"[95] 라는 문장은 그 자체로 대화적이며 구어적이다. 현상윤이 「자기표창과 문명」, 「조선청년과 각성의 제일보」를 쓰면서 이광수의 문체를 참고로 했을 가능성이 있는 것이다.

현상윤의 연설이 고립적 문장의 언어로부터 벗어나 대화적 구어의 글쓰기를 지향하게 된 두 번째 이유는 그의 소설 창작의 경험으로부터 찾을 수 있을 듯하다. 현상윤은 1914년 『청춘』 2호에 「한의 일생」을 발표한 것을 시작으로 1917년 「핍박」에 이르기까지 5편의 소설을 『청춘』과 『학지광』에 발표했다. 「핍박」[96]을 제외한 나머지

---

93) 대표적으로 김윤식, 『이광수와 그의 시대』 1, 솔, 2001, 김복순, 『1910년대 한국문학과 근대성』. 소명, 1999 등이 있다.

94) 이광수, 「천재야!천재야!」, 『학지광』 12호, 1917. 4, 11쪽.

95) 이광수, 「혼인에 대한 관건」, 위의 책, 28쪽.

96) 김복순은 핍박을 癸丑 5월20일 夜라는 부기에 의거, 1913년에 초고를 썼을 가능성을 이야기한 바 있다.

작품은 공통적으로 액자식 구성을 취하고 있기도 하다. 소설의 앞부분에 주인공의 현재상황을 제시하고 그러한 상황에 놓이게 된 내력에 대해 역으로 추적해 들어가는 방식이 작가가 즐겨 사용하던 창작방법이었다. 소설 구성의 특이성과 내용에서 보여주는 비판적 의식을 제외하면 현상윤의 소설이 10년대에 발표된 근대 단편소설 양식의 첨점에 위치한다고 말하기는 어렵다. 소설의 문체 또한 '-다'체와 '-더라'체가 뒤섞임으로써 사실에 대한 전언과 정서적 묘사에 대한 화자의 거리감이 일관되게 유지되지 않는다. 물론, 여기서 「핍박」은 대단히 예외적이다. 그럼에도 불구하고, 대화와 묘사를 통해 '리얼한' 세계를 만들어낸다는 소설 창작의 경험은 작가 자신에게 생생한 일상의 언어를 사용한 글쓰기를 다른 양식에도 적용할 수 있는 가능성을 마련한 것이라 할만하다. 그러나 현상윤, 이광수와 더불어 『학지광』 그룹에서 '웅변가'로 통하던 장덕수의 연설문에서 대화를 지향하는 구어적 문체를 발견하기는 어렵다.

연설은 사고의 구성-발화-발화된 것의 문자화라는 세 단계를 거쳐 완성된다. 이때, 세 번째 단계인 '발화된 것의 문자화' 과정에서 일반적으로 이야기하는 '연설문체'가 만들어진다. 그러므로 연설은 단순히 '말하기'의 영역에서 '쓰기'의 영역으로의 배치의 변화 이상의 의미를 갖는다. '연설문체'는 단순히 '말'을 '글'로 옮겨 적은 것이 아니라, 그것이 실천되는 과정 속에서 이전에는 없었던 새로운 글쓰기의 규범을 자가 생산하면서 만들어진 것이기 때문이다. 또한, 쓰기의 새로운 규범으로서의 '연설문'은 문학작품을 생산하는 작가와 그것을 읽는 독자와의 관계에 직접 연관되는 것은 아니지만, 문학작품이 독자에게 요구하는 '감동' 혹은 '공감'의 정서적 감응(affection)

이 여기서도 요구된다는 점에서 말하는 자 혹은 글 쓰는 자 그리고 그것을 수용하는 자 모두에게 문학적 감각을 훈련할 수 있는 훈련의 장으로 기능한다.

이 글에서는 다음의 두 가지 사항에 주목하고자 했다. 하나는 앞서 이야기했던 발화자 즉 연설의 주체인 연사가 펼치는 계몽의 담론과 그것을 관철시키기 위해 구사하는 수사의 양상 및 전유방식이다. 그것을 위하여 이 글에서는 '쓰인' 내용이 무엇인가를 살펴보는 것에서 나아가, 연설이라는 말하기 방식이 문자화되는 과정에서 발생하는 새로운 문장의 규칙들을 발견하고 그 의미를 해명해 보고자 하였다.

두 번째는 연설담론이 시대적 맥락에 따라 전이되는 방식을 통해 장르화되는 양상을 살펴보는 것이다. 문학적 장치를 통해 표현된 근대 계몽기의 연설이 문학과 비문학의 미분화양상을 역으로 증명하는 텍스트로 기능한다면, 1910년대 중반 이후 연설은 '문학'을 구성하는 개념적 담론 속에 포섭되지 못하면서 비문학의 영역으로 확실히 분화되어 나가는 양상을 보인다. 1910년대 이전에 발표된 서사적 글쓰기와 연설·토론체 소설이 '계몽'을 위한 일종의 수사적 장치로 활용될 수 있었던 것은 문학에 대한 근대적인 관념 즉, '문학의 자율성'이 확보되지 못한 상황이 전제되었기 때문이다. 하지만, 1910년대 중반에 들어서면서 서양의 문학작품을 읽고, 그 이론적 맥락을 학습한 새로운 지식인층이 등장함으로써 '연설'은 비문학의 영역으로 인식되기 시작한다. 동시에 연설에 대한 규범은 이 시기에 들어 한층 정치한 틀을 갖추어 나가게 된다. 이러한 과정은 연설의 중요한 테마인 "계몽담론"의 변질 내지는 속화 양상과 동시적으로 진행된다. '문학'적인 것에 대한 규준이 만들어지는 것과 비문학적 강연은 새로운 지식과 사상을 전달함으로써, 청중들을 '계몽'하고 '개화'하고자 하는 의도에서 만들어진 것이지만, '손뼉을 치고 부르짖는' 반응을 끌어내는 일종의 오락적 기능 혹은 '볼거리'로서의 기능을 동반하는 한에서만 '견문을 넓힌다'고 하는 애초의 의도가 관철될 수 있었던 셈이다. 이러한 '볼거리'를 제공하는 연설의 '오락적 기능'은 근대계몽기에 서사적 구조를 지닌 이야기로 문자화되면서 문답체, 토론체, 연설체 등의 문체를 생산하는 데 일정한 작용을 하게 되는 것이다.

'어떻게 말할 것인가'의 문제는 '구어'에 규칙을 부여함으로써 공적인 언어로 조직하는 실천을 통해서 구체화되었다. 이때 연설 언어의 규칙성은 '연설'이 이루어지는 특정한 시공간을 전제로 이루어진다. 연설의 공간은 무엇인가를 욕망하는 공간이다. 그 공간에서는 정치적인 것, 경제적인 것, 제도적인 것 등 무수한 담론들이 펼쳐지는데, 그것들은 모두 '문명'이라는 하나의 코드로 수렴되는 욕망을 표현하는 것이다.

토론이 일 대 일의 발화상황을 중심으로 이루어지는 말하기 방식이라면, 연설은 일(一)대 다(多)의 발화상황 속에 놓인다. 이때의 발화상황은 말하는 자와 듣는 자 사이에서 형성되는 입장과 관계에 따라 다르게 형성된다. 하지만 그 연설회의 성격이 정치적인 것이든, 가두에서 행하는 것이든, 학생회나 단체 안에서 행하는 것이든 상관없이 연설자와 청중 간의 관계는 계몽하는 자와 계몽당하는 자로 이분화된다. 연설의 계몽적 성격 속에서 화자의 전달 동기와 표현 동기는 완전하게 분화되지 않는다. 논리적 세계와 정서적 세계 속에 한 발씩 딛고 있으면서, 그 둘을 모두 가지는 것이 말하기로서의 연설의 규범이다. 연설의 영역 속에서 이 둘의 분화가 일어나는 것은 1910년대이고, 이것은 '문학'과 '비문학'에 대한 개념적 차이를 인식하기 시작하는 것 속에서 이루어지는 것이다.

토론과 문답체의 전통은 1910년대 들어오면서 거대 서사(혹은 정치적 담론)를 말하는 것이 금지된 상황, 일상적이고 제도적인 차원의 계몽 담론만 허용된 정치적 상황 속에서 사라져 갔다. '연설' 및 '토론'을 위한 현실의 공간은 여전히 존재했지만, 그 경우에도 특정한 담론은 말할 수 없었고, 무엇보다도 '문학'과 '소설'에 대한 장르적 인식이 생겨났기 때문이다. 이 시기에 들어서면서 연설을 통한 '계몽'의 성격은 대체로 비정치적이고 일상적 영역의 차원으로 한정되어 갔다. 구체적으로 '조선의 독립'을 연상할 수 있는 정치, 식민지, 항일, 독립 등의 개념어는 공공의 매체 속에서 '금지된 말'이 되었고, 일상을 운영하는 담론의 문제가 그 자리를 대신하기 시작했다.

연설이 한편으로는 담론의 논리적 구성과 표현을 중심으로 구성되는 언어활동이라면, 다른 한편으로는 특정한 담론을 통해 '청중의 감정을 고발하여 동정을 得'한다는 목적을 지닌다는 점에서 문학의 목적과도 교감한다. 연설과 소설은 모두 청자나 독자의 감정에 호소한다. 그것을 통해 '동정'(혹은 공감)을 얻어내는 것이 목적이다. 연설이 직접적으로 문학이 되는 것은 아니라고 하더라도, 그것이 하나의 제도로 문학적인 것 효과를 생산하거나 훈련하는 기능을 수행한다는 점, 그리고 연설을 하는 과정에 '구성과 쓰기'가 포함되어 있다는 점에서 '소설'을 연상하는 것은 어려운 일이 아니다. 연설자는 '말하는 자'이기도 하면서 그것을 수행하기 위해 '글 쓰는 자'이기도 하다. 연설문을 작성하는 과정은 소설의 구성과정과 크게 떨어져 있는 것이 아니다. '연설회'는 그 자체로 청년들을 동류의식으로 묶어주는 제도적 장치였지만, 그 안에는 여러 가지 문학적 효과,

즉 연설회 관련 기사나 연설법·연설문 작성 등이 포함되어 있는, '문학'을 촉발하고 그것을 가능한 것으로 상상하게 했던, 문학의 인접공간이기도 했던 것이다.

『청춘』이나 『신문계』에 실린 연설·계론회 취재 기사는, 전 시대의 연설기록이 감시와 처벌을 위해 경관 서기들에 의해 작성되는 것이었던 데 비해, 기자들에 의한 취재와 방청 기록의 형태로 문자화 되었다는 데 그 특징이 있다. 비록 이때의 기록이 일본의 경우와 같이 '방청 기록법'이라는 제도적 장치 속에서 행해진 것은 아니라고 할지라도, 필자(기자)의 묘사적 진술과 논평자적 개입 그리고 완전한 형태는 아니라고 할지라도 연설가의 발화를 「」표시 속에 직접 인용함으로써 '구어'를 문자화하는 한 가지 형식을 보여주었다는 점에서 의미심장한 것이다.

제3장 번역, 문명의 번역과 '문학'의 발견

3-1. 문명 지향과 번역의 요구

'번역'을 일컬어 한 언어에서 다른 언어로의 '변환'이라고 말할 수 있는 것은 사전적인 의미에 한해서이다. '단어 대 단어' 혹은 '의미 대 의미' 등 텍스트 간의 등가성을 '상상'하지 않는다면, 번역은 원천적으로 불가능한 것에 가깝다. 이 불가능한 것을 가능한 것으로 만들기 위해서는 '서로 다른 문화적 토대'를 완벽하게 괄호 치거나 수신하는 언어문화 속으로의 자발적 종속이 불가피하다. 후자의 경우는, 제국에서 식민지로의 문화적 '이식'이라고 부를 만한 것이다. 물론, 이때의 이식은 언어적인 것을 포함한 제국의 문화 일반을 옮기는 작업을 의미한다. 그런 의미에서 임화가 조선의 신문화를 '이식문화사'라고 했던 것은 조선의 신문화 즉 근대적인 문화가 서구화 과정 속에서 서구적인 것을 '번역'하는 과정 속에서 만들어진 것이었다는 점을 지적했던 것에 다름 아니다.

한국 근대의 특수한 경험 즉 식민지 근대의 경험이 서구적 근대와 직접 대면하는 것 속에서 이루어진 것이 아니라, 그것을 우리보다 먼저 경험한 일본을 매개로 한 것이었다는 점은 '번역'의 영역에서도 동일하게 적용된다. 지식과 제국의 이동으로서의 번역은 한 언어의 의미를 다른 언어의 의미로 전환하는 것을 넘어, 언어를 지배와 통제의 일차적 기술이자 사회의 형성과 교화를 위한 강력한 채널이 된다.[97] 이런 의미에서라면, 식민지 근대성의 형성과정, 그 핵심에 '번역'이 자리 잡고 있다고 말해도 좋을 것이다. 임화가 〈신문학사의 방법〉에서 지적하고 있듯이,[98] 초창기 조선의 신문학은 일본이라는 경로를 통해 서구문학을 '모방'하는 과정이었지만, '모방'의 주체인 '피식민자'[99]에게는 '식민자'인 일본의 문학을 매개로 인식하는 욕망의 굴절이 발생할 수밖에 없었던 것, 그 이유 역시 '번역'을 통한 지배와 저항의 역학 작용에 있었다고 할 수 있다.

'문명을 번역한다'고 했을 때, 가장 먼저 고려할 수 있는 텍스트는 『서유견문』(1895)이다. 이 책의 저자인 유길준은 조선인 최초로 문명의 세계를 직접 목격한 유학생이었다. 전체 20편으로 구성된 이 책에서 그는 세계의 지리에서부터 근대적인 각종 제도와 풍물에 이르기까지 '서양'의 모습을 다양하게 소개했다. 유길준이 강, 산, 바다 등 세계의 지리를 서술하는 것으로부터 글을 시작한 것은, '중국이 세계의 중심'이라는 중세적 세계관으로부터 벗어나야 한다는 것을 강조하기 위해서였다. 자기 눈으로 직접 '서양'을 목격한 그는 중국이 세계의 중심이 아니라는 사실에 실감을 갖고 있었던 것이다. 하지만, 서양의 풍물을 소개하는 15편부터 20편까지는 널리 알려진

---

97) D. 로빈슨, 『번역과 제국』, 이혜욱 역, 동문선, 2002.
98) 임화, 「조선 문학 연구의 일 과제 – 신문학사의 방법론」, 임규찬·한진일 편, 『신문학사』, 한길사, 1993, 378-379면 참조.
99) 이 글에서 '식민자', '피식민자', '모방' 등의 용어는 호미바바가 『문화의 위치』(나병철 역, 소명, 2002)에서 사용한 개념적 용법에 따른 것이다. '식민자'는 제국의 문화를 식민지에 이식하는 주체, '피식민자'는 식민지에 거주하면서 식민자가 이식한 문화에 대해 모방과 저항의 양가적 태도를 보이는 존재이다.

바처럼, 후쿠자와 유키치의 『서양사정』을 대폭 반영한 것이어서 유길준의 문명의식과 번역의식을 규명하는 데 한계로 작용한다. 하지만, 이러한 현상을 오늘날의 감각으로 번역과 저술에 대한 감각이 불철저한 것이라고 재단할 수만은 없다. 당시, 유길준에게는 문명 그 자체를 조선에 실현하는 것이 중요한 문제였기 때문에, 그것을 위해 어떤 텍스트를 '참조'한다는 것 자체가 문제는 아니었던 것이다.

『서유견문』에서 발견되는 '문명을 번역한다'는 의식은 『소년』을 통해서도 확인된다. "世界的 知識을 吸收함은 世界를 知하려함이 아니라 곧 우리 大韓을 知함이오, 他人에게 博學多聞을 誇示코자 함이 아니라 곧 自己가 事理物情에 暗昧하지 아니하려 함이니"100) 라는 말은 부강한 조선을 만들기 위해 세계적 지식을 번역해야 한다는 의미이다. 문명을 배워야 한다는 최남선의 의식은 훗날 『청춘』 창간호 부록으로 실린 「세계일주가」를 통해서도 확인되는데, 세계 각지의 지리, 역사, 문화 등을 사진을 곁들여 서술하는 최남선의 태도는 유길준이 『서유견문』에서 보여준 그것과 다르지 않은 것이다.

하지만, 근대 초기의 '번역'과 관련된 의식이 모두 이와 같았던 것은 아니다. "譯書를 曰 文明의 輸入이라 하며, 譯書를 曰 富强의 資料라 하나 然이나 차는 善美한 譯書를 指함인저. 譯書家가 其道를 不得하야 其國魂을 戕하며 其國光을 墜하면 抑猶國家의 大罪人이로다"101)라고 경계하는 말이 나올 정도로 무분별한 번역이 이루어지기도 했던 것이다.

'한 언어를 다른 언어로 옮긴다는 차원'에서 '번역'을 생각할 때, 그 전제가 되는 것은 '국문'의 확정일 것이다. '번역'은 '자국어의식'과 '자국어'가 전제되지 않은 상태에서는 불가능한 것이기 때문이다.

---

100) 「세계적 지식의 필요」, 『소년』 2년 5권, 1909. 5, 4면.
101) 「번역자에게 一告함」(논설), 〈대한매일신보〉 1909. 1. 9.

전국 인민이 모두 학문이 있고 지식이 있게 되어야 그 나라가 남에게 대접을 받고 자주 독립을 보호하며 사·농·공·상이 늘어가는 법이라 지금 조선에 제일급선무는 교육인데, 교육을 시키려면 남의 나라 글과 말을 배운 후에 학문을 가르치려 하거드면 교육할 사람이 몇이 못 될지라. 그런고로 각색 학문 책을 국문으로 번역하여 가르쳐야 남녀와 빈부가 다 조금씩이라도 학문을 배우지, 한문 배워가지고 한문으로 다른 학문을 배우려 하거드면 국중에 이십여 년 교육할 사람이 몇이 못 될지라. …… 우리가 바라건대 조선 학부에서 조선 국문 옥편을 만들어 말 쓰는 규칙과 문법을 정하여, 전국이 그 옥편을 일정한 규모를 가지고 하게 만드는 것이 조선 교육하는 기초로 우리는 알고, 또한 조선 독립과 사람의 생각에 크게 관계가 있는 줄로 우리는 생각하노라.[102]

문명을 이루고 부강한 국가가 되기 위해서는 국민의 교육이 급선무인데, 선진의 지식을 배우는 데 한문은 부적합하다. 한문으로 문명의 지식을 번역하여도 그것을 읽고 지식을 습득할 수 있는 사람은 많지 않다. 국민 전체를 교육하기 위해서는 국문(한글)을 가르쳐야 하고, 서양의 문명지식을 국문으로 번역하여 가르쳐야 한다. 이것이 〈독립신문〉 국문론의 요지이다. 국민의 교육과 번역의 편의를 위해 한글을 사용하자는 이러한 주장은 1890년대 후반부터 자주 공론화되었지만, 1900년대 내내 '한문현토체'나 '국한문혼용체'가 '국문체'보다 우세했다. 사실, '번역'과 관련해서도 한글전용은 쉽게 성립할 수 없는 난감함이 있었다.

余의 마음디로 홀진디 純國文으로만 쓰고 십흐며 또 흐면 될 줄 알되, 다만 其甚히 困難홀 줄을 아름으로 主張키 不能하며 또 비록 困難흐드리도 此는 萬年大計로 繼行흐여야 흐다는 思想도업

---

102) 〈논설〉, 〈독립신문〉 1898. 8. 5.

> 습은 아니로딘 今日의 我韓은 新知識을 輸入홈이 汲汲흔 씨라 이
> 씨에 解키 어렵게 純國文으로만 쓰고 보면 新知識의 輸入에 沮害
> 가 되깃습으로 此意見은 아직 잠가 두엇다가 他日을 기다려 베풀
> 기로하고 今日 余가 主張ᄒ는 바 文體는 亦是 國漢文幷用이라.103)

여기서 이광수는 순국문만 사용하면, 신지식을 이해하기 어렵고, 그것을 수입하는 데도 저해가 된다고 말한다. 이광수가 말한 '신지식'이란 서양의 과학과 문명의 지식이다. 낯선 것을 새롭게 번역해 낼 번역자도 문제가 되거니와, 그것을 번역했을 때 번역된 말의 의미 또한 한자어를 사용하지 않고서는 제대로 전달하기 어렵다고 판단했기 때문일 것이다.

일본의 메이지 초기에도 번역어를 어떻게 할 것인가는 논란이 많은 문제였다.

> 번역되어야 할 선진 문명의 말에는 반드시 '자연스러운 일본어'만 가지고는 표현할 수 없는 의미가 있다. 중요한 말일수록 그러하다. '자연스러운 일본어' 속에서는 후쿠자와 유키치가 말한 완전히 흠잡을 데 없는 '譯字'는 사실 찾을 수 없다. 그래서 그 어긋나는 의미를 '네모난 문자'(한자 – 인용자) 자체에 맡기는 것이다.104)

결국, '중요한 말'은 그 말의 중요성 때문에라도 한자를 사용할 수밖에 없다는 것이 '서양의 문명'을 번역해야 했던 근대 초 동아시아 지식인들이 경험했던 공통된 딜레마였던 것이다. 의미의 정확성은 차치하고라도, 그것이 한자로 표기되는 순간 만들어지는 '이것은 중요한 말이다'라고 하는 '카세트효과'105)를 외면할 수는 없었던 것

---

103) 이광수, 「今日我韓用文에 대ᄒ야」, 〈황성신문〉, 1910. 7. 26.
104) 야나부 아키라, 『번역어성립사정』, 서혜영 역, 일빛, 2003, 46면.
105) 같은 책, 47면.

이다. 이광수가 한자를 병용할 수밖에 없다고 한 것, 순국문으로 번역어를 사용하면, 그 말의 의미를 잘 이해할 수 없다고 한 것도 이런 맥락에서이다. 이러한 인식의 한편에는 이미 서양의 지식을 자국어로 번역해 놓은 일본의 것을 다시 번역하면 된다고 하는 의식도 없지 않았을 것이다. 일본이 조선보다 앞서 서양의 중요한 지식을 '한자'로 번역해 놓았기 때문이다. 유길준이 『서유견문』의 후반부를 후쿠자와의 『서양사정』에 크게 기댈 수밖에 없었던 이유 중 하나도 여기에 있다. 실제로 그는 이 책의 서문에서 "我文과 漢文을 混集ᄒ야 文章의 體裁를 不飾하고 俗語를 務用ᄒ고 其意를 達ᄒ기로 主ᄒ니"라고 말했던 것이다.

번역에 전제되는 국문 문제는 결국 일본어의 중역 문제로 연결되고, 이것은 문학작품의 번역에 있어서도 마찬가지였다. "개화기 당시의 우리 번역문학의 원류는 서양인에 의하여 씌어진 작품이라 할지라도 한역본 내지 일역본의 중역이었다는 것을, 특히 일역본의 중역이 70% 이상을 점하고 있다는 것을 알 수 있어 개화기에 있어서의 서양문학 번역의 전신자로서의 일본의 역할을 알 수 있다. 이것은 일반적인 문학지식이나 개개의 구체적인 작가·작품의 이입에 있어서도 마찬가지이다. 이 문제는 곧 그대로 수용태도에도 반영된다. 완역·축자역이 극히 적고 당시의 일인이 서구문학을 수용해 들일 때의 태도인 번안·초역·의역·역술·梗槪譯 따위가 그대로 우리의 수용태도로 통용되었다는 것은 이것을 말해주는 증좌이다."[106]

문학작품에 한정해서 이야기한다면, 1895년 발표된 『유옥역전』(『아라비안 나이트』譯本, 井上勤譯, 이동 重譯)[107]이 가장 먼저 번역된 작품일 것이다. 이후로 1900년대에는 주로 역사·전기류가 다수 번

---

106) 김병철, 『한국서양문학이입사연구』, 을유문화사, 1998, 75면.
107) 김병철, 『한국근대번역문학사연구』, 을유문화사, 1975, 170면.

역되었고, 『소년』지가 창간되면서 톨스토이나 바이런 등의 문학작품이 번역되기 시작했다. 하지만, 빅토르 위고의 『레미제라블』의 일부를 번역한 「ABC契」의 역자가 말하고 있듯이[108] 이 시대의 번역은 문학성 자체보다는 교훈성에 크게 의미를 둔 것이었다.

1910년대에 들어서면서 문학작품의 번역에서 전 시대에 가졌던 정치적이거나 계몽적인 의도가 상당 부분 제거되기 시작했고, 〈매일신보〉를 중심으로 진행된 일본 통속소설의 '번안'이 새로운 특징으로 자리 잡기 시작했다. '번안소설'의 경우 대중성과 오락성의 확보가 중요했던 만큼 원작을 '조선의 사정에 맞게 변작'하는 일이 일반적으로 행해졌고, 그것으로부터 '흥미 있는 이야기'를 만들어내고 전달할 수 있는가가 관건으로 여겨졌다.

1914년에 〈매일신보〉에 발표된 이상협의 『명부원』은, 그것이 비록 일어본을 중역한 것이긴 했지만, 이전의 '번안소설'과는 다른 지점에서 논의되어야 할 텍스트이다. 우선 그것은 비슷한 시기에 일간지 신문에 연재된 소설 중에서 예외적으로 '서양의 문학작품을 번역한다'는 번역자의 의식 속에서 만들어진 것이다. '번역' 의식이 그 자체로 성립하는 것이 아니라 '원전'에 대한 의식, 혹은 '창작'에 대한 의식의 성립과 함께 진행되는 것이라고 할 때, 『명부원』의 출현은 '번안'과는 다른 방식의 '번역'이 대중적 지면 위에서 실험되었다는 점에 주목할 만하다. '번역'의 경험이 곧장 '창작'의 실천으로 연결되는 것은 아니라고 할지라도, '번안'작가들에게서는 발견할 수 없는 '번역'의식은 그 자체로 '문학'에 대한 근대적 의식의 하나이다. 이상협이라는 작가 개인이 이 문제를 전면적으로 돌파한 것으로 보

---

108) "나는 그 책을 문예적 작품으로 보난 것보다 무슨 한 가지 교훈서로 낡기를 지금도 전과 갓히 하노라"(「ABC契」, 『소년』 3년 7호, 1910. 7).

기에는 한계가 있지만, 그가 가진 개인적 한계야말로 1910년대적 문학의 한 특성이기도 한 것이다.

'서양의 소설을 번역한다'는 의식은 한편으로는 '서양의 소설을 읽는다'라고 하는 의식을 추동한다. 『명부원』 이전까지 '번역된 문학작품'을 읽을 수 있는 기회는 이를테면 잡지나 단행본 서적 등 제한된 지면을 접할 수 있는 소수에게만 주어진 것이었다. '잡지'가 특정한 취향을 가진 독자가 선택적으로 읽을 수 있는 독서물로 보다 전문적인 서사양식을 제공할 수 있었던 데 반해, '신문'은 '불특정 다수'를 독자로 설정하고 있었던 만큼 '대중적 요구'에 부응하는 '읽을거리'를 제공하는 것은 어렵지 않았지만 이전에는 없었던 양식을 실험하는 일은 쉽지 않았다. 번안소설과 신·구소설이 일반인들에게 익숙한 '읽을거리'로 기능했던 상황 속에서 『명부원』이 대중적 지면 위에 발표될 수 있었던 것은 그 해에 벌어진 1차대전의 영향력 때문이기도 했다. 전쟁에 대한 신문의 보도방식이 '시각성'을 중심으로 재편되었고, 그 과정 속에서 이전까지 일반 독자들에게 막연하게 인식되었던 '서양'이라는 존재가 실감 있게 다가올 수 있었던 것이다. 신문의 독자들은 '전쟁'이라는 사건을 통해 '서양'을 학습하면서 『명부원』을 통해 번역된 서양의 문학작품을 받아들일 수 있었던 셈이다.

한편, 비슷한 시기에 『청춘』과 『학지광』에는 본격적으로 서양의 문학작품을 개관, 번역한 작품들이 실리기 시작했다. 『청춘』의 「세계문학개관」이 서양의 고전문학작품을 학습할 수 있는 장으로 활용되었다면, 『학지광』에 번역된 러시아 단편소설은 보다 전문적이고 제한된 성격의 문학작품을 접할 수 있는 기회였다. 문예적 성격이 강한 『청춘』이 조선의 젊은이들을 대상으로 했다면, 『학지광』은 일본에 유학하고 있는 지식인 청년 모임의 기관지 성격을 지니고 있었던 만큼 보다 고급한 지식을 표현할 수 있었지만, 특정한 분과학문의 성격을 강조할 수는 없었다. 『학지광』은 그것이 발행되는 공간의 특수성 때문에 동시대 일본 지식계의 동향으로부터 자유로울 수 없었고, 그것이 당대 조선의 지식인들이 가질 수 있는 가장 첨단의 지식을 구성할 수밖에 없었다. 이를테면, 『학지광』에 실린 '논문'들에서 자주 발견되는 니체와 베르그송은 그 시대 일본과 조선의 지식계에서 발견되는 공통감각이기도 했던 것이다. 그런 점에서 『학지광』에 번역 게재된 문학작품을 살펴보는 것은 1910년대 유학생 지식인들의 정신적 지향의 일부를 추적할 수 있다는 점에서 의미심장한 것이다.

1910년대 이전까지 조선에 소개된 서양의 문학가 중에서 가장 많이 언급된 사람은 톨스토이였다. 『소년』지에는 「사랑의 勝戰」, 「祖孫三代」, 「어룬과 아해」, 「한사람이얼마나쌍이잇서야하나」, 「茶館」, 「너의 니웃」 등의 단편이 번역 소개되어 있다. 이들 작품이 모두 『소년』의 편집인이었던 최남선에 의해 번역되었다는 점을 상기할 때, 최남선 개인에게 끼친 톨스토이의 영향력 또한 무시할 수 없는 종류의 것이었다는 점을 알 수 있다. 최남선과 더불어 이광수 역시 개인적으로 톨스토이로부터 문학적·사상적 영향을 받았다. 일본에 러시아 문학이 본격적으로 번역되기 시작한 것은 메이지 30년대 후반부터였는데, 투르게네프, 톨스토이, 체홉 등의 작품이 주로 번역되었고 1910년대까지도 이들의 영향력은 줄어들지 않았다.[109] 이런 의미에서 『학지광』에 번역 소개된 소설이 모두 러시아 작가의 작품

---

109) 나카무라 미쓰오, 『일본 메이지문학사』, 고재석·김환기 역, 동국대학교출판부, 2001 참조.

이라는 것은 동시대 일본 문단에 끼친 러시아 문학의 영향을 반증하는 것이기도 하다.

1910년대 『학지광』에 실린 러시아 작가의 소설은 한편을 제외하고 모두 진학문이 번역했다.[110] 러시아어 문학 전공자인 그가 번역한 꼬로렌코, 안드레에프, 체홉의 작품을 통해 이상협의 경우와는 또 다른 측면에서 1910년대에 문학작품의 번역이 진행된 방식을 살펴볼 수 있을 것이다. 위 작가들의 작품을 번역하는 과정에서 진학문은 '-다'체로 번역문체를 실험했고, 그것을 자신의 소설 창작에도 접목시키고자 했다. 또한, 이들 러시아 작품들의 주제는 그의 창작소설에 일정하게 반영된 측면이 있는데, 그것은 당시 유학생들이 가졌던 세계에 대한 인식 태도와도 일정하게 상관관계를 갖는 것이었다.

이상의 내용을 염두에 두면서 이 장에서는 이상협[111]이 번역한 『명부원』, 그리고 진학문[112]이 번역한 러시아 단편과 창작소설을 중심으로 1910년대 문학작품의 '번역'이 어떤 환경 속에서 진행되었고 그것의 효과는 어떻게 나타났는지, 그래서 그것이 궁극적으로 1910년대 소설 창작에 동기화로 작용했는지 살펴보고자 한다.

---

110) 1914년부터 1919년까지 『학지광』에 번역 게재된 소설 중, 진학문의 손을 거치지 않은 것은 알치바세프의 「밤」(주요한 역, 『학지광』 18-19호) 한편 뿐이다.

111) 이상협과 관련된 연구로는, 유광렬, 「이상협론」, 『제1선』, 1932. 5, 최독견, 「〈눈물〉로 익힌 이상협선생」, 『현대문학』, 1963. 7, 조용만, 「하몽 이상협」, 『신문평론』, 1975. 6, 강금숙, 「신소설 〈눈물〉 연구」, 이화어문논집 7, 1984, 정진석, 「총독부기관지 〈매일신보〉의 사람들」, 『신문과 방송』, 1991. 12 등이 있다.

112) 진학문과 관련된 연구로는 주종연, 『한국소설의 형성』, 집문당, 1991, 이동하, 『1910년대 단편소설연구』, 서울대 박사논문, 1982, 김복순, 『1910년대 한국문학과 근대성』 소명, 1999 등이 있다.

3-2. 번안과 번역의 교체; 이상협의 경우

어느 날 갑자기, 『무정』이 출현했다. 이전에는 한번도 볼 수 없었던 새로운 형식의 '소설'이 나타난 것이다. '−더라'체를 구사하는 '이야기'로서의 신·구소설, 일본의 소설을 조선식으로 각색한 번안소설이 신문지면을 통해 매일 매일의 '읽을거리'로 제공되던 전례에 비추어, 삽화도 없이 "경성학교 영어교수 리형식은 오후 두시 스년급 영어 시간을 마초고 니려쪼이ᄂ 류월볏체 쌈을 흘리면서 안동 김쟝로의 집으로 간다."[113]로 시작되는 『무정』의 출현은 그 자체로 하나의 특이한 사건이었다. 『무정』은 기존의 문학적 관습으로부터 벗어난 것이었지만, 결론부터 말하자면 이 예외적인 작품은 성공했다. 그런데, '삽화를 대동한 이야기'에 길들여진 독자들, 신파의 '눈물'에 익숙한 그들이 아무런 계기도 없이, 어느 날 갑자기 나타난 이 '삽화 없는 소설'을 읽고 영채의 운명에 '동정'을 표하고, 형식의 갈등에 공감했다고 말할 수 있을까? 이들 사이에는 어떤 단절적인 비약이 존재하는 것처럼 보인다. 하지만, 그것은 정치적이고 제도적인 다양한 변화와 사건들의 연관관계 속에서 만들어진 표상체계의 형성과 그것의 구축 과정이 은폐되면서 발생한 사태이다. 그러므로 문제는 그 은폐된 과정을 추적하는 일이다.

1914년 8월, 유럽에서 시작된 '구주대전'은 조선인들의 시공간적 감각을 세계적인 차원으로 확장 시키는데 결정적으로 기여한 사건이었다. 동일한 시간대에 다른 공간에서 펼쳐지는 현실적 사건들을 '지금−여기'에서 경험한다는 것, 그것은 흩어져 있는 시공간을 하나의 문자 텍스트 위로 모아내는 신문이라는 미디어가 있었기 때문

---

113) 이광수, 『무정』, 신문관, 1918, p.1.

에 가능한 일이었다.114)

전쟁이 시작되자 〈매일신보〉의 체제는 '국제정세' 중심으로 바뀌었다. 9일 간에 걸쳐 「구주의 전란과 동양의 안위」115)라는 제목의 사설을 연재하는 것을 시작으로, 전시상황을 보도하는 데 신문지면의 대부분을 할애하기 시작했다. '사건'을 보도하는 방식은 단순히 '사실 보고'의 형태로만 진행되는 것이 아니었다. 전쟁의 진행상황을 한눈에 알 수 있는 유럽의 지도, 중요한 정치적 인물과 도시, 혹은 신식무기를 소개하는 사진 또한 하루도 거르지 않고 실렸다. '교전각국의 남녀성질'(8월11일자), '廢王의 연애일기'(9월 20일자) 등 다분히 흥미를 본위로 하는 기사도 있었고, '이야기'의 형식을 빌려 전시 유럽의 상황을 전달하는 기획도 있었다. "조선사람은 …… 력亽쇼셜즁에는가쟝즈미잇고쾌할흔것으로모다 삼국지ㅅㅅㅅㅎ고 그일홈이놉핫도다 그러나몃백년을지나오늘날에일으러는구라파라ㅎ는 셔양각국즁에셔도 가쟝강ㅎ고 용밍흔다셧나라 영국 법국 아라사 덕국 오디리등이셔로병쟝긔를들고 안검샹시(?)ㅎ는모양이되엿스니 예젼 한나라 째의싸홈에는 비ㅎ지못홀셰계에큰싸홈이라 그럼으로이제 구쥬렬국지라일홈을ㅎ여긔록ㅎ고쟈ㅎ미"116)라고 말한, 「歐洲列國誌」가 그것이다. 전쟁을 테마로 한 다양한 보도형식을 통해, 신문은 독자들의 시각체계를 조정하고 세계에 대한 이해의 폭을 확장시키는 훈련의 장으로 기능했던 것이다.

미디어를 통해 전쟁이라는 사건을 경험한다는 것은, 가장 짧은 시간 동안 서양의 역사와 풍속 전반을 동시에 경험한다는 것을 의

---

114) 베네딕트 앤더슨, 『상상의 공동체』, 윤형숙 역, 나남, 2002, 45-63
     면 참조.
115) 〈매일신보〉, 1914. 8. 4-1914. 8. 13.
116) 〈매일신보〉, 1914. 8. 14.

미하는 것이기도 했다. 그러한 경험의 과정 속에서 '서양의 소설을 번역한다'고 하는 의식이 생겨났던 것이다.

3-2-1 『뎡부원』의 구성과 참조본의 문제

『貞婦怨』은 1914년 10월 29일부터 1915년 5월 19일까지 155회에 걸쳐 〈매일신보〉에 연재되었다. 이 소설은 쿠로이와 루이코우(黑岩涙香)의 『捨小舟』를 축약, 번안한 것으로 알려져 있다.117) 그러나 『捨小舟』는 엄밀한 의미에서 『정부원』의 원작이 아니다. 이 작품의 원작은 영국 작가 브라튼(Mary Elizabeth Braddon)이 쓴 『Diavola』(1867)118)이며, 쿠로이와는 1894년 10월 25일부터 다음 해 7월 4일까지 155회에 걸쳐 자신이 발행인으로 있던 『万朝報』에 이 소설을 번안, 연재했다. 역자인 이상협은 쿠로이와의 『捨小舟』를 번역본으로 삼아 브라튼의 『Diavola』를 중역한 셈이다.119)

---

117) 김병철, 『한국근대번역문학사연구』, 을유문화사, 1975 p.172.: 한원영, 『한국근대신문연재소설연구』, 이화문화사, 1996, 76면.

118) 이 작품이 일본에서 번역될 때 그 제목이 『Diavola』 혹은 『Nobody's Daughter』로 알려졌지만, 이것은 미국에서 출판될 때 붙여진 제목이고, 원제는 『Run to Earth』이다. 브라튼은 이 소설을 1866년 10월 27일부터 1867년 7월 20일까지 영국에서 출판되는 London Journal에 연재했다. 쿠로이와가 자신의 버전으로 『만조보』에 연재한 이 소설은 공전의 히트를 기록했고, 1898년 신년 특집으로 동경의 카부키좌 극장에서 가부키로 공연되기도 했다. 이상의 내용은, http://www.xs4all.nl/과 http://www.chriswillis.freeserve.co.uk/에서 참조.

119) 1914년 10월 27일자 〈매일신보〉에는 소설 『정부원』에 대한 광고가 실려 있는데, 여기에는 "李相協 先生 譯纂"이라고 되어 있다. 이것은 1년 전 『장한몽』을 선전하면서 "쌍옥루(雙玉涙)를 저작ᄒᆞᆫ 조일직(趙一齊)의필법으로특별히연구ᄒᆞᆫ.일뒤걸작(一大傑作)이오"(〈매일신보〉,

소설은 "지금으로브터 삼심여년전 「구라부」라 일컷는 영국의 한 항구에 …… 큰 주막"을 무대로 시작된다.[120] 제2대양호 선장인 고순경이 동료인 최창훈을 기다리는 동안 주막의 주인인 천웅달은 고순경의 돈을 탈취할 계획을 세우고 그 사실을 모르는 고순경은 주막에서 노래하는 소녀의 미모와 음색에 반하여 그 주막에 머무를 작정을 한다. 천웅달은 고순경을 꾀어내어 자신의 집에서 노름을 하다가 죽여 버리고, 양부의 범죄에 놀란 소녀는 집을 뛰쳐나온다. 그 소녀가 바로 소설의 주인공 정혜이다. 오갈 곳에 없어진 정혜는 길에서 노래를 부르며 구걸을 하고, 그 모습을 우연히 보고 반해버린 정 남작은 그녀를 음악학교에 보내는 등 후의를 베풀다가 청혼한다.

집 없는 소녀에서 어느 날 갑자기 귀족부인이 된 정혜는 하층민에게서는 발견할 수 없는 우아한 태도와 성품으로 귀족 생활에 적응해나간다. 하지만 예기치 않은 위험인물이 정혜의 주변에 등장하는데, 그는 바로 정 남작의 조카 정택기와 그의 친구인 의사 나철(작품의 후반부에는 화학자로 묘사된다)이다. 정택기는 방탕한 생활로 가산을 탕진하고 집안에 불명예를 남겼다는 이유로 정 남작에게 의절을 당하고 상속인 명단에서도 제외된 처지이다. 그는 친구인 나철의 도움으로 정 남작의 화를 풀고 다시 이전의 지위를 회복한다. 나철은 정택기의 유산상속을 위해 우연을 가장하여 정 남작에게 접근, 그의 신임을 받아 별장인 '태화원'에 남작의 측근들과

1913. 4. 27)라고 하던 감각과는 사뭇 다른 것이었다.

120) 그동안 이상협은 주로 번안·신소설 작가로서만 주목되어 왔으며, 그가 번역한 『명부원』에 대한 연구는 전무한 형편이다. 따라서 본 연구에서는 소설 『명부원』의 내용을 제시하는 것으로부터 논의를 시작하고자 한다.

함께 머무를 기회를 얻게 된다. 나철은 자신과 정혜가 불륜의 관계에 있는 것처럼 위장하고 정혜가 남작을 독살할 계획을 갖고 있었던 것처럼 꾸며서 그녀를 남작의 집에서 내쫓는 데 성공한다.

억울한 누명을 쓰고 남작의 집을 나온 정혜는 살인미수 용의자로 감옥에 갇히는 신세가 된다. 감옥에서 남작의 딸을 낳고 지내던 정혜에게 의부였던 천응달이 찾아와 그녀의 생부가 살아있음을 알려주고 모종의 거래를 제안한다. 하지만 거짓으로 곤경에서 벗어나길 원하지 않았던 정혜는 그 제안을 거부하고 마침내 남작 살해에 대한 증거불충분으로 감옥에서 나오게 된다.

한편, 남작은 자기 대신 독약이 든 술을 마시고 가사상태에 빠진 친구 고 대좌를 간호하며 함께 여행하던 중, 전부터 남작에게 접근해왔던 구옥경을 만나게 된다. 남작은 이 만남을 우연이라고 알고 있지만, 사실은 모든 사건의 진상을 알고 있는 정혜의 의부인 천응달에게 협박을 당한 나철이 꾸며낸 음모이다. 나철은 구옥경을 남작에게 접근시켜 그를 다시 독살하고자 하고, 그것을 모르는 구옥경은 남작에게 매일 소량의 독약을 차에 타서 먹인다. 이유 없이 몸이 쇠약해짐을 느끼던 남작은 자신이 매일 소량의 독약을 먹고 죽어가고 있는 중이라는 것을 알게 되고, 이전의 독약사건도 정혜가 저지른 것이 아니라는 것을 알게 된다.

감옥에서 나온 정혜는 파리의 극장에서 얼굴을 가린 채 노래하는 '익면부인'으로 명성을 높이고 그 명성을 듣고 파리에 온 남작과 고 대좌는 익면부인이 정혜라는 것을 알아차린다. 정혜의 결백함을 믿게 된 남작은 정혜를 찾아가 용서를 구하는데, 그러던 중 나철과 경쟁적으로 남작의 재산을 노리던 천응달은 정혜의 딸 옥희를 유괴하여 이탈리아로 숨어든다. 옥희를 찾기 위해 탐정 최창훈(그는 작품 초반에 천응달에게 살해당한 고순경의 동료로, 동료를 죽인 범인을 잡기 위해 탐정이 된 인물이다)과 쥬빈이 이탈리아로 간다.

탐정 쥬빈은 오래전에 정혜의 생부인 이 후작으로부터 자신의 유괴당한 딸을 찾아달라는 의뢰를 받은 바 있는데, 이번에는 그의 딸 정혜로부터 유괴당한 딸을 찾아달라는 동일한 의뢰를 받게 된다. 천응달이 어느 바닷가 주막에 숨겨놓은 옥희를 우연히 발견한 이 후작은 쥬빈을 만난 자리에서 옥희가 바로 자신의 손녀임을 알게 된다.

부녀 상봉 후 행복한 시간을 보내던 정혜 부녀와 정 남작을 다시 한번 살해하려던 나철의 음모는 고 대좌의 노력으로 수포로 돌아가고 나철과 천응달은 마침내 법의 심판을 받게 된다. 정혜에게 씌어졌던 부당한 오해들은 모두 벗겨지고 남작과 정혜는 딸 옥희를 데리고 아버지의 고향인 이탈리아로 돌아가서 행복한 여생을 보낸다.

이상의 내용에서 확인할 수 있듯이, 『뎡부원』에는 다양한 계층의 다양한 인물들이 등장한다. 귀족, 선원, 의사, 예술가, 탐정 등등. 이들 대부분은 근대적인 직업인이다. 정 남작과 이 후작은 엄격한 의미에서 근대적인 직업인은 아니지만, 당시 조선인들에게는 귀족이야말로 이전에는 없었던 새로운 종류의 직함이었다. 일한합병 이후 일제의 식민지 통치 작업 중에서 가장 먼저 수행된 것이 바로 합병 공로자들과 구조선의 통치 권력자들에게 작위를 수여하고 은사금을 줌으로써 통치의 편의를 도모하는 일이었기 때문이다. 『뎡부원』과 비슷한 시기에 발표된 대부분의 소설들 속에서 가장 민감하게 시대의 풍속을 반영하는 인물이 화이트칼라 유학생 청년 정도였다는 것을 상기한다면, 『뎡부원』에 등장하는 다양한 계층의 다양한 인물군들은 그 자체로 낯설고도 흥미로운 것이었을 터이다.

등장인물의 다양성 이외에도 『뎡부원』은 이전까지 〈매일신보〉 지면을 통해 발표되었던 다른 번안소설들과 구별되는 몇 가지 특징을 가지고 있는 작품이다. 무엇보다도 그것은 "셔양사롬의 쇼셜을 셔양사람의 쇼셜ヌ치번역ᄒ야 슈다흔독쟈의게보이고져홈은 본일브텨 게지ᄒᄂ 뎡부원(貞婦怨)이 쳐음시험홈"이라는 번역자의 말처럼 서양 소설을 원작으로 하고 있다.[121] 물론 이 시기의 『청춘』이나 『학지광』 등의 잡지들을 통해서는 톨스토이나 밀턴, 세르반테스, 쵸서 등의 문학작품이 본격적으로 번역 소개되거나, 단행본으로 출판되기도 했지만 그것은 어디까지나 소수의 지식인들 사이에서만 유통되는 것이었을 따름이다. 본격적인 '문학'에 대한 감각이 일반화되기 이전이기도 했고, 번역이 되더라도 그것은 대체로 "셔양사롬이 지은 쇼셜의 스심을 우리의 인졍풍쇽에맛쪼록변작ᄒ야 번역"한 것이었다. 일례로 『뎡부원』에 앞서 "론돈타임쓰라는 신문에 련지되야 셰샹에 쩌을던 「지나간 죄」라는 쇼셜을 근본으로" 삼았던 심천풍의 『형제』는 〈매일신보〉에 소개된 최초의 서양소설이었음에도 불구하고 그것은 "인졍 풍쇽을 교묘히 우리 죠션에 맛도록 혹 번역도 ᄒ며 혹 ᄌ긔의 의ᄉ를 붓치여"[122] 써내려간 명백한 번안소설이었던 것이다. 물론, 1910년대 전반에 걸쳐 〈매일신보〉에 연재되었던 '번안' 소설들 중 다수를 차지한 것은 일본의 문학작품을 '조선식으로' 개작한 것들이었다. 『재봉춘』, 『쌍옥루』, 『장한몽』, 『단장록』 등이 일본의 원작을 토대로 인명과 지명 등을 조선식으로 바꾸고 경우에

---

121) 문학작품에 한정해서 보자면, 최초의 서구문학작품은 『아라비안나이트』를 번역한 『유옥역전』(1895)이다. 그 밖에 『천로역정』, 『라란부인전』, 『철세계』 등이 1910년대 이전에 번역된 서양의 문학작품들이다. 이상의 내용은, 김병철의 앞의 책, 70-74면 참조.
122) 매일신보, 1914. 5. 19.

따라서는 내용의 과감한 첨삭[123]도 허용했던 반면, 『명부원』의 경우, 등장인물의 이름만 조선식으로 바꾸었을 뿐 사건이 전개되는 공간이나 작품의 전체적인 스토리는 원작을 크게 손상시키지 않는 범위 내에서 번역되었다.

이러한 사실은 1916년에 상연된 연극 『명부원』과 관련된 일련의 기사들 속에서도 확인할 수 있다. 1910년대 연극의 주류였던 신파극이 1912, 3년에 절정을 이루다가 14년 이후에는 일정하게 소강상태에 접어들었고,[124] 『명부원』이 연극화되었던 1916년 무렵에는 연극 혹은 연극장에 관한 기사마저 드물어졌다는 점을 생각하면, 〈매일신보〉의 연극 『명부원』에 대한 보도는 매우 이례적인 일이었다. 단, 비슷한 시기인 1916년 3월에 박문서관에서 단행본이 출판되었다는 점이 『명부원』이 연극화되는 과정의 시차를 좁히는 역할을 했었을 수도 있다는 점은 염두에 둘 필요가 있다.

연극 『명부원』은 1916년 3월 5일부터 10일까지 6일 간 경성의 단성사에서 극단 협률사의 공연으로 상연되었다. 〈매일신보는〉 3월 3일자 신문에 "「貞婦怨」의 初日"이라는 제하에 "삼일부터흥힝하랴던 「명부원」연극은 …… 오일(월요)밤부터 흥힝ᄒ기로작뎡ᄒ고 …… 일신쥰비ᄒᄂ는 즁"이라는 기사를 싣고 바로 옆에 "명부원의 쥬인공"이라는 제목이 붙은 사진을 싣고 있는데, 거기에는 "오일부터 단성샤에서 흥힝ᄒ을 명부원연극과 음악학교학싱시대의 명혜부인(샤진은 년전법국파리의 극장에서 흥힝흔 유명흔여우의명혜부인틱도)"라는 설

---

123) 조일제는 『금색야차』를 『장한몽』으로 번안하는 과정에서 원작과는 달리 주인공 남녀를 재결합시킴으로써 해피앤딩의 결말구조를 취하고, 원작과는 별개로 '속편'을 창작, 연재하기도 했다.
124) 양승국, 「1910년대 한국 신파극의 레퍼터리 연구」, 『한국극예술연구』 제8집, 한국극예술연구학회, 1998, 45-59면 참조.

명이 부기되어 있다. 〈매일신보〉는 3월 3일부터 연극이 끝나는 10일까지 매일 관련기사를 내보내고 있는데, 프랑스에서 상연된 연극의 장면이나 케리커처를 담은 사진을 함께 싣고 있다. 독약을 마시는 고 대좌(3월 4일자), 남작과 정혜부인(3월 5일자), 생부인 이 후작과 만나는 정혜부인(3월 8일자), 정혜부인과 딸 옥희(3월 9일자)의 모습을 담은 사진을 연달아 게재했고, 연극이 끝나는 날인 10일자 신문에서는 악당 나철이 체포되는 장면을 협률사 배우들의 공연 장면으로 담았다. 이러한 내용으로 보건대, 당시 프랑스에서 상연된 연극의 원작 소설과 〈매일신보〉에 연재되었던 『정부원』의 스토리가 크게 다른 것은 아니었던 셈이다.

한 연구 논문에 따르자면, 『명부원』과 대역본인 『사소주』도 연재 회수(155회)와 회당 게재분량 면에서 거의 동일하다.[125] 따라서 『명부원』이 『사소주』의 축약이라는 기존의 논의는 재고되어야 할 것이다. 그럼에도 불구하고 『명부원』은 여전히 '번안'의 굴레를 벗을 수 없는 것처럼 보이는데, 그것은 작품의 제목과 인물의 이름이 역자자의로 '조선식으로' 붙여졌기 때문이다. 게다가, 『명부원』에는 원작

---

125) 韓光洙, 『日本近代小說の韓國における翻案に關する硏究 - 『己か罪』, 『金色夜叉』, 『捨小舟』つについて』, 東京專修大學校, 博士論文, 1994. 이 논문에서 한광수는 『명부원』이 어떻게 『사소주』를 번안했는지 연재 내용을 매회 비교하는 방식으로 꼼꼼하게 살펴보고 있다. 이 논문에 의하면, 이상협은 회당 게재 분량까지 거의 동등한 양이 되도록 신경을 썼던 것으로 보인다. 『사소주』의 36회와 37회를 묶어서 『명부원』 36회로, 『사소주』의 52회를 나누어서 『명부원』에서는 51, 53회(52회는 없음) 등으로 나누어 연재했고 몇몇 회에서 호수가 조금씩 앞뒤로 밀리긴 했지만, 결국 총 연재 회수는 155회로 동일하다. 한광수의 논문은 대단히 구체적이고 실증적이라는 미덕을 안고 있지만, "단어의 일대일 대응으로서의 번역"을 지나치게 의식한 나머지 번안의 양상을 기계적으로 대입한 면이 없지 않다.

이나 일어본에는 없는 특이한 지점이 있는데, 그것은 소설의 전반부에는 '역자의 각주'라는 형태로[126) 그리고 후반부에는 '독자투고'라는 형태로 나타난다. '역자의 각주'가 번역하는 자로서의 자의식을 표현한 것이라고 한다면, '독자 투고'는 그렇게 구성된 번역된 텍스트가 수용되는 방식을 보여주는 것이라고 할 수 있다. 이런 점에서 『뎡부원』이 가지고 있는, 소설 바깥에서 소설을 둘러싸고 있는 소설에 관한 '첨언'들은 쓰는 자와 읽는 자가 상호교통하며 신파적 '이야기'로부터 탈각해가는 과정을 보여주는 것이기도 하다.

역자는 소설의 제목을 『貞婦怨』이라고 붙였다. 그가 참조한 『捨小舟』가 '기댈 데 없이 가련한 여자'[127) 라는 뜻으로 주인공의 상황을 설명하는 차원에서 만들어진 것인데 반해, '한 정숙한 부인이 겪는 시련과 그에 대한 원망'이라는 의미를 담고 있는 『뎡부원』이라는 제목 속에는 특정한 방향으로 작품이 해석되기를 바라는 역자의 의도가 숨어 있다. '정숙한 부인'의 이미지는 언제나 방탕한 혹은 무심한 남편의 이미지와 대비되면서 효과적으로 부각되어 왔다. '정숙한 부인'의 이미지는 원만한 부부관계를 방해하는 사건들의 발생과 그것들을 해결하는 과정 속에서 만들어지는 것이다. 예컨대, 다른 어떤 작품보다도 역자 자신이 저술한 『눈물』의 경우가 그러하다. 이것은 『뎡부원』이 낯선 '서양의 소설을 번역'한 것이었음에도 당시의 독자들로부터 호응을 얻을 수 있었던 중요한 포인트이기도 하다. 독자들은 역자가 의도한 익숙한 '貞婦'의 이미지에 공감했던 것이다. 또, 스토리의 적지 않은 부분이 주인공 정혜와 남편 정 남

---

126) 역자는 연재 30회 정도까지 매번 낯선 서양의 풍속을 설명하는 각주를 달고 있는 데, 연재 후반부로 가면 필요한 부분에 한해서 내각주를 다는 방식을 취하고 있다.
127) 한광수, 앞의 논문 참조.

작 사이에 갈등을 만들어내기 위한 과정을 그려내는 데 투자되고 있지만, 정작 둘 간의 갈등 자체는 소설 속에서 중요한 국면으로 기능하지 않는다. 때문에 '怨'의 감정 또한 소설 속의 인물이 느끼는 일관된 감정의 표현이라기보다는 역자의 의도가 투사되어 있는 것에 가깝다.

한편, 『뎡부원』이나 『捨小舟』라는 제목이 한 여자의 이야기라는 측면에 주목하고 있다면, 원작인 『Diavola』는 그 제목이 의미하는 것처럼 작품 속에서 부정적인 성격을 드러내는 인물들의 행위에 집중하고 있는 것처럼 보인다. 『뎡부원』의 시작과 끝에는 천응달의 살인과 유괴 사건이 배치되어 있고, 소설의 중반부에는 정 남작의 재산을 탈취하기 위한 나철의 음모를 중심으로 인물들의 갈등과 위기가 자리 잡고 있다. 사건화의 중심에는 언제나 악당들이 개입하고 있는 것이다.

보다 구체적으로, 천응달과 나철이 만들어내는 사건화의 계기는 일관되게 '돈'의 문제와 연관된다. 그들 행위의 최대 동력이자 최종 심급에는 언제나 화폐문제가 자리잡고 있다. 그러므로 이 작품에서 사건을 발생시키고 새로운 국면들을 만들어가는 주체이자 인물들의 욕망을 매개하는 것은 화폐이다. 이것은 원작이 쓰인 19세기 후반 유럽에서의 자본주의적 생활세계의 부정성을 일차적으로 반영하고 있는 셈이지만, 1910년대 중반 조선에서 자리 잡기 시작한 식민지적 자본주의의 한 특징적 국면으로서의 화폐의 비정상적인 유통과정[128]과도 공감하는 바가 적지 않다. 『뎡부원』에 앞서 〈매일신보〉

---

128) 화폐의 본래적 가치가 '교환'에 있는 것이라고 한다면, 노동과 상품을 매개하는 것으로서의 화폐가 아니라면 어떤 것도 '정상적인' 것은 아니다. 그러므로 화폐의 비정상적인 유통이라는 것도 엄격히 하자면 자본주의적 제 관계 속에서 드러나는 일반적인 모순에 해당하는

110

에 연재되었던 조일제의 『장한몽』에서도 이것은 확인된다. 저 유명한 대동강 장면에서의 이수일의 대사는 사랑이나 신의 등의 도덕적 가치가 화폐라는 자본주의적 가치와의 대결에서 패배했다는 것을 확인시켜 준다. 심순애에게 배신당한 이수일이 고리대금업자가 되었다는 것은 단순히 배신한 연인에 대한 복수라는 반동적인 결과인 것만은 아니다. 이수일의 고리대금업은 그 자체로 화폐의 비정상적 유통이라는 자본주의적 현실의 한 부정적 국면을 드러내는 것이며, 그 자신이 추상적 가치의 세계에서 벗어나 현실의 세계로 편입하게 되었다는 것을 리얼하게 보여주는 것이다. 이러한 현실적 상황들의 연장 속에서 이광수는 『무정』에서 영채의 몸값을 고민하는 형식에게 노파의 입을 빌어 "지금 세상은 돈 세상이랍니다."라고 단정적으로 말할 수 있었던 것이다.

3-2-2. 번역자와 번역의식

소설 『뎡부원』의 역자는 이상협(李相協)이다. 1893년 경성에서 태어난 그는 보성중학을 거쳐 관립한성법어학교를 수료한 후 도일하여 게이오 의숙에서 수학했다. 1912년 〈매일신보〉기자로 입사했고 〈동아일보〉〈중외일보〉 창간에 관여했으며 1945년에는 미군정 치하에서 〈매일신보〉 부사장을 역임하는 등 주로 언론계에서 활동

것이고 식민지적 환경에서만 예외적으로 드러나는 것은 아니다. 이 글에서는 식민지에서의 자본주의적 환경이 자본가-임노동자의 관계를 넘어서 그것을 규제하는 제국의 통치의 차원에서 다층적인 복잡성을 구성하고 있다는 점에서 그 모순이 한층 예민하게 드러난다는 점을 강조하기 위해 화폐의 유통과 매개적 역할을 언급한 것이다.

하였다.[129] 때문에 그동안 이상협에 대한 연구는 주로 그의 언론활동에 맞추어 진행되어 왔고, 소설가 혹은 번역가로서의 위치에 대해서는 크게 다루어지지 않았다. 그의 작품에 관한 언급도 대개 창작인 『눈물』(1913. 7. 16-1914. 1. 21)에 집중되어 있고, 이따금 일본 작가의 「想夫憐」을 번안한 『재봉춘』(1911. 1. 1)과 뒤마의 『몽테크리스 백작』을 번안한 『해왕성』(1916. 2. 10-1917. 3. 31)에 관해서만 이야기될 뿐, 『뎡부원』에 대한 논의는 아직까지 본격적으로 진행된 바 없다. 하지만, 이상협의 『뎡부원』은 여러 가지 측면에서 문제적인 작품이다. 그것은 당시 신문 연재소설의 주류를 담당했던 번안소설[130]이 대체로 일본의 문학작품을 원천으로 삼은 것이었던 데 반해 『뎡부원』은 "셔양사름의쇼셜을 셔양사름의 쇼셜곳치 번역"하고자 한 것이다. 서양의 소설을 번역한다고 하는 의식이 『뎡부원』 이전에도 없었던 것은 아니지만, 그것은 대체로 단행본의 형태로 소량 출판되거나 특정한 독자층을 대상으로 하는 문예잡지에 한정되었고, 익명의 불특정 다수를 독자로 하는 일간지 신문에서는 찾아보기 어려운 것이었다.[131] 또한, 창작과 번역의 엄밀한 경계의식

---

129) 권영민, 『한국근대문인사전』, 아세아문화사, 1990.

130) 이 부분에 관해서는 물론 좀 더 세밀한 분류가 필요하다. 1910년대 〈매일신보〉 연재소설의 경우, 1912년 무렵까지는 주로 이해조의 신소설이 지면을 담당했다. 1913년 『雨中行人』을 마지막으로 이해조의 시대는 막을 내렸고, 이후에는 심천풍, 조일재, 이상협, 민태원 등 주로 〈매일신보〉사 기자들의 창작이나 번안물이 실렸다.

131) 『소년』지와 『청춘』지에는 톨스토이, 위고, 세르반테스, 쵸서 등의 작품이 '번역' 게재되었다. 주로 학생·지식인을 주된 독자층으로 갖는다는 점 때문에 이들 잡지에서는 외국문학 작품을 '번역'에 가깝게 옮기는 것이 가능했다. 여기서 '번역에 가깝다'고 한 것은 번역하는 작품의 제목을 여전히 '조선식'으로 '번안'하거나(이를테면, 『소년』 3년 7권과 『청춘』 창간호에는 빅토르 위고의 『레미제라블』이 각각 「ABC契」, 「너참불상타」라는 제목으로 일부 번역되어 있다), 일부

없이 "우리의 인정풍속에 맞게 변작"하는 것이 번역의 일반적인 태도이었던 데 반해, 『뎡부원』은 '번역'에 대한 역자의 전문적 의식을 담고 있다는 점에서 주목을 요하는 작품이다.

『뎡부원』의 연재를 시작하면서 역자가 쓴 「「貞婦怨」에 對ㅎ야」는 이 소설이 기존의 번안소설들과 다른 지점에서 선택된 것이라는 점을 보여준다. "우리로ㅎ야곰 셔양이른 것을 만히앍게ㅎ는 조흔 째로 이 째에 당ㅎ야 우리와 좀다른 그네의긔질과 물정과풍쇽의몃분을 이쇼셜로말미암아 아는것도 또한희롭지안이흔일이며"132)라고 말하고 있는 것처럼 『뎡부원』은 다분히 시사적인 문제와 결합해 있으며, 그것은 '구주대전'이라는 정치적 사건이 아니라면 가능하지 않았을지도 모를 서양에 대한 대중적 이해라는 측면으로 연결된다. 하지만, 전쟁이라는 사태를 통해 서구적 근대의 부정적 성격을 알아차리지 못했던 역자의 협소한 시각은 그 자체로 작가로서의 한계를 드러내는 것이기도 하다. 이상협의 '번역'활동은 근대적인 문학의 형식을 지닌 창작의 과정으로 나아가지 못하고 이후에 다시 신소설 쪽으로 퇴각하는 모습을 보이기 때문이다.

동시대의 이광수는 서구문명에 대한 가장 예민한 지식인 중 하나

단어들을 익숙한 조선식 관용구로 대치하거나("어린아희는발서보고비죽비죽울랴고하면서도로달나고百段哀乞하야도", 「너참불상타」 중에서) '-더라'체 어미를 일관되게 사용하거나 하는 점 때문이다. 그럼에도 불구라고 「ABC契」나 「너참불상타」는 원작의 인물과 배경, 스토리라인을 충실하게 따르고 있다. 특히 1910년 7월에 번역된 「ABC契」의 경우, "『民權』(Right of people)·『人權』(Right of men)" 등등 번역어를 영어표기와 함께 달아두거나, 전문적인 지식을 요하는 내용일 경우 역자가 각주를 달아서 그것에 대한 정보를 제공하고 있다. "서양의 소설을 서양사람이 쓴 것처럼 번역"한다고 하는 이러한 태도를 우리는 『뎡부원』에서도 확인할 수 있다.
132) 이상협, 「貞婦怨」에 對ㅎ야」, 〈매일신보〉 1914. 10. 29.

였지만, 전쟁을 보는 그의 입장은 이상협과 달랐다. "이번 구주전란은 현대문명의 엇던 결함을 폭로한것인즉 이전란이 긋남을 짤라 현대문명에는 대혼란대개혁이 생길것잉외다. 가령 국가주의의 가부라든지, 경제조직의 불완전이라든지 정신문명에 대한 물질문명의 편중이라든지, 여권문제라든지, 국제법, 국제도덕문제라든지 이러한 것은 가장 분명하게 닐어날 것이외다"[133]라고 그는 말한다. 동시대를 살았지만, 여전히 문명을 '따라잡아야 할 그 무엇'으로 인식하고 있는 이상협과 문명의 토대를 구축하는 것이 불가능한 현실 속에서 (정신적)문화의 가능성을 타진하는 이광수의 길은 적어도 '문학'의 영역에 있어서만큼은 현격했다. 적어도, 이상협에게 있어서 문명은 실감의 영역은 아니었던 것이다.

"쇼셜이라ᄒᆞᆫ 것은 그긔록된 ᄉᆞ실을 우리의 인정에 비초여보아 그ᄌᆞ미를 씨닷ᄂᆞᆫ것이라 그럼으로 셔양이라ᄒᆞ야도우리와 물졍풍속은 얼마쯤셔로다를망졍 인정이라ᄂᆞᆫ 것은 그네나우리네나 넷날이나 지금이나다를ᄇᆡ이 업ᄂᆞᆫ고로 쇼셜에ᄃᆡ하야 그ᄉᆞ실이 보ᄂᆞᆫ이의인정에 ᄌᆞ미만 만케 감동되얏스면 보ᄂᆞᆫ이의ᄆᆞᄋᆞᆷ도흡족ᄒᆞᆯ것이오 써셔보ᄂᆞᆫ쟈의ᄆᆞᄋᆞᆷ도 깃거울것이라"[134]는 이상협의 진술은 서양과 조선은 다르다는 의식으로부터 출발하는 것이지만, 문학작품의 가치를 '오락성'에 한정하고 있다는 점에서 시각의 협소함을 드러낸다. 이러한 번역자의 태도와 불특정 다수를 독자로 하는 '신문'이라는 미디어의 특수성이 만나 '애매한 번역'이 만들어지는 것이다. 이러한 현상이야말로 동시대의 문예지들이 서구의 문학작품을 번역하면서 보여주었던 태도, 즉 문학 작품을 통한 시대정신의 번역과 그것을 통한 '계몽'이라는 측면과 결정적으로 갈라지는 지점이다.

---

133) 이광수, 「우리의 이상」, 『학지광』 14호, 1917. 11, 5면.
134) 이상협, 앞의 글.

그럼에도 불구하고 '번역자'로서의 이상협의 태도는 주목할 만한 것이다. "쇼셜가운듸의디명과인명은 아못조록우리의입으로옴기기쉽고우리의귀에얼른익도록고쳤스니이쇼셜의지은이의게듸ᄒ야는 허믈이젹지안ᄒ나 그로인ᄒ야쇼셜의 ᄯᅳᆺ은결코변홀리가업고 우리에보ᄂᆞᆫ이에게ᄂᆞᆫ 도리혀얼마쯤ᄌᆞ미를 도올줄싱각ᄒᆞᄂᆞᆫ바이라"[135]라고 그는 말한다. 원작을 옮겨 적는다고 하는 번역의식은 번역과 창작의 상이한 영역을 인식하는 것으로부터 출발한다. 역자는 원작의 지명과 인명을 자의로 고치는 행위가 번역의 영역에서 벗어나는 일이라는 점을 인식하고 있다. 작품의 제목과 등장인물의 이름, 사건의 배경이 되는 공간을 명명하는 일은 실제 그 작품을 창작하는 작가에게 속한 고유한 영역이라는 점을 그는 알고 있는 것이다. 그럼에도 불구하고 그렇게 할 수밖에 없는 사정, 즉 독자의 재미를 돕는다고 하는 신문 연재물 특유의 대중적 오락물로서의 성격을 배제할 수는 없었던 것이다. 이것은 비슷한 시기에 조일제, 심천풍 등이 보여주었던 번안의 태도와는 뚜렷이 구별된다. 이들의 번안 작품들이 대중들이 원하는, 혹은 대중들에게 이미 익숙한 '이야기'의 패턴을 생산하는 과정 속에서 만들어진 것이라면, 이때 그 대상이 되는 텍스트는 창작물이든 번역물이든, 오래된 것이든 새로운 것이든 그것은 중요한 고려의 요소가 되지 않았다. 재미있는 읽을거리면 족했던 것이다.

역자의 말처럼 『명부원』에 등장하는 인물들의 이름은 대부분 조선식으로 바뀌었지만, 음악학교 교사인 메리여사와 탐정 쥬빈은 예외적으로 서양식 이름을 가지고 있다. 정혜와 남작의 결혼 보증인 역할을 했던 메리여사는 정혜가 남작의 집에서 나와 잠시 그녀의

---

135) 이상협, 같은 글

집에 머무를 때 정도만 작품에 등장한다. 결국 그녀는 작품 속에서 사건 전개의 중요한 매개가 아니며 특별한 성격을 가지지도 못했기 때문에 번역자가 새로운 이름을 부여할 필요를 느끼지 못했던 것인지도 모른다.

한편, 탐정 쥬빈은 조금 다른 지점에서 살펴볼 필요가 있다. 번역자는 쥬빈에 대해 "성은 「쭈-빈」이오 이름은 「쎄-야」 이 사람의 유명한 정탐사적이 여러 가지 책에 흩어져 있더라"고 각주를 달고 있다. 반면, 쿠로이와의 『捨小舟』에서 쥬빈은 금발의 아메리카 신사로 묘사된다. 그는 에드가 앨랜 포가 그려낸 명탐정 쥬빈의 모습을 생생하게 묘사하면서 실존인물이라고 덧붙이기까지 했다.[136] 이상협과 쿠로이와는 어쨌든 탐정의 이름을 서양식으로 남겨두었다. '탐정(정탐)'이라는 직업이 번역당시 일본이나 조선에서는 보편적으로 자리 잡은 직업이 아니었다는 것, 그럼에도 불구하고 소설에서 사건해결의 중요한 실마리 구실을 한다는 것이 번역자에게는 하나의 곤혹스러움으로 작용했을 것이다. '탐정'이란, 공권력은 아니지만 자본주의적인 시민사회에서만 생겨날 수 있는 일종의 주변적 사법권력인 것이다. 탐정이라는 직업도, 탐정활동을 보증할 제도적 장치도 마련되지 않았던 당시 맥락 속에서는 탐정의 이름을 서양식으로 남겨둠으로써 그 낯섦을 표현할 수밖에 없었던 것이다.

이러한 번역의 딜레마는 호칭을 사용하는 문제에서도 나타난다. 연재 14회에는 "소녀가 남작에게 자기를 '나'라고 일컬음은 귀족에 대ᄒ야 방자한듯하지만 '저'라는 말은 적당치 못함으로 그대로 씀"이라는 역자의 각주가 나온다. 한국어에서 '나'의 겸양에 해당하는 '저' 혹은 일본어에서 わたし의 겸양어인 ぼく에 해당하는 말이 영

---

136) 日本近代文學館 編, 『日本近代文學大事典』, 講談社.

어에는 없다. 영어의 'I'는 자신을 높이거나 낮추는 의미가 없는 주체의 표시일 따름이다. 더군다나 일본어에서 ぼく란 대체로 남자들이 전용하던 말이었다. 이상협이 일본어 중역본을 참고로 했다고 하더라도 이것은 충분히 갈등할 만한 용어이다. 『명부원』의 주인공 정혜는 여자인 것이다. 마찬가지로 13회에서는 정혜가 남작에게 "당신"이라는 호칭을 사용하는 것에 관하여, 이것은 조선의 관습에 비추어볼 때 연소자가 연장자에게 할 수 있는 말은 아니지만 조선말에 적당한 역어가 없어 그대로 쓴다고 하였다. 이렇게 보자면, 번역의 문제는 단순히 적합한 용어를 찾는 것 이상의 문제라는 것을 알 수 있다. 역자가 "쇼셜가온딕에 혹시알지못한 물정과풍속은 그런것이잇\는딕로 먹일쇼셜의씃에 알기쉽도록 간졀히셜명을홀계획"을 애초에 할 수밖에 없었던 것은 당시 조선에는 없는 '물정과 풍속'까지도 번역해야만 했기 때문이다. 이를테면, 연재 1회의 각주에서 "궁금(弓琴)이라홈은 영어에 「바올닌」일\는풍류이니 형샹이죠션의히 금과근사ᄒ며 여러 가지 노릭와풍류에곡죠가모다마져 셔양에셔\는뎨 일흔히씨\는풍류이라"라고 설명하는 것을 시작으로 서양의 화투, 시체진열관, 경마 등 당시 조선에서는 낯선 서양의 풍물과 손님접대의 예절, 악수와 키스에 담긴 의미, 서양거지들의 구걸하는 방식, 신혼여행, 만찬 등 생활양식과 관계된 풍속에 대한 설명이 망라되어 있다.

낯선 서양의 풍속에 대한 이러한 각주달기에는 단지 우리에게 없는 낯선 것을 소개한다는 의식만 개입해 있는 것이 아니다. 이를테면, '기도'에 대한 설명에서 "부녀자 행실닦음에 유익한 일이 많을 것"이라는 코멘트를 덧붙이거나 "셔양의화투라홈은 죠션에셔힝ᄒ\는 화투와ᄀᆞᆺ치 돈쌕앗기를 위쥬홈이안이라 …… 안반샹하샤회에 쇼일

거리로뎨일만히힝ㅎᄂ유희의한종류"라고 하면서 당시 조선에 만연해 있던 도박의 풍습을 간접적으로 비판하거나, "서양은 빌어먹ᄂ쟈라도 죠선과ᄀᆺ치 거져「한슐줍쇼 한푼줍쇼」ㅎ지안코 무엇이던지 즈긔힘을 드려 남의ᄆᆞᆷ을 깃겁게ᄒᆫ후에 그사룜의은혜를밧ᄂ풍속"이라고 ㅎ면서 노동하지 않고 무의도식하는 생활태도에 대해 경멸적인 태도를 보인다. 결국, 서양의 풍속이나 생활양식은 문명의 정신적 표현인 것으로 설정되고, 그에 반해 조선은 아직 그것에 도달하지 못한 미개의 상태에 있음을 확인하는 방식으로 서술되고 있는 셈이다.

당시로서는 보기 드문, 이상협의 '번역의식'은 『뎡부원』에서 처음 만들어진 것은 아니다. 그는 『뎡부원』에 앞서 1913년 9월 6일부터 1914년 6월 7일까지 170회에 걸쳐 아라비안 나이트를 중역한 「萬古奇談」을 〈매일신보〉에 연재한 바 있다.[137] 그는 연재를 마치면서 "디구생우리인죵의큰보빅되ᄂ만고긔담 …… 원일홈 …… 「아라비안, 나잇트」ᄂ …… 챵쫄지간이라번역도완젼치못ㅎ고신문에게지흠이라젼부를번역치못ㅎ야그릇되고,루락됨이실로만흐나,　이ᄂ후일에한칙자로모아,발간홀째얼마간보충ㅎ겟고"[138]라고 말한 바 있다. 그는 여기서 스스로 '번역'이라는 용어를 사용하면서 「만고기담」의 원작이 「아라비안나이트」라는 것, 신문연재라는 특수성 때문에 완역이 불가능하다는 것 등을 지적했다.

---

137) 김병철의 『한국근대번역문학사연구』(을유문화사, 1975)에 의하면, 이상협의 「만고기담」은 일본의 『全世界一大奇書』(井上勤 譯, 報告堂書店, 1884)를 중역한 것이다. 김병철은 이 책에서 「만고기담」이 1913년 9월 6일부터 1914년 2월 22일까지 116회에 걸쳐서 연재되었다고 했지만, 사실은 1914년 6월 7일까지 170회에 걸쳐 연재되었다.

138) 〈매일신보〉 1914. 6. 7.

작품의 전체를 번역하는 것은 현실적으로 불가능한 것이었지만, 최대한 원전의 분위기를 살리는 쪽으로 번역하는 것은 중요한 일이었다. 왜냐하면, 「만고기담」은 그 자체로 서양문명의 일부였기 때문이다. "서양에는, 엇더흔나라, 엇더흔사룸의집에던지, 성경과, 이긔담은반다시칙샹머리에갓츄어, 어린쟈녀의교훈과, 쟝셩흔남녀의, 슈양에업지못홀물건으로, 싱각ᄒᆞ는것이라 …… 세계의력ᄉᆞ를쟝식흔, 셔양의유명흔남녀호걸은, 한ᄉᆞ람도, 쇼년시되에이긔담을탐ᄒᆞ야, 읽지안이흔쟈가업다는 …… 긔이흔칙을, 아즉우리동포가, 읽지못흠은, 우리문필에죵ᄉᆞᄒᆞ는쟈의, 한붓그럽게, 넉이는바이오, 우리민족의글읽는뎡도가, 나진것을세계에보임이로다"139)라고 밝힌 번역의 취지에 따르자면, 「만고기담」이야말로 교양의 정도요, 문명의 징표라고 할 만한 것이다. 때문에 「만고기담」은 비록 원문을 축약할지언정 지명이나 인명 혹은 내용을 '번안'할 수는 없었던 것이다.

3-2-3 독자반응과 그 의미

번역에 대한 의식의 전환은 '이야기'를 낭독하며 거기에 자신의 감정을 투사하는 것과는 다른, 새로운 독서의 방식을 취하는 독자층을 생산하는 과정이기도 했다. 『장한몽』140)에 대한 독자반응이 연극의 성공과 단행본 판매의 약진, 그리고 후대 문인들의 회고 등에서 추출된 사후적인 것이라면, 『명부원』에 대한 반응은 소설의

---

139) 〈매일신보〉, 1913. 9. 6.
140) 『장한몽』의 번안양상과 독자반응에 관한 자세한 논의는 최원식, 「장한몽과 위안으로서의 문학」, 『민족문학의 논리』(창작과 비평, 1982)를 참조할 것.

연재와 동시에 진행되는 것이었다.

연재 28회부터 게재되기 시작한 "독자로브터" 코너에는 어느 지방 관리에서부터 병원에 있는 환자, 학생, 노동자, 농민 등 다양한 계층의 독자들의 열광적인 반응이 실려있다. "긔이흔스실즈미잇는 필법「뎡부원」한편이 하늘에셔써러졋나 싸에셔소삿나 갈스록긔이흐고 볼스록쟈미잇는 「뎡부원」아 너는나의 쥬야침두에왕릭흐는 뎡혜와함끠 만고에일홈이젼하리라"(대구, 모관리)라는 논평을 시작으로, 대체로 주인공인 정혜를 동정하고 악당 나철을 증오하는 이 독자들의 감상평은 작품의 후반부로 갈수록 분량도 길어지고 내용도 전문화된다.

"하몽셩싱 나는 년천홈으로 셰스를다보지못ᄒᆞ얏고 단문홈으로 쇼셜을다읽지못ᄒᆞ얏스나 독쟈로ᄒᆞ곰 비샹흔감정을일으키는쇼셜은 형뎨소셜과 또이뎡부원이라싱각홈니다"(박동 어느 소학교 신0주, 1914. 12. 25)이라고 말하고 있는 것처럼, 소설에 대한 전문적인 감상은 일단 서양소설을 구별하는 의식과 더불어 시작되어 "하몽선싱님 엇지ᄒᆞ면 번역을 그리교묘ᄒᆞ게 ᄒᆞ시오"(고양군, 이정0, 1915. 5. 5)라고 하는 번역된 소설을 읽는다고 하는 의식, 또는 "엇던사름은 영국소셜 이태리국사름의 쇼셜이라고 보지않는 사름도 잇지"(경성 봉래정 247번지 이광현, 1915. 5. 7)만 자신은 그것을 본다고 하는 의식으로 이어지고, 때로는 "일반이독쟈가 환영홀쇼셜즁에 서양쇼셜을 서양쇼셜곳치 잘옴긴 것이 우리의 쇼셜계에 처음 …… 한문ᄌᆞ를아모됴록 젹게쓰고 순전히독립흔 우리의말로 ᄌᆞ미잇게긔록홈 …… 쥬인공되는 뎡혜는 이전의온갓 쇼셜즁의잇던 쥬인공과달라 그위인이 소셜가온딕 사라잇슴"(일중학생도, 1915. 4. 22-4. 23) 등을 지적하는 전문적인 수준을 나타내는 것으로 연결되기도 했다.

이러한 현상이 가능했던 것은 〈매일신보〉가 1914년 1월부터 신문에 "독자긔별"란을 설치했기 때문이기도 하다. 비록 유치한 수준이긴 했지만, 자기 동네에서 일어난 간단한 사건에서부터 사회적 현상에 대한 인상비평에 이르기까지 짧은 코멘트를 신문에 실을 수 있게 되었다는 것은 독자를 신문에 참여하는 존재로 바꾸어 놓았다.141) 이제 독자는 '읽는 자'일 뿐만 아니라, '개입하고 비평하는 자'이기도 한 것이다. "신문이발명되고 쇼셜이긔적되여 옴으로 우금슈년에 슈십죵의쇼셜을보아오는바이지요만은 이계하몽선싱의 긔적ᄒ시는 뎡혜부인의 ᄉ적을보민 련의를단념홀나하여도 홀슈업는그련의와 격분ᄒᆫᄆ음을 이져바릴나ᄒ여도 바릴슈업는그격분은 이계선싱의긔록ᄒ시는이 「뎡부원」외에는업슬이다 …… 유아독쟈제씨여 뎡혜의신상에 우수비탄이며 노심초ᄉ이얼마나흔가"(이종연, 1915. 5. 18-5. 19)로 시작되는 이 장문의 투고문에는 소설에 등장하는 인물의 성격과 그것으로부터 받은 독자의 인상이 자세히 기록되어 있다. 이러한 과정을 거쳐 소설 『뎡부원』은 당시 독자들에게 "貞婦怨은 小說이 안이오 偉大ᄒᆫ 女性 貞惠婦人의 눈물 歷史라ᄒ겟스니엇지 他小說에 相較하야 同日에 말ᄒ리오"(김봉0, 1915. 5. 21)라는 평가를 받게 되었던 것이다.

이러한 독해는 소설의 제목인 『貞婦怨』이 뜻하는바, '정숙한 부인의 원망과 그 사적'이라는 측면에 대체로 맞추어진 것이다. 하지만 이때 주인공이 지닌 '정숙함'이란 고전적인 '현숙한 열녀'의 이미지와는 거리가 있다. 주인공인 정혜는 귀족적 매너와 예술적 재능을

---

141) 이보다 앞서 1912년 2월 말 경, 〈매일신보〉에서는 각 지방의 풍속이나 사적, 웃음거리, 단편소설 등 서정, 서사 류 산문에 대한 '현상모집'을 실시하지만, 독자들의 투고는 대체로 '단편소설'이나 '우슴거리' 등에 한정되어 있었다.

동시에 소유한 존재로서, 그가 겪는 수난의 과정은 자본주의적 세계 속에서만 작동 가능한 것이기 때문이다. 소설 속에서 모든 사건은 '화폐'를 매개로 진행되는바, 주인공이 겪는 모든 수난과 행복의 경험은 모두 이 자본주의적 물적 재화와의 대결과정에서 생겨난다. 따라서 주인공의 가치는 '돈'으로 표상되는 속악한 자본주의적 가치와는 다른 어떤 것, 즉 '귀족적 매너와 예술적 재능'으로 표현되는 것이다. 특히 주인공이 지닌 '예술적 재능'은 최악의 순간에서 항상 그를 구출하는 무기가 된다. 사치를 꾸짖으며 근검저축을 부추기고 시간조차도 돈으로 환산하는 자본주의적 이데올로기가 확산되어가던, 그럼에도 불구하고 궁핍한 일상을 살아야만 했던, 1910년대의 식민지 현실 속에서, '귀족적 매너와 예술적 재능'을 가진 존재는 또 다른 세계를 보여주는 하나의 '가치'로 기능했다. 『뎡부원』의 독자들은 정혜부인이 보여주는 현실과는 다른 세계에 반응했던 것이다. 그것은 그들의 현실에는 없는 것이지만, 역자의 표현을 빌면 '서양의 인정과 풍속'에는 있는 것이었다.

'서양의 인정과 풍속'은 일단 '번역'이라는 사건을 통해 전달된 것이었지만, 또한 본격적인 '소설'로 가는 도중에 만들어진 것이기도 했다. 그것은 한편으로는 쓰는 자에게나 읽는 자에게나 '소설'의 코드를 익혀나가는 과정이기도 했다. 여기에 원근법을 사용한 삽화가 함께 게재됨으로써 독자들의 시각을 이전과는 다른 방식으로 조정해 나갔다. 소설 광고에 실린 문구처럼 "션명ᄒ고묘ᄒ게실샹사진박인것이나죠곰도다름업시" 그려진 삽화와 "가히 본밧고 가히경계ᄒ고 가히쥬먹을쳐서 쾌흥을 부르며가히눈물을흘녀 ᄌ미를구ᄒᆯᄉ실"로서의 글이 어우러져 만들어낸 번역된 "서양쇼셜"에 대한 감각으로부터 '소설'에 대한 의식이 생겨나기 시작했던 것이다.

122

물론, '읽을거리'에 대한 당시 독자의 경험을 신문이라는 미디어에 한정하지 않고 출판물의 판매상황과 연결시키면 조금 다른 결론에 도달할 수도 있다. 1938년 12월호『조광』지에 실려 있는「출판업으로 대성한 제가의 포부」에 의하면, 당시 유력한 출판사였던 박문서관, 영창서관, 덕흥서림의 경우 1910년대 내내 가장 잘 팔렸던 서적은『춘향전』,『심청전』등의 구소설류와 척독(尺牘)류였다.

물론, 이들 출판사에서 간행한 소설류가 구소설에만 한정된 것은 아니었다. 박문서관의 경우,『광악산』(1912),『한월』(상1912, 하1913),『공산명월』(1912),『도리원』(1913),『절처봉생』(1914),『안의성』(1914),『형월』(1915),『도화원』(1916) 등의 신소설을 간행했고, 덕흥서림에서는『강릉추월』(1915),『삼강문』(1918),『미인계』(1019)를, 그리고 영창서관에서는『형제』(1918),『화용월태』(1918) 등을 출판했다.142) 하지만, 가장 많은 종수를 간행한 박문서관의 경우에도 출판된 대부분의 신소설이 1915년 이전에 밀집해 있으며, 세 출판사 모두 1915년 이후에 간행한 신소설 중에서 상업적 성공을 거둔 예는 없었던 것 같다. 이들 세 출판사의 주인들은 모두 10년대 출판 상황을 회고하면서 한결같이 구소설류와 척독류만을 기억하고 있을 따름이다. 10년대 최고의 베스트셀러였던『추월색』과『장한몽』을 간행한 유일서관의 경우에도, 1915년 이후에 출간한 신소설은 최찬식의『능라도』(1919)뿐이었다. 그 밖에 다수의 신소설류를 간행했던 동양서원, 신구서림, 회동서관 등의 경우에도 1914년 이후에는 한 차례도 신소설을 간행하지 않았다.143) 신소설의 출판은 1910년대 전반기에 집중되었던 반면, 구소설류는 주로 10년대 중후반에

---

142) 한기형,「1910년대 신소설에 미친 출판·유통 환경의 영향」,『한국근대소설사의 시각』, 소명, 1999, 222-223면 참조.
143) 한기형, 앞의 글 참조.

활발하게 간행되었던 셈이다.

　이렇게 볼 때, 1910년대 일반 독서계는 여전히 '이야기 책'이 장악하고 있었다고도 말할 수 있다. 하지만 1915년 이후에도 여전히 '구소설'이 대중적 인기를 누렸다고 해서, 그것을 '문학의 퇴행'이라고 말할 수는 없다. '구소설'은 이전에 만들어진 것일 뿐, 이 시기에 새롭게 창작된 것은 아니기 때문이다. 오히려 문제는 1914년을 경계로 신소설이 더 이상 대중의 주목을 끌지 못하게 되어버렸다는 점에 있다. '신'소설이 낡은 것이 되어버렸다는 것, 독자들이 또 다른 새로운 것을 요구하기 시작했다는 것은 읽을거리에 대한 코드가 바뀌기 시작했다는 것이고, '문학'을 둘러싼 새로운 권력관계의 장이 열리게 되었다는 것을 의미하는 것이다. 바로 그러한 새로운 문학의 코드가 만들어지는 과정에서 그 시대의 독자들은 『녕부원』과 만났다. 그것이 아니었다면, '어느 날 갑자기' 신문지 위에 출현한 『무정』을 받아들이는 것이 자연스럽지만은 않았을 것이다.

3-3. 단편소설의 번역과 창작의 가능성; 진학문의 경우

3-3-1. 번역자와 그의 시대

　순성 진학문은 1894년 12월 경성에서 출생했다. "당시 崇三洞 ― 지금 惠化洞과 창경원 사이 明倫洞"[144]에서 태어난 그는 유학시절을 제외한 젊은 시절 대부분을 이곳에서 보냈다. 1917년에 쓴 수필 「내

---

144) 진학문, 「나의 문화사적 교유기」, 국제펜클럽한국본부 편, 『한국대표수필문학전집』, 을유문화사, 1975, 147면.

124

世界」에는 "電車에서 내려 敦化門으로브터 磚石고개를 넘어 電燈잇
는곳까지 距離로 말하면 不過 一二弓이요 時間으로 말하면 不過七
八分에못지나"145)는 곳에 있는, 집으로 가는 길의 풍경이 묘사되어
있다. 나이 열세 살 되던 해인 1907년 "청운의 뜻을 품고 일본 동
경을 찾은" 그는 이듬해 게이오 의숙에 들어가지만, 집안 형편상
공부를 마치지 못하고 2년 만에 다시 고향으로 돌아오게 된다.

　　그때 일본에는 약 이백 명에 가까운 한국인 유학생들이 있었다.
그중에서도 육당 최남선은 나보다 네 살 위인 형뻘이었으면서 동
시에 학문에서는 선배였는 데다 양가의 혼사관계로 나와는 전혀
남이 아니었던 탓인지 무척 가까운 위치에 있었다. 내가 동경에
가서 일본말을 처음부터 익히고 경응의숙 보통부에 들어간 것이
도일 이듬해인 1908년이었고, 육당은 1904년에 이미 조도전의숙에
입학, 문학을 전공하고 있었다. 기울 대로 기울어버린 가세에 눌
리면서도 양친은 몇푼 돈을 꾸려 일본 간 자식에게 부쳐 보내면
서 이삼년이면 금의환향할 것으로 믿고 견디었다. 그도 그럴것이,
그즈음 일본 가서 삼년간 법률을 배우고 돌아온 장도 등의 변호
사가 장안을 쥐고 흔들다시피 기세등등하였기 때문이었다. 하나
그 사람들은 이십대에 가서 전문학교를 마쳤고 나는 그때 겨우
십대의 보통부 학생이었으니 사정이 달랐다. 그럼에도 불구하고
사정을 모르시는 부모님들은 가난에다 실의마저 겹쳐 학비를 끊
어버리고 말았다.146)

　　그 자신은 명시적으로 말하고 있지 않지만, 법률을 공부하고 금
의환향하여 장도와 같이 장안을 호령하는 변호사가 되기를 바랐던
부모의 기대를 저버리고 진학문이 게이오 의숙 보통부를 다니며 관

---

145) 진학문, 「돌비눌」, 『청춘』 9호, 1917, 91면.
146) 진학문, 앞의 글, 147-148면.

심을 보였던 것은 '문학'이었다. 그보다 먼저 일본에 건너와 와세다에서 문과를 다니고 있었던 최남선의 영향이 적지 않았을 터이다. '양가의 혼사관계'를 바탕으로 미리 형성된 친밀함 속에서 최남선이 진학문에게 끼친 인간적이고 학문적인 영향력은 이 시기 이후로 그의 전 생애에 걸쳐 계속된다. 도일한 바로 그 해, 정해진 학적도 없는 열세 살 나이의 그가 『대한유학생회학보』에 단편소설 「쓰러져가는 집」을 발표할 수 있었던 것도 그 학회지의 편집자였던 최남선의 노고가 아니었다면 쉽지 않은 일이었을 것이다. 이때의 인연을 시작으로 진학문은 훗날 최남선이 발행했던 잡지 『청춘』의 필자가 되었고, 그의 소개로 경성일보의 기자가 될 수 있었다. 또 1920년에는 〈동아일보〉 창간에 관여하면서 복역 중인 육당을 대신하여 『청춘』의 후신 격인 『동명』의 주간을 잠시 맡았고, 1924년에는 육당과 함께 〈시대일보〉를 창간했다. 진학문은 최남선을 만남으로써, 어떤 의미에서는 '문학'의 세계에 발을 들여놓을 수 있었고, 최남선을 만남으로써 그 또한 "新聞雜誌狂"[147]이 되었던 것이다.

법률을 공부하여 금의환향하기를 바랐던 부모의 기대를 저버리고 '문학'에 심취하던 진학문은 학비조달이 어려워지자 귀국하여 보성학교에 입학, 1912년 이 학교를 졸업하고 "경남 진주에 내려가 선생노릇을 하다가"[148] 이듬해 다시 일본으로 건너갔다.

> 그때 같은 하숙방에 뒹굴면서 입학을 기다리던 사람으로 기억에 있는 사람이 申翼熙·崔斗善 두 사람. 신군은 정경과 지망생이니 무시험으로 들어갔으나 최군과 나는 문과 지망이어서 시험을 치러야만 했다. 그즈음 와세다에는 세익스피어 권위 쓰보우치 소

---

147) 최남선, 「소년의 기왕과 밋 장래」, 『소년』 3년 6권, 1910. 6. 12면.
148) 진학문, 앞의 글, 149면.

오요오(坪內逍遙) 교수 등 학계에서 이름난 교수들이 많이 몰려 있어 문학에서는 좀 어려웠던 것 같다. 내 전공은 러시아 문학이었다.[149]

『순성진학문추모문집』에 실려 있는 연보에 의하면, 진학문은 1913년 와세다 대학의 영문과에 입학했다가 이듬해 이 학교를 중퇴하고, 1916년 동경외국어대학교 러시아 문학과에 입학한 것으로 되어 있다. 1914년 와세다를 중퇴하고 1916년 동경외대 러시아 문학과에 입학하기 전까지 학우회 사업에 깊이 관여했던 것으로 보인다. 1915년 5월에 발간된 『학지광』 5호에 실려 있는 「조선유학생학우회총임원명부」에 따르면 진학문은 이 조직의 掌禮部長을 맡고 있었다.

진학문이 와세다에서 공부한 것은 2년 남짓이었고, 전공도 '러시아 문학'이 아니라, '영문학'이었다. 어떤 이유에서인지, 그 자신의 회고에는 와세다에서의 전공과 동경외대에 다녔던 사실은 빠져 있고, 와세다에서 러시아 문학을 전공한 것으로 되어 있다. 그 자신에게 와세다에서의 경험이 훨씬 중요했기 때문인지도 모른다. 진학문의 회고대로 '당시 와세다에는 세익스피어 권위 쓰보우치 소오요오 교수 등 학계에서 이름난 교수들이 많이 몰려 있어', '문학'적 기풍이 형성되어 있었고, 때문에 당시 일본 문단에서도 『早稻田文學』은 큰 영향력을 지니고 있었다.

일본 메이지 문학사에서 쓰보우치 소오요오의 공적은 "서양에서 수입한 신문명과 병행하는 생존권을 문학에 부여한 것이었다. 그는 과학 연구가 그 자체로 가치 있듯이 문학도 그 자체로서 가치가 있음을 인정하지 않으면 안 된다는 주장을 교양 있는 사회에 납득시켰던 것이다. 이것은 새로운 지식계급이 그들의 일생을 걸기에 충

─────────────────────

149) 같은 곳.

분한 일로 문학을 공인한 것을 의미한다."150) 바꿔 말하면, 일본의 메이지 시대에 새롭게 등장한 지식계급에게 있어 '문학을 한다는 것' 혹은 '작가가 된다는 것'은 비록 가난할지언정 "게사쿠 작가처럼 비굴하지 않아도, 희문가처럼 '문명'을 등지지 않아도 신문명의 한 요소로서 존재권을 가질 수 있다는 것"151)을 의미했다.

'문학'이라는 새로운 영역을 통해 자기 존재를 증명하고 새로운 문명 세계의 구성원이 될 수 있다는 것을 발견한 것은 비단 메이지의 젊은 지식인들만은 아니었다. 1910년대에 일본에 유학하여 쓰보우치 소오요오가 문학을 가르치는 와세다에서 생활한 일군의 식민지 청년들에게도 '문학'은 새로운 가치였다. 그들에게도 문학은 문명의 표상이었고, 바로 그런 한에서 식민지의 현실로부터 스스로를 탈각시키는 것에 대한 도덕적 강박으로부터 벗어날 수 있었다. 그들에게 있어 "도쿄는 우리의 공상의 천국이요, 서울은 사실의 羨離"152)였던 것이다.

진학문과 더불어 '하숙방에서 뒹굴며 입학을 기다리던' 최두선이 대학에 들어 간 후 발표한 「文學의 意義에 關하야」도 쓰보우치 소오요오의 문학론의 자장 안에서 형성된 것처럼 보인다. 그는 "웃더한 글을 보고 생명이 잇슴을 감득함은 그것이 情意의 경험에 감촉"되는 것을 의미하는 것이라고 하면서, 문학을 "글 가운데에 情意를 포함시키는 것"153)이라고 정의 내린다. 그가 말한 문학에 의한 '情意의 경험'이란 쓰보우치 소오요오가 『소설신수』에서 "미술(예술)이란 실용의 영역이 아니고 오로지 사람의 심안을 즐겁게 하여 오

---

150) 나카무라 미쓰오, 『메이지문학사』, 고재석·김환기 역, 동국대학교 출판부, 2001, 96면.
151) 같은 곳.
152) KS生, 「저급의 생존욕」, 『학지광』 4호, 1915. 2, 34면.
153) 최두선, 「문학의 의의에 관하야」, 『학지광』 3호, 1914. 12, 28면.

묘한 경지에 들어가게 하는 것을 목적"[154]으로 하는 것이라고 했던 것과 크게 다르지 않다.

문학을 '情'의 영역에서 범주화하고자 했던 시도는 '情의 분자를 포함한 문장'이라는 표현을 썼던 이광수의 「문학의 가치」에서 이미 발견되지만, 그는 문학의 가치를 일국의 흥망성쇠와 부강빈약을 좌우할 국민의 이상과 사상을 교육하는 데 있는 것으로 봄으로써 그 계몽적 효용을 강조한 측면이 있다. 반면, 최두선은 "문학에는 문학의 생명이 잇슬지오 더욱 그생명은 그문학이 가치가 잇스면 잇슬수록 그 생명이 더욱더욱 장구할지니"라고 함으로써 문학이 그 자체로 가치 있는 것임을 입증하고자 했다.

한편, 백대진은 최두선과 마찬가지로 문학을 "生命잇ᄂᆞᆫ 文章은곳 文學"이며, "文學은 文章에 情意를 附着흔 者"[155]라고 함으로써 문학의 고유성을 강조하고자 했다. 백대진의 이 글은 문학의 의의와 문학의 목적을 설명하는 두 부분으로 구성되어 있는데, 첫 번째 문학의 의의를 설명하는 부분은 최두선의 글과 매우 흡사하다. 글의 서두에서 '책으로 표현된 것이 문학'이라고 하는 메튜 아놀드의 문학범주를 인용하는 것을 시작으로 문학의 고유한 생명을 지적하고 情意를 강조하는 것이 논의의 핵심을 구성하고 있는 것 등이 그렇다.

> 카-라일의 佛國革命史가 영국문학사상에 얼마나 큰 광채를 발휘ᄒᆞ얏스며 사마천의 사기가 지나문학사상에 얼마나 큰 누채를 발ᄒᆞ엿나뇨? …… 엇지 공상만 기한 문장이 문학이 될가보냐? 요컨대 문학은 「활한 생명을 지한바문장」이 곳문학이라칭할지오.[156]

---

154) 나카무라 미쓰오, 위의 책, 91면.
155) 백대진, 「문학에 대한 신연구」, 『신문계』 4권 3호, 1916. 3, 13면.
156) 백대진, 같은 글 12면.

> 영국 카 ─ ㄹ라일(Carlyle) 저서 더욱불국혁명사의 가치를 영국문
> 학사상에서 무시하리오 …… 비록 공상이나이상을 묘출한 것이라
> 도 문학의 일커름을 얻지 못한 것도유하고 …… 얼른말하면 문학
> 에는 문학의 생명이 잇슬지오.[157]

인용된 부분에서 볼 수 있듯이 글쓴이들이 인용하고 있는 인물이
나 내용까지도 거의 동일하다. 최두선의 글이 백대진의 것보다 2년
먼저 발표되었기 때문에, 후자가 앞의 글을 참조한 것으로 볼 수도
있지만, 백대진의 글에 문학의 의의와 더불어 그 목적을 설명하는
부분이 따로 독립되어 있는 것으로 보아 다른 원 텍스트가 존재했
을 가능성도 있다.

1910년대 내내 『신문계』와 『반도시론』에서 기자로 활동하며, 해
당 잡지에 자주 단편소설을 발표했던 백대진은 당시 신지식인들 중
에서는 드물게 외국유학을 하지 않았지만,[158] 「현대조선에 자연주
의 문학을 제창함」(『신문계』 3권 12호, 1915. 12), 「신년벽두에 인
생주의파 문학자의배출을 기대함」(『신문계』 4권 1호, 1916. 1) 「서
양문학일별」(『신문계』 4권 8호, 1916. 8) 등의 글을 발표했던 것으
로 보아 서구 문학이나 동시대 일본의 문학적 경향에도 밝았던 것
으로 보인다. 비록 그의 논지가 자연주의를 "실생활을 노골적으로
眞直히 묘사한 문학"으로, 인생주의 문학자를 "인생의 건실한 내부
생활을 주입하고자 하는 문학자" 정도로 소박하게 규정한 측면은
있지만, 동시대의 신소설이나 구문학과 단절적 의식을 보여주고 있
다는 점, 그 자신이 발표한 소설의 다수가 화폐를 매개로 한 속악
한 자본주의적 현실을 리얼하게 그려내고 있다는 점 등으로 미루어

---

157) 최두선, 위의 글, 26-27면.
158) 백대진의 연보에 관한 자세한 사항은 김복순, 『1910년대 한국문학
　　 과 근대성』, 소명, 1999를 참조할 것.

130

근대적 생활과 문학의 형식에 대해 예민하게 자각하고 있었던 것만
은 부인할 수 없다.

최두선과 백대진의 글이 이미 존재하는 텍스트를 재구성하는 차
원에서 만들어진 것이라고 할 때조차도, 문학의 '생명'을 주장하고
그것을 '情懹'라고 하는 정서적 영역 속에서 파악함으로써 문학을
'그 자체로 가치 있는 것'으로 인식하고자 했다는 점, 혹은 그러한
의견에 동의하고 있다는 점에서 그들은 문학에 있어서의 근대적 의
식을 확보하고 있었다고 말할 수 있을 것이다. 그리고 문학에 대한
이러한 이해의 정도는 1910년대 중반, 근대적인 문학에 관심을 두
었던 신지식인들에게는 어느 정도 공감대를 형성하고 있었던 바였
던 것 같다.[159]

진학문은 '학우회'의 간부로 일했던 1915년에만 「奇火」(꼬로렌꼬
원작, 『학지광』 3호 1915), 「부활자의 세상은 아름답다」(안드레프
원작, 『학지광』 5호, 1915), 「외국인」(안드레-프 원작, 『학지광』 6
호, 1915), 「狼」(싸이체프 원작, 『학지광』 8호-원문없음) 등의 러
시아 문학작품을 『학지광』에 번역, 게재했다. 1916년에 발표한 「사
진첩」(체홉 원작, 『학지광』 10호)까지 포함하면 그가 유학시절 『학지
광』에 번역, 개제한 5편의 단편소설은 모두 러시아 문학작품이다.[160]

진학문에게 만이 아니라 1910년을 전후로 한 조선 신문학 초창기
러시아 문학으로부터의 영향은 무시할 수 없는 비중을 지닌다. 널
리 알려진 바대로 이광수는 톨스토이로부터 문학은 물론이려니와

---

159) 이 부분에 대한 자세한 논의는 권보드래, 『한국근대소설의기원』, 소
　　　명, 2000을 참조할 것.
160) 현재까지 확인할 수 있는 바로는 1910년대에 진학문이 번역한 소설
　　　작품은 전부 6편이다. 본문에서 제시한 5편의 러시아 문학 작품과
　　　『청춘』에 발표한 「더러운 면포」(모파상 원작, 『청춘』 8호 1917. 6)
　　　가 그것이다.

사상적인 측면에서도 많은 부분 사사 받았고, 『소년』과 『청춘』은 톨스토이의 작품을 비중 있게 다루어 번역, 개재했다. 이광수는 「杜翁과 나」에서 열여덟 살 무렵 처음 톨스토이의 「나의 종교」를 접하면서 그의 문학적 작품과 사상적 논문을 심독하여, 그 자신의 예술관을 형성하는 데 가장 큰 영향을 받았다고 고백한 바 있다.[161]

이러한 현상은 일본 메이지 시대의 '자연주의문학자'들에게서 공통적으로 발견되는 것이기도 하다. 후타바테이 시메이(二葉亭四迷), 다야마 가타이(田山花袋)와 우치다 로안(內田魯庵)은 톨스토이의 소설을 번역한 바 있고, 이광수에게도 영향을 끼친, 「불여귀」를 쓴 도쿠토미 로카(德富蘆花)는 1906년 톨스토이를 직접 방문하기까지 했다. 이때의 사정은 「도루스도이伯의 俄國國會觀」이라는 제목으로 "俄國文豪도루스도이伯이 退隱하야 야스나야·보리아나庄에 在ᄒ야 殘年을 消遣ᄒ더니"[162]라고 조선에도 소개된 바 있다. 톨스토이뿐만 아니라, 투르게네프, 체홉 등의 러시아 작가는 메이지 30년대 자연주의 문학에 큰 영향을 끼쳤다.[163] 그리고 이러한 현상은 약간의 시차를 두고 조선의 신문학자들에게서도 발견되는 셈인데, '조선에 자연주의문학을 제창하자'고 주장했던 백대진은 "藝術은 人生을 爲ᄒ야 生한 者이오 결코 藝術其物을 爲ᄒ야 生ᄒ 者이 안임으로 露西亞의 近代文豪 「톨스토이」翁이 말ᄒ되 藝術은 人生을 爲ᄒ야 生한 者라 極言ᄒ엿도다"라고 말했던 것이다.

『조양보』의 기사를 톨스토이를 조선에 소개한 최초의 용례라고

---

161) 이광수, 「杜翁과 나」, 『조선일보』, 1935. 11. 20.

162) 「도루스도이伯의 俄國國會觀」, 『朝陽報』, 1906. 7. 25.(이하, 『조양보』의 기사는 김병철, 『한국근대서양문학이입사』, 을유문화사, 1998에서 재인용)

163) 나카무라 미쓰오, 앞의 책 참조.

132

한다면, 그것은 주로 "도루스도이의 理想이 卽是論孟의 理想이라"164)라고 하거나, "文豪도루스도이 伯이 所謂文明者流를 痛罵ㅎ야 曰 今日文明社會의 聖賢을 往古蒙昧時代의 聖賢에 比ㅎ면 數十段이 下ㅎ야 殆히 禽과 人이 相對홈과 同ㅎ다 ㅎ니"165)라는 식으로 그를 문학자로서보다는 사상가로서 혹은 정치가로서 먼저 소개하고 있는 셈인데, 이러한 현상은 『소년』지를 통해 반전되는 양상을 보인다.

『소년』 2권 6호(1909. 7)에는 톨스토이에 관한 코너가 4개나 마련되어 있다. 「신시대청년의 신호흡」코너에서는 톨스토이의 생애와 문학적 사상적 의미를 간략히 소개하면서, '톨쓰토이선생의 교시(노동역작의 복음)'를 번역166) 제재하고 있다. 또 단편소설 「사랑의 승리」, 「톨쓰토이 선생의 일과」, 「톨쓰토이 선생의 어렸을 때의 설음」 등의 글이 같은 호에 실려 있다. 『소년』지에서 톨스토이가 다시 집중적으로 조명되는 것은 1910년 12월에 발행된, '톨쓰토이 선생하세 기념'으로 꾸며진 잡지 3권 9호에서이다. 여기에는 톨스토이 小傳, 相貌, 年譜 등이 실려 있고, 「한 사람이 얼마나 땅이 있어야 하나?」, 「茶館」, 「너의 이웃」 등의 소설과 최남선의 장시 「톨쓰토이 頌」이 실려 있다. 이밖에도 『소년』지에는 「祖孫三代」(1909. 8), 「어룬과 아해」(1909. 11) 등이 번역 게재되어 있다. 특정 작가의 작품이 여러 편 번역 소개된 경우는 이 잡지에서 톨스토이가 유일했다.

---

164) 「隋感漫錄」, 『朝陽報』, 1906. 9. 25.
165) 「亡國志士의 同盟」, 『朝陽報』, 1906. 12. 25.
166) 여기에는 "선생의 현대문명의 비판과 국가사회의 논단은 아직 우리 소년에게 필요치 아니할듯하기로 다 그만두고 여긔는 다만 선생의 학술중에서 노동역작에 관한 구절말 초역"한다고 되어 있다.

3-3-2 소설의 번역과 문장의 문제

진학문은, 동시대의 문학자들이 톨스토이와 '자연주의'에 경도되고 있었을 때, 남들보다 조금 더 전문적으로 러시아 문학에 심취했다.[167] 그가 번역한 작품 대부분이 1915년에 발표되었고, 동경외대 러시아 문학과를 들어간 것이 1916년이었기 때문에, 그가 러시아어로 문학작품을 읽고 번역했다고 단언할 수는 없지만, 그가 번역한 것이 대체로 러시아 근대문학사상 비중 있는 작가들의 것이고, 그의 번역문체가 동시대의 창작소설에 비해 정돈되어 있다는 점 등으로 미루어 문학에 관한 그의 의식수준을 역추론할 수도 있을 것이다.

『학지광』 3호(1915)에 실려 있는 꼬로렌꼬의 「奇火」는 번역된 내용만으로 보자면, 소설이라기보다는 잡문에 가까운 글이다. 밤에 배를 타고 강을 건너던 화자가 불빛 하나를 보고 처음엔 가깝게 느꼈

---

167) 진학문이 와세다에 다니면서 러시아 문학에 대한 이해의 폭을 넓혔던 것만은 확실이다. 일반적으로 일본에서의 러시아 문학의 정착과 확산을 이야기할 때 와세다 대학의 공적은 지대한 것이었다고 이야기된다. 와세다 대학의 러시아 문학과는 다른 유럽 어문학과들보다 뒤늦게(1920년) 설치되었지만, 이 학교에서 영문학을 전공하고 『와세다문학』을 통해 「문학과 인간의 평가」(1909)라는 논문을 통해 톨스토이에 대한 이해를 확장시켰던 가타카미 노보루(片上伸)의 공적으로 당시 독서 대중은 러시아 문학에 나타난 위대한 인간정신과 억압에 대한 저항에 경도되었다. 쓰보우치 소오요오의 추천으로 『와세다문학』의 기자로 활동했던 그는, 「인생관상의 자연주의」(1907) 「미해결의 인생과 자연주의」(1908) 등의 논문을 발표하면서 자연주의를 옹호했으나, 곧 「탄생의 힘」(1913) 등을 통해 생명론, 예술지상주의로 이행했다. 1915-1918년 러시아에 유학했고, 그 무렵부터 인도주의적 색채를 보이기 시작했으며, 사회성을 중시하는 프롤레타리아 문학의 세계로 나아갔다.(이상의 내용은, 『일본의 러시아 문화 100년 *100 Лет Русской Культуры в Японии*』(모스크바: 과학아카데미, 1989) 및 고재석 편역, 『일본문학·사상 명저사전』을 참고했음)

134

으나 사실은 멀리 있는 것이었다고 깨닫게 된다는 내용의 짧은 글
이다.

<blockquote>
나는 只今도 或間 바위와 山 으로싸인 陰暗한 江流와 活躍헌
奇火를 生覺허난째가잇소. 예로붓허 只今까지, 親近헌불빗의불음
을밧은 者가 엇지홀로나한아 쑨이리요만은―人生은더욱〈暗澹한
沿岸으로 흘러나려간다. 허나, 異常헌불빗은 依然히멀니〈. 사람은
다시 航路를가기 爲 하야, 櫓를 잡난다 ……．허나, 가난데로 더욱
〈먼 것은―異常한불빗이로구나 …….
</blockquote>

여기서 주목하고자 하는 것은 번역자의 문체이다. 이 한 단락 속
에는 모두 세 가지 종결형어미가 등장한다. ‘―소’, ‘―다’, ‘―구나’가
그것이다. 하지만, 번역문 전반에 걸쳐 사용되는 것은 존칭형 어미
‘―소’인데, 문학작품을 번역할 때, ‘―소’라는 존칭을 사용하는 것은
이미 『소년』지에 번역된 톨스토이 작품 속에서도 확인된다. “넷적
어늬째 어늬곳에 한 性品이 溫良하고 每事에 懇切한 사람이 잇섯난
데 財産도 만코 奴僕들도 만히 두엇소”로 시작되는 「사랑의 승리」를
비롯, 『소년』지에 수록되어 있는 톨스토이의 전 작품에서는 ‘―소’라
는 종결어미가 일관되게 쓰이고 있다. 이러한 번역태도는 「巨人國
漂流談」이나 「로빈손無人絶島漂風記」에서도 공통적으로 확인된다.
‘―소’라는 어미는 대체로 화자가 익명의 다수 청자를 대상으로
말하는 ‘연설’의 화법 속에서 구사되던 것이다. 김창제가 쓴 「연설
법요령」에는 실제 연설에 앞서 마련되었을 것으로 보이는 연설초안
이 부록으로 실려 있는데, 거기에는 ‘―소’, ‘―소이다’, ‘―이오’ 등의
어미가 일관되게 사용되고 있다.[168] 연설은 ‘말하기’의 일종이지만,

---

168) 이를테면, “教育이란 것은 毋論字義와가치가르치고 기든단말이오 좀
　　　仔細히 말하자면 教授와 訓育이라하겠소. 그러면 一般教育에도말한

그것은 쓰인 글을 낭독하는 형태로 진행되는 말하기였고, 그런 한에서 그것은 하나의 '문체'인 것이다. 바꿔 말하면, "'연설'의 문체는 구어의 모습을 띠고 있지만, '그대로 서술하는 것'을 상정하여 문자를 길게 늘여 쓰는 중에 구성적으로 창출된 새로운 문체"[169]였던 셈이다. 이광수가 『소년』지 3년 8권(1910년 8월)에 발표한 「天才」라는 글 역시 연설문체로 쓰인 논문이다. 해당 호 「소년논단」에는 이광수의 글이 모두 세 편 실려 있는데, 「여의 자각한 인생」과 「조선사람인 청년에게」가 신문의 사설과 유사한 문체를 구사하고 있다면, 「천재」는 그와 달리 "그러면 우리들은 엇지할까오? 不可不 各自의 天才를 검사하여야하겠소"와 같이 '연설'의 문체를 구사하고 있다.[170]

연설의 문체가 논문이나 문학작품의 번역에까지 쓰였다는 것은, '말하기'와 '낭독'의 관습으로부터 '글쓰기'의 영역이 완전히 탈각하기 못했다는 것을 보여주는 것이기도 하다. 한편, 일간지 신문에 번역된 서양 소설의 경우, 비슷한 시기에 발표된 신소설, 혹은 번안소설의 문체와 크게 다르지 않은 양상을 보인다, 이를테면 "최창훈은 혹시고순경이가 이러흔 일을 당ᄒ지나안이ᄒ얏ᄂ가ᄒᄂ 싱각이벗석드러 경찰셔안에 드러가 그시테 한번보기를 쳥ᄒ야 허락을엇엇더라 놀랍도다 이ᄂ분명흔 고순경의 시테이라"[171]라는 식으로 '－더라'체의 관례적인 서술법을 대체로 따르고 있다.

일간지 신문의 경우 불특정 다수의 독자를 상대로 한다는 특성

바와가치 己成熟者가 未成熟者를 敎育하야 完全한 人格을 養成하는 것이라하겠소"(김창제, 「연설법요령」, 『청춘』 7호, 1907.5)와 같이 '말하기'에 앞서 그것을 글로 기록한 사례에 관한 예가 소개되어 있다.

169) 코모리 요이치, 『일본어의 근대』, 소명, 2003, 49면.

170) 이광수의 문체와 '연설'의 관련성에 관해서는 본 연구의 2장을 참조할 것.

171) 이상협, 역, 『貞婦怨』, 〈매일신보〉 1914. 11. 5.

때문에, 작품에 등장하는 인물과 지명을 조선식으로 바꾸는 '번안'이 불가피했고, 문체 역시 독자에게 익숙한 이야기체인 '-더라'체를 고수할 수밖에 없었지만, 어느 정도의 지식수준을 갖춘 독자를 상대로 하는 문예 잡지나 유학생 조직의 기관지는 이러한 제약으로부터 자유로울 수 있었다. 그럼에도 불구하고, 진학문이 최초의 번역문에서 '-소'라는 종결어미를 사용할 수밖에 없었던 것은 그가 참고로 할 만한 문학 작품의 번역문체가 대체로 '-소'이거나 '-더라'를 구사하는 것이었기 때문이었던 셈이다.

첫 번째 번역문이 문체상의 혼란을 노정했던 것에 비해, 두 번째 번역작품인 「부활자의 세상은 아름답다」에서 진학문의 문체는 확연하게 정돈된다. "너의들은 묘지에 천々히 거니러 본 일이 잇겟지? 墻壁으로 싸인 土地, 좁고 또 고요한 雜草의 茂盛한 土地의 구석구석에는 간장을 녹이는쯧한 稀有의 詩가 써 잇다"172)로 시작되는 이 글에서는 일관되게 '-다'체가 사용되고 있다. 앞의 글 「奇火」가 불특정 다수를 청자, 혹은 독자로 상정한 '-소'의 문체를 구사했다면, 이 글에서는 '화자'가 상대하는 대상이 '너의들'이라는 특정한 세대로 제한되기 때문이다. 호명되는 대상층이 2인칭 복수형 '너의들'로 제한된 이상 존칭어 '-소'를 사용할 이유는 없어진다. 여기서 '너의들'은 번역자에게는 번역된 문장을 읽는 유학생 집단을 의미하는 것이고, 내용상으로는 '묘지에 천천히 거니러 본 일이 있는' 자들이다. '너의들'로 호명된 그들은 원작자에게는 묘지를 거닐어 본 적이 있다는 것, 그리고 번역자에게는 유학생신분이라는 것 때문에 그들과 특정한 경험을 공유하는 자들이다. 그러한 경험은 누구에게나

---

172) 안드레프, 「부활자의 세상은 아름답다」, 진학문 역, 『학지광』 5호, 1915. 5.

있을 수 있는, 보편적 경험의 형식이 아니다. 이렇게 보자면, 창작자나 번역자가 그들의 특정한 경험을 공유할 만한 대상으로 독자층을 제한한다는 것과 문체의 정돈은 일정한 상관성을 갖는 것이라고 말할 수 있을 것이다.

특정한 경험을 공유하는 자들끼리의 이야기 속에서 정돈된 문체는 「외국인」에 오면, 개인의 경험, 누구와도 공유할 수 없는 개인의 내밀함을 독백하는 것으로 전이되고, 이 글에서 문체는 완전하게 '-다'체로 굳어진다. 작품의 초반에 '-이라'가 3곳에서 사용되고 있지만, 이것은 사실을 전달하는 '이다'의 의미를 지닌 것이다. 신소설이나 당시 잡지에 실린 창작 단편소설들에서 관례적으로 쓰이는 신문 기사 문체인 '-더라'체는 보이지 않는다. 이 소설에서는 사실 관계를 지정하는 '-이라'를 제외하면, 모두 '-이다' 혹은 '-ㅆ다'의 어미를 사용하는 문체를 구사하고 있다.

앞의 두 작품이 본격적인 의미에서의 소설이라기보다는 잡문에 가까운 산문이었던 데 반해 「외국인」(『학지광』 6호, 1915. 7)은 구조적으로도 탄탄한 완성도가 있는 단편소설이다. 대학생인 청년이 주인공으로 등장하는 이 소설에는 러시아 대학생들의 일상사가 흥미롭게 묘사되어 있다. 외국을 동경하며 폐쇄적인 생활을 하는 주인공을 동료들은 '외국인'이라고 부른다. 그는 외국에 가기 위해 외국어를 공부하고 열심히 돈을 모으는 데만 열중하는데, 같은 하숙집에 사는 세르비아 출신의 학생을 러시아 학생들이 조롱하는 것을 목격한 후, 그를 동정하게 되고 결국 자기 안에 있는 애국심을 확인하게 된다.

진학문이 수다한 러시아 소설들 중에서 이 작품을 번역한 의도는 분명해 보인다. 문명과 힘을 가진 러시아에서 유학하고 있는 세르비아라는 소수민족 청년의 모습 속에서 그는 일본에서 유학하고 있는 식민지 청년의 자화상을 보았던 것이다. "「치스씨아코프」는, 實際, 써비아는 적고, 불상하고, 그곳의 住民은 까닥하면 激하기 쉬운 꼴에 氣力이업고, 國亂의 싯칠 째가업다. 불상은하나 淺薄하기도하다, 쏙 어린兒孩들의 兵丁노름과 갓흔것이라고 혼자말로햇다."[173]

『학지광』에 발표한 진학문의 마지막 번역은 체홉의 「사진첩」(『학지광』 10호, 1916. 9)이다.[174] 이 작품의 서두에는 특이하게도 번역자의 서문이 붙어 있다.

> 이것은 露西亞有名한 短篇作家체-호프의 一篇이다. 作家의 人生觀은 喜劇안에 悲劇이잇고 우슴속에 눈물이잇다함이요 또 사람이란 누구든지 한번은 다 善人이나 日常生活에 걸려 不知不覺中에 점은 帳幕 속으로 껄려드러간다함이니 이 한篇속의 주인공 짐이호프를 보매 웃지이것이 全然우리와 沒關係한 사람이라 하리오. 이것이 現代사람의 그림자요 우리의 그림자라. 지금 내가 이 寫眞帖을 우리 卒業生 …… 多大한 抱負를 가지신 卒業生 여러분께 바치매 無意味한 일이 아니라 生覺합니다

「외국인」의 경우, 번역자의 번역의도가 소설의 내용 속에 숨어 있었다면, 여기서는 서문의 형태로 작품 앞에 제시되어 있다. 어느 관료의 퇴임식과 유학생들의 졸업식에서 유비적 상관성을 발견하고, 그것을 인간의 이중적 면모를 고발하는 체홉의 단편을 번역함으로써 말하고 있는 셈이다. 이 작품은 일관되게 '-다'체 어미를 구사하는 문체로 번역되었다. 이것은 잡지의 같은 호에 실린 현상

---

173) 안드레프, 「외국인」, 진학문 역, 『학지광』 6호, 1915. 7, 85면.
174) 최근에 발견된 『학지광』 8호 목차에 의하면, 진학문은 사이체프의 「狼」을 번역한 것으로 되어 있지만, 잡지의 본문을 확보하지 못한 바, 그 작품에 대한 언급은 다음 기회로 미룬다.

윤의 창작소설 「청류벽」의 문체와 비교해 볼 때, 더욱 확연하게 드러난다.

> 그럼으로 成道의 墮落은 나날이심하야져서 雜技를한다 술을먹
> 는다 게집房에를 간다하더니, 誘惑의 손은 마참내 成道의등을 내
> 밀어 罪의안에 발을드려노케하얏더라. 이는곳 成道가 當時安岳邑
> 內에서 有名한어느 妓生과 作妻하게되야 置家를하너니 무엇을하
> 너니 하게된일이라. 그러나 世上風波가 엇던것인지도 모르고지나
> 든 英恩이는 엇지알앗스리오 自己의머리우에 한겹두겹싸여오는
> 暗黑의구름을.[175]

자기 운명을 극복하지 못하고 죽음에까지 내몰리는 한 여자의 일생을 다룬 이 소설은, 무력하게 수난을 당하는 구시대의 여자나 새 시대를 개척해나가는 신여성을 주인공으로 내세우기 좋아했던 신소설의 테마와 멀리 떨어져 있지 않다. 전체 4장으로 구성되어 있는 이 소설에서 1장과 4장은 주인공의 현재 상태에 대한 서술, 2장은 주인공의 과거 내력에 대한 보고, 3장은 이에 대한 서술자의 논평으로 구성되어 있다. 이러한 액자 식 구성은 현상윤의 다른 단편소설에서도 자주 발견되는 것인데, 여기서 액자의 안쪽에 배치되어 있는 과거의 사실을 전달하는 부분에 '-더라'체는 집중적으로 나타난다. 진학문이 러시아의 소설을 번역하면서 과거시제인 '-쓰다'를 구사했던 데 반해, 여기서는 여전히 신문에서 사용하는 전언의 서술체인 '-더라'를 사용하고 있는 것이다.

> 언으날인지 본지편즙국에 한늙은녀인이와서 원통흔말을 엿쥬라
> 왓노라흐고 이전남편의 무정무도흠을 만단셜화로 고흐고 눈물이

---

175) 현상윤, 「淸流壁」, 『학지광』 10호, 1916. 9, 53면.

쏙々쩌러지며입이비죽々々ㅎ며 이놈을드러북부경찰셔어 고쇼롤ㅎ
얏스니 이런늙은년의 원통흔말을 신문에좀ㄴㅣ여셜원ㅎ야쥬십시오
ㅎ며 우름에 늣겨 나죵말은 못ㅎ고 긔록뭉치한아를 내여노으며
이것이그원통ㅎ날몃가지를긔록흔것이올시다ㅎ더라   그녀인의말을
드른즉 그원통히구런다는 남편은 이전 대한협회평의원으로 도라
단이던 홍필주洪弼周오 그녀인은김흥만이라ㅎ더라 그고쇼흔바는
임의됴사가맛쳐 셔류는 검ㅅ국으로넘어갓다는ㄷㅣ 이제 그녀인의
쩌가지고 온 바긔록을 그ㄷㅣ로 긔록ㅎ면 아릭와 갓더라.176)

「청류벽」과 비슷한 시기에 〈매일신보〉 사회면(3면)에 게재된 이 기사는 신문사 편집국으로 찾아온 한 여인에 관한 사건을 보고하는 전언형식으로 기록되어 있다. 직접 취재에 해당하는 이 기사는 들은 바를 기록한 것이 아니라, 기자가 직접 보고 경험한 것을 기록한 것이다. 인용된 부분에서 확인할 수 있는 것처럼 여기서는 일관되게 '-더라'체가 사용되고 있다. 이러한 어미의 구사는 순 한글로 작성되던 사회면뿐만 아니라, '있었던 사실'을 보도할 때에는 예외 없이 사용되던 일반문법이기도 했다. 이를테면, 국한문체로 쓰인 정치면의 경우에도 "總督府定例將官會議는昨十日午前十時브터開會ㅎ고寺內總督山懸政務摠監以下出席ㅎ야 政務上의 協議를爲ㅎ고正午에 散會ㅎ얏더라"177)와 같이 기록하는 것이 일반적이었다.

창작소설의 경우, 신문에서 사용하는 '-더라'체와 '-이라'체를 '-다', '-ㅆ다'와 혼용하는 일은 이광수가 『무정』을 발표했던 1917년 무렵까지 일반적인 것이었다. 한국어로 창작된 소설이 '-다'체로 정돈된 것은 1920년대에 들어서이다. 그에 비해 1910년대 중반의 번역소설이 '-다'체로 일관된 문체를 보여준다는 점은, 우리가

---

176) 「老女의 淚」, 〈믹일신보〉 1915. 6. 12.
177) '定例將官會議', 〈믹일신보〉 1915. 6. 12

관례적으로 '언문일치'라고 부르는 문체상의 완결점이 '번역'작업과의 일정한 연관관계 속에서 수행되어 간 것이라는 점을 시사해주는 것이기도 하다. 진학문이 러시아의 소설들을 번역하는 과정에서 참조했던 텍스트가 어떤 언어로 쓰인 것이었는지에 따라 조금씩 다른 결론에 도달할 수 있겠지만, 현재까지는 그가 동경외대에 입학하기 전에 와세다 대학 영문과를 2년 다녔다는 사실, 그리고 그가 번역한 작품 일부에 영어가 그대로 노출되어 있다는 점,[178] 그가 구사하는 문장이 도치법을 자연스럽게 사용하는 영어 번역 투에 가깝다는 점[179] 등으로 미루어 당시 일본에서 쉽게 구할 수 있는 영역 본을 참조했을 가능성이 가장 유력해 보인다.

『청춘』11호(1917. 10)에는 타고르와 관련된 글이 여러 편 실려 있다. 「印度의世界的大詩人 라빈드라나드, 타구르」, 타고르의 시 「The Song of the Defeated」와 그것을 번역한 「쫏긴이의노래」, 그리고 「타先生送迎記」가 그것이다. 모두 진학문이 번역하거나 쓴 글이다. 「印度의世界的大詩人 라빈드라나드, 타구르」는 타고르의 略傳에 해당하는 글이다. 독자들에 사실을 보도한다는 의식 속에서 작성된 이 글에서 필자는 '-더라'체 어미를 일관되게 구사하고 있다. 소설을 번역할 때와는 사뭇 다른 문체를 구사하고 있는 셈인데, 신문과 마찬가지로 잡지에서도 사실을 보도하는 기사를 작성할 때에는 '-더라'체를 사용하는 것이 관례였던 것이다. 한편, 「The Song of the Defeated」를 번역한 「쫏긴이의노래」에서 역자는 시어 중 한글로 표

---

178) "墓地는 各其 一種의 TYPE을 가추어 잇고"(「復活者의 世上은 아름답다」) "그들의 학생의 모여안진 곳에 드러갈째 그의 "Good Morning!"은 섭々한 "Farewell!"과갓치 울렷다"(「外國人」)

179) 이를테면, 진학문은 "이와갓흔 이야기를하면서 「치스씨아쓰프」는 얼골을 돌렷다. 눈에 눈물을 머금고, 눈두덩이 벌개서."(「外國人」)과 같은 문장을 쓰고 있다.

현할 수 있는 것을 최대한 발굴하려는 노력을 보이기도 한다. 낫가림(面紗), 낫(晝), 밤(夜), 이슬(露) 등과 같이 한글 옆에 부속한자를 병기하는 식으로 번역했다. 「타先生送迎記」는 1916년 7월 일본을 방문한 타고르의 강연을 듣고 직접 방문하여 인터뷰한 기사를 게재한 것이다. 강연장에서 참석자들이 자신의 출신지와 이름을 말할 때 "My name is Hakmoon Chin, I Came from Corea"라고 외친 자신의 목소리가 "너무 狂的이엿든 것을 생각하고 부끄러움"을 느꼈던 필자는 이튿날 몇몇 지우와 함께한 취재 방문에서 타고르를 직접 인터뷰한 내용을 생생한 대화체로 서술하여 기록하고 있다. 「The Song of the Defeated」는 이때 진학문의 청탁으로 타고르가 『청춘』지를 위해 특별히 쓴 것이다. 이 시의 번역본 후기에는 "이 글은 昨年 詩人이 東瀛에 來遊하얏슬적에 特別한 쯧으로써 우리 「靑春」을 위하야 지어보내신 것이니 써 印度와 우리와의 二千年以來 넷정을 도타이하고 兼하야 그네 우리네 사이에 새로 精神的交好를 맷자는 深意에서 나온 것"[180]이라고 되어 있다. 이러한 내용으로 볼 때, 진학문이 『청춘』지와 인연을 맺은 것은 적어도 1916년 7월 이전이었다는 것을 알 수 있다. 하지만, 잡지에 그의 글이 본격적으로 실리기 시작한 것은 모파상의 소설을 번역한 「더러운 麵包」(『청춘』 8호, 1917. 6)를 발표하면서부터이다.

3-3-3. 「요조오 한(四疊半)」에서 「부르지짐(CRY)」으로

1918년 大阪朝日新聞社에 입사하기 전까지 진학문이 발표한 글은

---

180) 『청춘』 11호, 1917. 10, 100면.

대부분 외국의 단편소설을 번역한 것이었지만, 그의 글이 최초로 지면을 얻은 것은 『대한유학생회학보』에 창작소설 「쓰러져가는 딥」(1907. 5)을 발표할 때였다. 술과 노름으로 가산을 탕진한 가장 때문에 '쓰러져가는 집'은 일본인의 차지가 되고 가장은 종적을 감춘다는 소설의 내용은 대단히 상징적이다. 군대가 해산함으로로써 실질적인 국권이 일본으로 넘어가게 된 당시의 정치적 현실에 대한 비유가 이 속에 숨어있기 때문이다. 이 작품은 널리 알려진 바처럼, "대화는 거의 예외없이 현대소설과 같은 형식으로 처리되고 있어 후일 그것이 10년대의 중반에 들어와 小星이나 春園에 의해 비로소 정착되었음을 감안할 때 이 부분의 선구"[181]로 인정된다. 순 한글로 쓰인 이 소설에서 대화는 예외 없이 「」로 표시되고 있는데, "이 장치가 안착된 것은 〈매일신보〉에서 1913년 『장한몽』 이후 직접 인용 부호를 일반화하면서부터였다."[182]

진학문은 대판조일신문사에 입사하면서 조선인으로서는 최초로 총독과 단독 면담할 수 있는 자격을 얻었고, 일제가 만주국을 세웠을 때 정부각료를 역임하기도 했다. 이러한 사실 때문에 흔히 '직업적 친일인사'로 분류되기도 하지만, 어떤 자료에 의하면 그는 "언론인이 되기 전인 이십 세 이전에 일본의 조선합방에 분개, 상해로 건너갔다. 이때 우리나라의 삼대 수재로 이름난 홍모(홍명희 – 인용자)와 친교를 맺었고 애국지사들을 찾아 감화를 받기도 했다."[183] 상해에 있던 이광수가 〈신한민보〉 주필을 맡기 위해 샌프란시스코로 떠난 후 진학문은 이곳에 도착하여 홍명희를 비롯한 망명인사들과 만났던 것으로 보인다.[184] 그는 여기서 잠시 머물다가 1914년 4

---

181) 주종연, 『한국소설의 형성』, 집문당, 1987, 175-176면.
182) 권보드래, 『한국근대소설의 기원』, 소명, 2000, 170면.
183) 「순성 진학문씨의 사별사」, 『주간중앙』, 1974. 2. 17.

144

월 24일 러시아로 떠났다[185] 진학문이 상해에 머물렀던 것은 3개월이 채 넘지 않은 짧은 시간이었지만, 망명객들과의 생활이 그에게는 깊은 인상을 남겼던 것 같다. 이때의 감회와 상해 생활에 관해서는 그의 글 「가인 홍명희 형님! 옛 일을 생각하면 모두 다 꿈같소」(〈동아일보〉 1921. 6. 28)에 자세히 나와 있다. 1914년 1월에 와세다를 중퇴하고, 1915년 다시 일본에서 학우회사업을 시작하기 전까지, 진학문은 중국과 러시아에서 활동하는 망명객들과 만나며 변화하는 현실에 대한 감각을 익히며 모종의 가능성을 탐색하고 있었을지도 모를 일이다. 이런 사실들로 미루어, 적어도 소설을 쓰고 번역하던 그의 청년시절까지 '친일'의 잣대 속으로 소급적용할 수는 없는 것이다.

현재까지 확인할 수 있는 한, 1910년대에 진학문이 창작한 단편은 『대한흥학보』 8호(1910. 12)에 발표한 「요조오 한」과 『학지광』 12호 (1917. 4)에 발표한 「부르지짐」 2편뿐이다. 이 두 편의 소설은 서로 일정한 상관관계 속에 놓여 있다. 두 작품 다 '四疊半' 작은 하숙방에 살고 있는 유학생 청년을 주인공으로 내세우고 있으며, 그를 찾아온 친구와의 대화를 통해 당시 지식인 유학생 청년들의 일상과 고민을 드러내는 것을 주된 내용으로 삼고 있기 때문이다.

「요조오 한」은 의 주인공 영호의 '사첩 반' 하숙방 풍경을 묘사하는 것으로 시작된다. 작가는 방안의 풍경만으로도 주인공의 문학적 취향까지도 엿볼 수 있도록 서술하고 있다. 그의 방에는 교과서와

---

184) 이광수가 상해를 떠난 것은 1914년 1월 초였다. 상해를 떠난 이광수는 미국으로 건너가지 못하고 러시아 블라디보스토크를 거쳐 다시 귀국했다. 자세한 내용은 김윤식, 『이광수와 그의 시대』1, 솔, 2001을 참조할 것.
185) 강영주, 『벽초 홍명희 연구』, 창작과비평, 1999, 103-104면.

대륙문사의 소설들이 꽂혀있고, 그중에는 "신구간의 순문예잡지도 두세종"있으며, 벽에는 "노역복을 입은 고리끼와 바른 손으로 볼을 버틴 투르게네프"의 사진이 걸려 있다. 주인공을 방문한 친구와는 "偶然한 機會로 얼만콤 갓흔 臭味"를 갖고 있다는 것을 발견하고, "서로 本能이 感應하여 오래지 아니한 동안에 슬그머니 我愛爾慕하는 사이"이다. 오랜만에 만난 두 친구는 "煩惱懷舊談"과 "思想傾向談"에서 시작하여 "學生界에셔 別노 쓰이지아니하는 섯훌은 文藝上 文字"를 주고받으며 서로의 우정을 확인한다.

> 마조막에 咸은 가장 열심히
> 「個性의 發揮는 지금나의 希望欲求의 全體인데 이 생각은 은제까지도 變함이 업슬것갓소」
> 하고 蔡는 虛無主義로서 社會主義로 돌아오든 말, 自然主義로셔 道德主義로 돌아오든말과 밋 文藝上으로서는 寫實主義를 盲信하든일이 쉼갓다하고 로맨틱 思想에도 取할것곳일리가잇는것과 주의그것이 매우우수하나 그러나 아직까지 무엇이든지 사람이 勇氣를 가져야하겟단 말을 다한뒤에
> 「이것저것 다 쓸대잇소 술이란 것이 長醉不醒은 못하는것이고 쏘 믈하면 實地를 쌀으로못하길네 理想이란믈이 存在하는것이지마는 번연히 이런줄을 알고잇다가도 참으로 實世間에 接觸할 째에는 限量업는 哀感이 새삼스럽게 납듸다」
> 하면서 무슨 意味가 잇는 듯 포켓트에 손을 집어느면서 이러나「時代의 犧牲」이란 소리를 여러번 노랫 調로 불으더라.[186]

문학열에 들떠 있는 주인공 영호가 '개성의 발휘'라고 하는 자의식의 확보를 가장 중요하게 여기고 있음에 반해, 과거 한때 톨스토이를 애독했던 친구인 蔡에게 있어 지금 가장 고민스러운 문제는

---

186) 진학문, 「요조오 한」, 『대한흥학보』 8호, 1910. 11, 28-29면.

146

理想과 實世界의 괴리에 있다. 그는 허무주의에서 사회주의로, 자연주의에서 도덕주의로, 그리고 사실주의에서 낭만주의로의 끊임없이 지적인 편력을 거쳤지만 그중 어느 것도 현실의 문제를 해결할 수 없는 '이상'에 불과하다는 것을 깨닫고 절망한다. 그가 본 실세계란 "戀愛와 思想과 事爲의 自由公權을 剝奪"당한 조국의 현실이며, 그러한 현실과의 대면 속에서 그는 '시대의 희생'이 되어버린 식민지 청년의 운명을 자각한 것이다. 그러므로 그에게 있어 청년이 할 수 있는 일이란 勇氣를 갖거나 堅忍하는 태도를 취하는 것, 혹은 약간의 자유가 허락되는 '사상' 방면에 몰두하는 것 이외에는 없는 셈이다.

이 짧은 이야기를 통해 진학문은 미래의 모든 가능성을 결박당한 식민지 초기의 유학생 청년들의 곤혹스러움을 리얼하게 묘사해 내고 있다. 청년은 연애와 사상과 일(학업이든 노동이든)을 자기 존재의 근거로 삼는 理想的 존재이지만, 그 어느 것도 마음대로 할 수 없는 현실적 상황이 그들을 고독하게 만들고 있다는 것을 두 친구의 대화를 통해 실감 있게 드러내고 있는 셈이다.

앞 서 언급한 「쓰러져가는 딥」과 마찬가지로 이 소설에서도 대사와 지문은 명백하게 구분되고 있으며, 이따금 한자의 노출과 '-다'와 '-더라' 어미가 혼용되고 있기는 하지만, 대사를 통한 인물의 심리상태나 지적인 수준을 드러내는 서술방식은 비슷한 시기에 발표된 다른 소설에 비해서 상당히 세련된 수준으로 정돈되어 있다. 이를테면, 『대한흥학보』 11호에 실린 이광수의 단편 「無情」의 경우, "유월중순,ヽ는듯하는 태영이너머가고, 안기갓흔 수증기가 만물을 잠가"로 시작하여 "처소는 박촌송림"[187]으로 사건의 시공간적 배경을 지정하면서 시작되는 이 작품의 전반부는 한 부인의 자살 장면

---

187) 이광수, 「무정」, 『대한흥학보』 11호, 1911. 3. p.38.

을 묘사하는 데 바쳐지고, 후반부는 그러한 결과를 낳게 된 원인을 설명하는 것으로 메워져 있다. 한자가 노출된, 관례적인 '-더라'체로 쓰인 이 소설에서 인물의 성격이나 내력에 관한 부분 역시 작품 안에서 해결되지 못하고 따로 부기되어 있다.

"事實을 敷衍"한 것으로 장편이 될 만한 재료를 "梗槪만 書흔 것"이라는 필자의 말처럼, 작품으로서의 완결성이 「요조오 한」에 비해 현격히 떨어진다. 이광수는 여기서 장편과 단편 각각에 구성적 차이가 있다는 것을 간과했거나, 그 둘의 차이를 단순히 분량의 문제로 한정하여 사고하고 있는 셈이다. 같은 호 학회지에 「문학의 가치」를 발표하면서, 서구적 근대문학의 개념에 대해 선구적으로 이해하고 정리했던 이광수였지만, 실제 창작의 문제에 당면해서는 이론과의 간극을 쉽게 메우지 못했던 것이다. 소설의 내용적인 부분에서도 처첩제도와 조혼문제, 부부간의 갈등이 주요한 주제로 제기되는 「무정」은 당대 현실의 문제를 예민하게 반영하고 있는 셈이지만, 여기서 작가가 보여주는 현실의 문제란 일상적 생활세계에 근거를 둔 것으로 비록 추상적이고 소박한 차원일망정, 진학문이 보여준 정치적 현실의 세계에 대한 관심에 비해 소극적이고 미시적인 차원에 머물고 있다.

「부르지짐(Cry)」는 「요조오 한」을 발표한 지 7년 후인 1917년 4월 『학지광』 12호에 발표되었다. 이 작품에서는 서두의 풍경묘사 부분에서 "붉은 傳燈의 빗이, 깊흔 안개를 痛하야 위테히 흔들닐쑌이라"고 서술한 곳을 제외하면, 일관되게 '-다'와 '쓰다'체 종결어미가 사용되고 있다. 비슷한 시기에 『청춘』지에 발표된 이광수의 「소년의 비애」나 현상윤의 「광야」 등조차도 정리된 자기문체를 보여주지는 못했다. 『무정』을 포함하여 〈매일신보〉에 실린 소설의 문체가

148

여전히 혼란스러웠던 것은 그것이 익명의 독자대중을 상대로 하는 일간지 신문의 특성과 무관하지 않았기 때문이라고 하더라도, 일정한 수준의 학습능력과 '문예' 취향을 공유하는 특정한 독자층을 상대로 하는 잡지에 실린 단편들조차 일관된 서술형 어미를 구사하지 못할 때였다는 점을 상기할 때 진학문의 예외성은 두드러진다. 외국의 단편소설을 번역하면서 이미 '-다'체로 정리된 문체를 스스로 체험한 바 있다는 것이 소설을 창작하는 과정에서도 활용되었던 셈이다.

하지만, "漢字약간석근 時文體"를 조건으로 한 『청춘』지의 '특별 현상문예'를 통해 발표된 주요한, 이상춘, 김명순 등의 단편소설은 '-다'체로 정리된 문장들을 구사했고, 이후에 발표되었던 이광수의 「방황」이나 「윤광호」 역시 그러한 규범 속에서 쓰이었다. 요컨대, '시문체'로 글을 쓴다는 것에 대한 일반적 공감 속에서 소설의 문체는 만들어져 간 것이라고도 할 수 있을 것이다. '시문체'는, 이광수의 말을 빌자면, 최남선이 『소년』지를 주재할 때부터 "동사와 형용사는 물론 명사까지도 될 수 있는 대로 현대의 조선어"로 쓰고자 노력한 것에서 만들어진 문체로, "현대인의 사상과 감정을 생명 있는 누구나 아는 현대어"[188)로 쓴 것이다. 『학지광』을 통해 활동했던 유학생 진학문이 외국문학작품을 번역하는 과정에서 소설의 문체를 만들어갔던 것처럼, 『청춘』의 멤버들은 일상적 구어를 문자화하는 과정 속에서 '시문체'를 발견했고 이것을 소설의 문체로 활용했던 것이다. 그리고 이 둘은 모두 '-다'체를 통해 표현되었다.

앞에서 언급했던 것처럼, 「부르지짐」은 「요조오 한」과의 상관관계 속에 놓여 있다. 「요조오 한」의 함영호와 마찬가지로 「부르지짐」

---

188) 이광수, 「부활의 서광」, 『청춘』 12호, 1918. 3, 28면.

의 주인공 장순범은 '사첩 반' 하숙방에 사는 유학생이다. 영호에게 '개성의 발휘'를 억압하는 '자유공권의 박탈'이 가장 예민한 문제였다면, 장순범은 하숙집 여주인의 병, 한 친구의 실연과 또 다른 친구의 죽음 등이 만들어내는 일상적 현실의 비극성의 가운데 놓여 있다. 물론 이때의 현실이란 보편적 생활세계를 의미하는 것은 아니고, 유학생으로서 경험할 수 있는 바로서의 현실이다. 「요조오 한」의 청년들이 경험하는 추상적 차원의 시대적 비극성은, 이제 구체적 일상의 차원으로 전이된다.

안개가 감싸고 있는 스산한 거리의 풍경, 그것을 바라보는 주인공의 무의미한 시선, 하숙집 여주인의 앓는 소리에 대한 묘사로 시작되는 이 소설의 분위기는 「요조오 한」의 그것보다 한층 더 어둡고 침울하다. 이러한 분위기는 실연당한 친구 林의 방문과 죽마고우인 안기섭의 죽음을 알리는 한 장의 전보로 이어지면서 한층 더 어둠의 농도를 더해간다.

순범과 친구인 林은 "만나도 別로 인사의 말이라든지 或은 한가한 雜談을하는 일이 업고, 언제든지 思想上의 이야기를 하다가 疲困함을 늦길째쯤 되면 언제 約束이나하둔것갓치 오랜 沈默이 잇슨 후에 서로 作別하는 것이 上例"[189]인 관계였다. 하지만, 林의 실연으로 둘 사이에는 한동안 '침묵'이 흐른다. 실연은 우정의 이름으로 공유할 수 없는 지극히 사적이고도 내밀한 사건이기 때문이다. 긴 침묵 속에서 두 친구는 깊은 고립감을 느낀다.

한편, 죽마고우였던 안기섭의 죽음은 주인공에게 대단히 의미심장하다. 그것은 단순히 그들이 어릴 적 "죽마고우"였다거나 "특히 다른 벗보다도 더 정답든 사이"였기 때문만은 아니다.

---

189) 진학문, 「부르지즘(Cry)」, 『학지광』 12호, 1917. 4, 58면.

安箕燮이는 죽엇다! 그의 짜르고 괴로운 生活은 二十二歲를 一期로 맛처버렷다. 아모의樂도업고 아모 빗도업는 그의 單調한 孤寂한 生活은 거림자도 업시 슬어젓다, 긴 沈默에서 나와 弱한 목소리로 한마듸 부르지젓다. 하나 긴沈默은 다시 그 부르지짐을 마셔버렷다. 그는 참어둠(眞闇)으로브터 나와 잠간 반짝햇다. 하나 참 어둠은 다시 그 반짝을 싸 감추엇다. 그침묵은 아모리 두다려도 沈默은 아모 反響이 업다. 沈默은 변함업시 길게 계속된다. …… 적은 부르지짐과 짜른 반짝! 이것이무슨 째문인가, 무엇 하자는것인가?! 돈과 사랑 ─ 더러운돈과 거짓 사랑을 서로 쌧자는 반짝인가?! 아니, 아니! 이 貴하고 뜻잇는 반짝과 부르지즘을 ……190)

안기섭의 '짧고 괴로운 생활', '단순한 고적한 생활'이 자취도 없이 스러졌다는 사실은 주인공에게 깊은 상실감을 안겨준다. 짧고 괴로운, 그리고 단순하고 고적한 생활이 구체적으로 어떤 것이었는지는 알 수 없지만, 적어도 안기섭이 주인공이나 친구 林과는 다른 생활을 하다가 죽었다는 것만은 확실하다. '부르지즘'과 '반짝'을 생명 혹은 삶에 대한 은유로, '침묵'과 '어둠'을 죽음에 대한 은유로 본다면, 주인공은 안기섭의 '반짝과 부르지즘'을 "더러운 돈과 거짓 사랑을 서로 뺏자는 반짝"과는 다른, "귀하고 뜻있는 반짝과 부르지즘"으로 보고 있기 때문이다. 하지만, '귀하고 뜻있는 삶'이라는 추상적 가치에 관한 주인공의 사색은 오래 계속되지 못한다. "별안간 밤(夜)을 찟는 날카로운 연장과갓흔 게집의 소리", 즉, "『아이구 어머니, 도적놈이 집이 물건을 집어가지고 …… 飯田橋쪽으로 다라난다!』"는 외침 때문이다. 그것은 실상 병든 하숙집 여주인의 헛소리였지만, 순범은 그 소리가 "사람의 부르지짐"이자 "生活의 씸볼

---

190) 진학문, 앞의 글, p.59.

(表象)"이라는 것을 깨닫는다. 안기섭의 죽음은 '귀하고 뜻있는 가치'의 소멸이고, 하숙집 여주인의 헛소리는 병든 일상의 표상이다. 그 두 세계의 대결에서 결국 후자가 승리했다는 것을 암시하는 이 소설의 마무리는, 미래의 가능성을 결박당한 식민지 청년의 일상으로의 투항을 보여준다는 점에서 의미심장하다.

1910년대에 들어서면서 문학작품의 번역에서 전 시대에 가졌던 정치적이거나 계몽적인 의도가 상당 부분 제거되기 시작했고, 〈매일신보〉를 중심으로 진행된 일본 통속소설의 '번안'이 새로운 특징으로 자리 잡기 시작했다. '번안소설'의 경우 대중성과 오락성의 확보가 중요했던 만큼 원작을 '조선의 사정에 맞게 변작'하는 일이 일반적으로 행해졌고, 그것으로부터 '흥미 있는 이야기'를 만들어내고 전달할 수 있는가가 관건으로 여겨졌다.

1914년에 〈매일신보〉에 발표된 이상협의 『명부원』은, 그것이 비록 일어본을 중역한 것이긴 했지만, 이전의 '번안소설'과는 다른 지점에서 논의되어야 할 텍스트이다. 우선 그것은 비슷한 시기에 일간지 신문에 연재된 소설 중에서 예외적으로 '서양의 문학작품을 번역한다'는 번역자의 의식 속에서 만들어진 것이다. '번역' 의식이 그 자체로 성립하는 것이 아니라 '원전'에 대한 의식, 혹은 '창작'에 대한 의식의 성립과 함께 진행되는 것이라고 할 때, 『명부원』의 출현은 '번안'과는 다른 방식의 '번역'이 대중적 지면 위에서 실험되었다는 점에 주목할 만하다. '번역'의 경험이 곧장 '창작'의 실천으로 연결되는 것은 아니라고 할지라도, '번안'작가들에게서는 발견할 수 없는 '번역'의식은 그 자체로 '문학'에 대한 근대적 의식의 하나이다. 이상협이라는 작가 개인이 이 문제를 전면적으로 돌파한 것으로 보기에는 한계가 있지만, 그가 가진 개인적 한계야말로 1910년대적

152

문학의 한 특성이기도 한 것이다.

'서양의 소설을 번역한다'는 의식은 한편으로는 '서양의 소설을 읽는다'라고 하는 의식을 추동한다. 『명부원』 이전까지 '번역된 문학작품'을 읽을 수 있는 기회는 이를테면 잡지나 단행본 서적 등 제한된 지면을 접할 수 있는 소수에게만 주어진 것이었다. '잡지'가 특정한 취향을 가진 독자가 선택적으로 읽을 수 있는 독서물로 보다 전문적인 서사양식을 제공할 수 있었던 데 반해, '신문'은 '불특정 다수'를 독자로 설정하고 있었던 만큼 '대중적 요구'에 부응하는 '읽을거리'를 제공하는 것은 어렵지 않았지만 이전에는 없었던 양식을 실험하는 일은 쉽지 않았다. 번안소설과 신·구소설이 일반인들에게 익숙한 '읽을거리'로 기능했던 상황 속에서 『명부원』이 대중적 지면 위에 발표될 수 있었던 것은 그해에 벌어진 1차대전의 영향력 때문이기도 했다. 전쟁에 대한 신문의 보도방식이 '시각성'을 중심으로 재편되었고, 그 과정 속에서 이전까지 일반 독자들에게 막연하게 인식되었던 '서양'이라는 존재가 실감 있게 다가올 수 있었던 것이다. 신문의 독자들은 '전쟁'이라는 사건을 통해 '서양'을 학습하면서 『명부원』을 통해 번역된 서양의 문학작품을 받아들일 수 있었던 셈이다.

『명부원』에는 원작이나 일어본에는 없는 특이한 지점이 있는데, 그것은 소설의 전반부에는 '역자의 각주'라는 형태로 그리고 후반부에는 '독자투고'라는 형태로 나타난다. '역자의 각주'가 번역하는 자로서의 자의식을 표현한 것이라고 한다면, '독자 투고'는 그렇게 구성된 번역된 텍스트가 수용되는 방식을 보여주는 것이라고 할 수 있다. 이런 점에서 『명부원』이 가지고 있는, 소설 바깥에서 소설을 둘러싸고 있는 소설에 관한 '첨언'들은 쓰는 자와 읽는 자가 상호교통하며 신파적 '이야기'로부터 탈각해가는 과정을 보여주는 것이기도 하다. 이상협은 서양의 소설을 서양소설답게 번역하고자 했다. 이러한 의식이 『명부원』 이전에도 없었던 것은 아니지만, 그것은 대체로 단행본의 형태로 소량 출판되거나 특정한 독자층을 대상으로 하는 문예잡지에 한정되었고, 익명의 불특정 다수를 독자로 하는 일간지 신문에서는 찾아보기 어려운 것이었다. 번역에 대한 의식의 전환은 '이야기'를 낭독하며 거기에 자신의 감정을 투사하는 것과는 다른, 새로운 독서의 방식을 취하는 독자층을 생산하는 과정이기도 했다.

1914년을 경계로, '신'소설이 낡은 것이 되어버렸다는 것, 독자들이 또 다른 새로운 것을 요구하기 시작했다는 것은 읽을거리에 대한 코드가 바뀌기 시작했다는 것이고, '문학'을 둘러싼 새로운 권력관계의 장이 열리게 되었다는 것을 의미하는 것이다. 바로 그러한 새로운 문학의 코드가 만들어지는 과정에서 그 시대의 독자들은 『명부원』과 만났다. 그것이 아니었다면, '어느 날 갑자기' 신문지 위에 출현한 『무정』을 감당하는 일은 쉽지 않았을 것이다. 『명부원』은, 당시 독자들에게 '서양소설'에 대한 감각을 대중적으로 확산시켰고, 신소설 혹은 〈매일신보〉에 게재된 여타의 번안소설과 『무정』 사이의 거리를 매개하는 역할을 수행했던 것이다.

한편, 비슷한 시기에 『청춘』과 『학지광』에는 본격적으로 서양의 문학작품을 개관, 번역한 작품들이 실리기 시작했다. 『청춘』의 「세계문학개관」이 서양의 고전문학작품을 학습할 수 있는 장으로 활용되었다면, 『학지광』에 번역된 러시아 단편소설은 보다 전문적이고 제한된 성격의 문학작품을 접할 수 있는 기회였다. 문예적 성격이 강한 『청춘』이 조선의 젊은이들을 대상으로 했다면, 『학지광』은 일

154

본에 유학하고 있는 지식인 청년 모임의 기관지 성격을 지니고 있었던 만큼 보다 고급한 지식을 표현할 수 있었지만, 특정한 분과학문의 성격을 강조할 수는 없었다. 『학지광』은 그것이 발행되는 공간의 특수성 때문에 동시대 일본 지식계의 동향으로부터 자유로울 수 없었고, 그것이 당대 조선의 지식인들이 가질 수 있는 가장 첨단의 지식을 구성할 수밖에 없었다. 이를테면, 『학지광』에 실린 '논문'들에서 자주 발견되는 니체와 베르그송은 그 시대 일본과 조선의 지식계에서 발견되는 공통감각이기도 했던 것이다. 그런 점에서 『학지광』에 번역 게재된 문학작품을 살펴보는 것은 1910년대 유학생 지식인들의 정신적 지향의 일부를 추적할 수 있다는 점에서 의미심장한 것이다.

일본에 러시아 문학이 본격적으로 번역되기 시작한 것은 메이지 30년대 후반부터였는데, 투르게네프, 톨스토이, 체홉 등의 작품이 주로 번역되었고 1910년대까지도 이들의 영향력은 줄어들지 않았다.191) 이런 의미에서 『학지광』에 번역 소개된 소설이 모두 러시아 작가의 작품이라는 것은 동시대 일본 문단에 끼친 러시아 문학의 영향을 반증하는 것이기도 하다.

1910년대 『학지광』에 실린 러시아 작가의 소설은 한 편을 제외하고 모두 진학문이 번역했다.192) 러시아어 문학 전공자인 그가 번역한 꼬로렌코, 안드레에프, 체홉의 작품을 통해 우리는 이상협의 경우와는 또 다른 측면에서 1910년대에 문학작품의 번역이 진행된 방

---

191) 나카무라 미쓰오, 『일본 메이지문학사』, 고재석·김환기 역, 동국대
    학교출판부, 2001 참조.
192) 1914년부터 1919년까지 『학지광』에 번역 게재된 소설 중, 진학문
    의 손을 거치지 않은 것은 알치바세프의 「밤」(주요한 역, 『학지광』
    18-19호) 한 편뿐이다.

식을 살펴볼 수 있었다. 위 작가들의 작품을 번역하는 과정에서 진학문은 '-다'체로 번역문체를 실험했고, 그것을 자신의 소설 창작에도 접목시키고자 했다. 창작소설의 경우, 신문에서 사용하는 '-더라'체와 '-이라'체를 '-다', '-쓰다'와 혼용하는 일은 이광수가 『무정』을 발표했던 1917년 무렵까지 일반적인 일이었다. 한국어로 창작된 소설이 '-다'체로 정돈된 것은 1920년대에 들어서이다. 그에 비해 1910년대 중반의 번역소설이 '-다'체로 일관된 문체를 보여준다는 점은, 우리가 관례적으로 '언문일치'라고 부르는 문체상의 완결점이 '번역'작업과의 일정한 연관관계 속에서 수행되어 간 것이라는 점을 시사해 주는 것이기도 하다. 일간지 신문에 실린 소설의 문체가 여전히 혼란스러웠던 것은 그것이 익명의 독자대중을 상대로 한다는 특성과 무관하지 않았기 때문이지만, 일정한 수준의 학습능력과 '문예취향'을 공유하는 잡지에 실린 단편소설들 조차도 일관된 서술형 어미를 구사하지 못할 때였다는 점을 상기할 때 진학문의 예외성은 두드러진다. 외국의 소설을 번역하면서 어미 '-다'체로 정리된 문체를 스스로 실험했던 경험이 소설을 창작하는 과정에서도 활용되었던 것이다. 또한, 이들 러시아 작품들의 주제는 그의 창작소설에 일정하게 반영된 측면이 있는데, 그것은 당시 유학생들이 가졌던 세계에 대한 인식 태도와도 일정하게 상관관계를 갖는 것이었다. 이를테면, 문명국 러시아에 유학하는 소수민족의 청년을 주인공으로 설정한 안드레에프의 「외국인」은 그 자신이 『학지광』에 발표한 「부르지짐」의 문제의식과 연결되고 있는 것이다.

제4장 편지, 일상의 재편과 '서간체'의 활용

4-1. 글쓰기 규범의 효과와 '이향(離鄕)'의 경험

'문학'이 그 자체로 제도화되고 다른 영역과 구별되는 제도로 정착할 수 있었던 데는 '현상응모'라든가 '독자문단' 등의 제도의 역할이 컸다. 잡지에서 '문단'이라는 말을 처음 사용한 것은 1908년 『소년』이 창간되면서부터였다.[193] 그 이전에는 문학적인 글을 따로 모아서 편집한다고 하는 의식도 드물었다. 『야뢰보』에 '문예'란이 있었을 뿐, 대체로 『소년』 이전에는 그리고 1910년대 잡지들까지도 실상 '小說', '詞藻' 등 구체적인 장르 명칭만 표시하고 있었다.

최남선은 『소년』의 작품 응모를 광고하는 글에서 "소년문단은 …… 감회를 書함도 可하고 見聞을 記함도 가하고 …… 課文, 吾鄕의 풍토, 선배의 경력, 서간 등이 모두 可"[194]하다고 한

---

193) '문단'이라는 말을 본격적으로 사용한 것은 『소년』지부터이지만, 이와는 별개로 1908년 1월 창간된 『獎學月報』가 학보발행규칙란에 단편소설의 현상모집을 명기하고 있다는 점은 주목을 요한다. 여기에는 현상 금액과 함께 "小說은 人을 諷刺ㅎ거나 事를 譬喩함을 不得ㅎ며 純國文으로 홈"이라는 조항이 부기되어 있다.(이상의 내용은 주종연, 『한국소설의형성』, 집문당, 1991, 34-36면 참조.)
194) 「소년문단」, 『소년』 1년 1권, 1908, 78면.

뒤, '거짓말 아닌듯한 것과 수미가 상접한 글'을 써줄 것을 당부하고 있다. 그가 '거짓말 아닌 듯한 것'을 요구하고 있다는 점, 즉 '사실'과는 다르지만 리얼리티가 있는 글을 쓰라고 요구한 점은 그 안에 근대적인 문학에 대한 의식이 내포되어 있다는 점에서 주목을 요한다. 하지만, '문단'이라는 말은 『소년』 창간호 이후에는 발견되지 않는다. 최남선은 후에 『청춘』에서도 문단이라는 말을 따로 사용하지는 않았다.

1910년대 잡지 속에서 이 말이 다시 나타나는 것은 『신문계』의 '독자문단'에서이다. 흥미로운 것은 『신문계』의 독자투고란이 '현상작문'이라는 표제를 달고 있을 때에는 제시어가 논증적인 글쓰기를 요구하는, 이를테면 '박테리아의 吾人 生活의 利害'와 같은 것이었다가, '독자문단'으로 바뀌면서 '夏의 夜'와 같이 개인적 감상을 토로할 수 있는 글쓰기가 가능한 제시어로 바뀌었다는 점이다. 「夏의 夜」'라는 제시어로 『신문계』 3권 8호에 발표된 「독자문단」 1등 당선작을 잠시 살펴보면, "此夏適仲에 時夜張半일식 頭無巾手有扇이라 …… 我亦炎凉世態로 感於物而變動者也니 夏의夜가苦則苦矣로되 一陣金風이 不遠吹到ㅎ면 全球火雲이 自然歸却홀지니우리조곰 忍耐홉시다"와 같이 되어 있다. 이 글이 비록 '문단'이라는 표제 아래 발표 되었고, 그 내용이 개인적 감상을 표현한 것임에도 불구하고, 한자를 중심으로 하는 언어적 표현으로 쓰인 글이라는 점에서 일단 '근대적 글쓰기'의 범주 바깥에 놓인다. 또한, 여기서 글쓴이가 토로한 계절에 대한 감각이나 개인적 인상조차도 고유한 내면을 드러내거나 개별적 경험을 표현한 것과는 다른, '我亦炎凉世態로 感於物而變動者也'와 같이 사물의 일반적 현상을 기술한 것으로 한정되고 있다.

대부분의 단편소설과 여자들을 대상으로 한 '가뎡학강화'란 정도만 예외적으로 한글을 위주로 한 글쓰기를 하고 있을 뿐, 『신문계』의 글쓰기는 기본적으로 '언한문체'를 지향하고 있었다. 현상작문과 독자문단에 응모하기 위해서는 "作文體制ᄂ 諺漢文體交作으로홈" "紙本은 本誌中文林原稿用紙에 한홈"이라는 조항에 만족하는 글을 써야했고, '언한문체'로 글쓰기를 한다는 것은 '한자'를 중심으로 한 관용적 표현이나 경구들로부터 자유로워질 수 없다는 것을 의미하는 것이기도 했다. 때문에, 「夏의 夜」와 같이 개인의 감상적 표현이 가능한 제시어로 글을 쓸 때조차도 "夏의夜가苦則苦矣로디 一陣金風이 不遠吹到ᄒ면 全球火雲이 自然歸却홀지니우리조곰 忍耐홉시다"와 같은 상투적인 결구로 글을 마무리하게 되는 결과를 나타낼 수밖에 없었던 것이다.

1910년대에 들어서면서 가장 먼저 문학을 제도화시킨 것은 〈매일신보〉였다. 1914년 12월 10일자 신문에는 '신년문예모집'광고가 실려 있는데, 그것에 따르면, 詩, 文, 時調, 諺文風月, 우슴거리, 歌(창가), 언문편지, 단편소설, 화(畵)등을 모집한다고 되어 있다. 문학과 다른 영역에 속해 있는 그림을 포함시킨 것이라든가, 유머, 창가, 언문풍월, 편지 등을 포함시킨 것에서 볼 수 있는 것처럼〈매일신보〉의 작가모집광고는 문학 장르에만 한정되지 않았다. 문학적인 글쓰기에 한정해서 현상모집을 했던 것은 『청춘』이 처음일 것이다. 잡지 7호에 실린 '현상문예응모' 광고에 의하면, 시조, 한시, 잡가, 신체시가, 보통문, 단편소설에 한정해서 작품을 모집하고 있다. 보통문에는 "純漢文不取", 단편소설에는 "漢字약간석근時文體"라는 단서 조항이 붙어 있으며, 응모자는 "本誌에 印入한 「靑春讀者證」을 原稿始作面에 添附"하라고 주문하고 있다. 『신문계』의 '언한문체'에 『청춘』은 '시문체'로 맞서고 있는 것이다. 또, 『신문계』가 독자 투고

160

문을 해당 잡지사 원고지에 쓰라는 단서조항을 붙이고 있는 것과 마찬가지로 『청춘』에서는 '청춘독자증'을 첨부하라는 주문을 내건다. 이러한 사태는 일차적으로 잡지사의 독자배가운동의 일환으로 만들어진 것이지만,[195] '독자'에게 특정한 방식의 글쓰기를 주문하고 그러한 요구에 맞추어 글을 쓰는 독자에게 지면을 할애하는 것 속에서 해당 잡지를 중심으로 하는 특정한 글쓰기의 형식을 확장시키고 강화시키는 기능을 하기도 했다.

특정한 잡지를 중심으로 하는 이러한 세력 다툼은 당시에는 『신문계』에 유리한 것이었다. 일본인 발행인을 두고 '관제언론'의 역할을 하기도 했던 『신문계』의 '현상작문' 혹은 '현상문예'에 응모하여 당선한 글들이 매호 20개가량이나 되었다. 그에 비해, 체제에 거리를 둔 젊은 지식인들에 의해 만들어지던 『청춘』이 처음 현상응모를 시작했을 때의 결과는 미미한 것이었다.[196] 비록 신식 교육 기관에서 교육을 받는 학생들이 잡지의 주 독자층을 구성하고 있었다고 하더라도, 당시 독자들에겐 '언한문체'가 '시문체'보다는 보다 익숙하고 보편적인 글쓰기 방식에 가까웠기 때문이기도 하다. 게다가 『신문계』의 책값이 15전이었던 데 반해, 『청춘』의 책값이 20전으로 가격 경쟁 면에서도 『청춘』은 결코 유리한 입장이 아니었다. 하지만, 『청춘』의 현상응모 제도는 그 자체로 새로운 글쓰기의 형식을 제안하고 실험했던 장이었다는 점에서 의미심장한 것이다.

『청춘』의 '매호 현상문예'는 크게 운문과 산문으로 나뉘어져 있었

---

195) 한기형 역시 『청춘』지의 현상문예제도 속에 독자배가운동의 의도가 있음을 지적한 바 있다. 한기형, 앞의 글, 245면.
196) "당초에는 좀더 활발히 응모되고 좀더 찬란한 詞藻를 보리라 하얏더니 이제까지 분량으로든지 내용으로든지 그다지 著大한 것이 업슴은 유감이라"(「매호현상문예」, 『청춘』 9, 1917. 7, 126면.)

는데, 시조, 한시, 잡가, 신체시가가 운문의 형식을 취하는 글쓰기에 해당한다면, 보통문과 단편소설은 산문의 영역에 속하는 글쓰기 형식에 해당하는 것이다. 산문 글쓰기의 단서에서 '순한문체'를 불허하고 한자가 약간만 섞인 '시문체'만 허용한다고 함으로써 '언한문체'와의 대결구도를 분명히 했던 태도와는 달리, 운문부에서는 잡가 신체시와 더불어 시조와 한시라는 전통적인 글쓰기 형식까지도 허용하고 있다. 잡가와 신체시가 당시 가장 첨단의 운문형식으로 최남선 자신이 『소년』과 『청춘』을 통해 이러한 시 형식을 자주 사용한 적 있으나, 시조와 한시에 대한 관대함은 쉽게 이해하기 어렵다. 단지 전 시대에 비해 산문의 형식이 보다 보편적인 자기표현의 형식이자 문예적 글쓰기의 중심으로 자리잡아가고 있었다는 것, 또한 그러한 산문적 글쓰기의 형식이 특정한 세력집단의 이데올로그로 작용할 수도 있다는 것 등의 이유로 『청춘』에서는 산문적 글쓰기에 대한 태도가 훨씬 근본적이었던 게 아니었을까 한다. 실제로 잡지 10호부터 15호까지를 대상으로 확인할 수 있는 응모작과 게재 작은 모두 182편인데, 이 중에서 운문 형식의 글은 21편 밖에 되지 않는다.[197)

『청춘』의 현상문예는 두 종류가 있는데, 하나는 '매호 현상문예'이고 나머지 하나는 '특별대현상'이다. '특별대현상'은 단편소설과 두 종류의 보통문 등 산문으로 제한되어 있다. 여기서 주목하고 싶은 것은 '보통문'의 두 종류인 '故鄕의 事情을 錄送하는 文'과 '自己의 近況을 報知하는 文'이다. 전자는 '자기고향의 산하풍토며 인물사적 등 제반 사정을 在遠한 지인에게 報知하는 文'으로 '정취가 有하도록 함이 可하며 엇더케 하든지 모든 사실을 料理按排하야 통일과

---

197) 한기형, 앞의 글의 부록 '『청춘』 현상문예 당선자와 작품목록'에서 참조.

조직잇는 문장'이 되도록 해야 한다. 또 후자는 '자기가 최근에 經歷한 바 감상한 바 觀悟한 바 聞見한 바 중 무엇이든지 정취잇는 필치로 寫出하야 친지에게 報知하는 文'으로 '진솔을 守하고 誇虛를 避'하는 것이 중요하다. '고향의 사정을 녹송하는 문'이 '자기 고향의 산하풍토며 인물사적'이라고 하는 사실을 전달하는 데 목적이 있다면, '자기의 근황을 보지하는 문'의 경우 개인의 '經歷', '感想', '觀悟', '聞見'을 표현하는 데 목적이 있다. 때문에 전자의 경우, '사실을 요리 안배하야 통일과 조직 있는 문장'을 쓰도록 해야 하며, 후자의 경우 '진솔을 守하고 誇虛를 避'하는 것이 관건이 된다. 이 두 가지 종류의 글은 모두 글 쓰는 주체가 자신의 知人이나 親知에게 무엇인가를 '報知'하는 글이다. 개인적 관계 속에 있는 대상에게 무엇인가를 알리는 것이 글의 목적이라는 점에서 이 두 종류의 글은 모두 '편지'의 영역에 속한다. 실제로 『청춘』11호에 게재된 두 종류의 글들은 1편을 제외하고는 모두 '편지글' 형태로 작성된 것들이다.

단편소설과 함께, '편지'글이 '특별현상'의 한 부분을 구성하고 있다는 것의 의미는 무엇일까. '故鄕의 事情을 錄送하는 文'과 '自己의 近況을 報知하는 文'에서 공통적으로 요구되는 것은, '情趣'이다. 그것이 사실을 전달하는 것이든, 감상을 토로하는 것이든 읽는 이로 하여금 그것에 공감하고 그것을 감상할 수 있도록 '정취'있는 필법으로 쓰여야 한다는 것을 의미한다. '정취'있는 필법으로 쓰여 읽는 이의 감정을 불러일으킬 수 있는 것만이 '문예'의 영역에 속하는 글이 되는 것이다.

春兄足下 나는바야흐로가문논에물을대으고도라왓스니 野人生涯
라할가도라오는길로 册床머리에서 定課讀書를하니 學生이라할가
글읽은餘暇에는 어린兒童의 正音發音이나가라처주고 漢字句讀나

바로잡아주며 或종작업는 惡戲나쑤지저주니 學究生涯라할가참일
홈할수업는 두루뭉술이로소이다. …… 그러나아즉 失望치안이함을
至幸으로아옵나니아모리 齷齪한 運命의 神이기로나를 樵童牧竪로
늙혀이런 荒堺에던저바리지안이하려니, 조흔 機會를주려니, 機會
만잇스면 天下를 周遊하야 好人好書를 交盡讀盡할수잇스려니함을
自信하는까닭이오며 …… 나의 生涯에깁흔 쑥리를박아주고 永遠
히이질수업는두恩師잇슴을이어말삼코저하오니한아는○○○에서
前後刊行한 雜誌와 …… 쏘한아는환으로도라가신주시경선생이로
소이다. ……198)

「특별현상문예」의 '自己의 近況을 報知하는 文'부분에서 '元'으로
당선된 글의 일부이다. 편지의 발신자는 농부로서, 독서가로서, 그리
고 학생들을 가르치는 선생으로서 생활하고 있는 자신의 근황에 대
해 수신자인 '春兄'에게 이야기하는 방식으로 글을 쓴다. 그는 여기
서 사적인 생활에 대해 이야기하지만, 한 개인의 특수한 경험을 보
고하는 것에 머무르는 것이 아니라 미래의 삶에 대한 희망적인 태
도를 피력함으로써 보편적 공감을 유도한다. 편지의 발신자가 수신
자(넓은 의미에서 독자)와의 '공감'을 시도하는 또 하나의 측면은
그 자신의 '취향'과 연관된다. 글쓴이가 자기 생애의 두 은사로 지적
한 '잡지'와 '주시경'은 그의 문예취향을 드러내주는 것이자, 이 글을
읽고 있는 잡지의 독자가 함께 공유하는 공통된 취향의 문제와 연
관된 것이다. 이 시기의 '잡지'가 '문학적인 것'을 학습할 수 있는 유
력한 매체였다는 것, 그리고 문학적인 글쓰기가 조선어로서의 '한글'
이라는 문자로 표현되는 것이라고 할 때 연상되는 주시경이라는 존
재가 갖는 의미 등을 염두에 둘 때, 글쓴이가 자신의 은사로 '잡지'

---

198) 李慶, '自己近況을 報知하는 文', 「특별현상문예」, 『청춘』 11호, 1917.
    5, 1-2면.

164

와 '주시경'을 거론한 이유를 알 수 있다. 잡지를 통해 문학에 대한 교양을 쌓고, 그것을 조선어로 실천하는 자로서의 공통분모가 편지의 발신자와 수신자(독자) 사이에 공감대로 형성되는 것이다.

한편, 잡지의 '특별현상문예'가 요구하는 '정취'있는 필법이란, 일차적으로는 앞에서 언급한 바 있는 '시문체'로 쓴 문장, 즉 보통의 일상적 조선어로 쓰인 글을 의미한다. 그러므로 그것이 아무리 감정을 불러일으킨다 할지라도 '조선어'로 쓰인 것이 아니라면, '정취있는 필법'이라고 할 수 없다. 여기에 인용된 편지가 '-소이다' 어미를 사용하고 있는 것처럼 일상적 대화체를 구사함으로써 발신자와 수신자는 '이야기'를 중심으로 하는 공감의 장 속에서 관계 맺게 되는 것이다. 이것이 최남선이 '選者評'에서 "情理-俱極하야 惻惻히 人의 心을 動"하게 한다고 한 것의 의미이다.

'편지'는 편집자의 요구에도 나와 있듯이 친지나 지인이라고 하는 사적인 관계망 속에서 작동하는 커뮤니케이션의 일종이다. 그 관계가 사적이라는 이유로 내밀하고 폐쇄적인 성격을 갖는 것이지만, 그것이 잡지라고 하는 공론의 장위에 기입될 수 있었던 것은 그것이 '문예'의 영역에 속한다는 인식이 있었기 때문이다. 이러한 인식의 공유 속에서 편지는 공적이고 사적인 다양한 담론을 실어 나르는 매체가 될 수 있었다. 그것들은 때로는 공적 계몽담론을 전파하는 매체이기도 했고, 개인의 경험과 감정을 토로하는 내밀한 자기표현의 장이기도 했으며, 소설의 한 문체로 활용되기도 했다.[199]

한편, '특별현상'의 응모부분에 '편지'가 포함되어 있다는 것은 1910년대에 '편지'가 특별히 고려할 만한 글쓰기 형식 혹은 매체였다는 것을 반증해주는 것이기도 하다.

---

199) 이 부분에 대해서는 4-2장에서 자세히 논의될 것이다.

「그러면 서점을 시작하고 처음으로 出版한 書籍은 무엇이었습니까.」

「只今은 머이야기할 自由들이 없는書籍이었습니다.」

「네 그러면 그 다음으론?」

「네 그後말슴이요? 그후엔 春香傳, 沈淸傳, 玉樓夢, 劉忠烈傳 그저 이런것들이었습니다」

그리고 그러한 種類의 舊小說들이 아직도 있다는 듯이 손을드러 저쪽 書架를가르친다.

「그래 그런것들이 잘 팔녓습니다?」

「잘 팔니구 말구요 지금도 잘 팔니지요 예나이제나 같습니다. 春香傳 沈淸傳, 劉忠烈傳 이 셋은 농촌의 교과서이지요」(出版文化의 殿堂 博文書館의 業績)

「그럼 그때 처음으로 出版한 書籍은 무엇이든가요」

「尺牘같은것이엇지오」

「그래 그것이 잘 팔녓습니까?」

「그리곤 어떠한 種類의것을 繼續해 出版했습니까」

「流行唱歌集 같은것도 發行했지요」

「그것도 잘 나갔어요?」

「잘 나가고 말고요」

「春香傳이나 沈淸傳 같은 것은 안했습니까?」

「네 그런데 그때는 册을 交換을 했습니다. 가령, 甲이라는 出版社에서 甲이라는 書籍을 出版하면 乙이라는 出版社에서 出版한 乙이라는 書籍과 交換을 하고같은 書籍은 發行하지를 않았었습니다. 그랬든 것이 次次 경쟁을 하게되면서 板權이없는 것이라 너도나도 發行을 하게 되었지요」

하고 氏는 過去의 出版事業에있어 그것이 가장 印象깊은 듯이 말하신다.

「그러면 그때 잘팔니던 册이 무엇이었습니까?」

「亦是 그저 尺牘類와 春香傳, 沈淸傳 이런것들이었지요」(尺牘類에서 産聲을 發한 永昌書館의 今日)

「네 그래 그때 처음으로 出版한 書籍이 무엇이었습니까?」

「出版이라니요 五圓에서 參圓은 집貰주고 二圓은 판자를사다 冊시렁을 매놓으니 돈이 있나요 그래도 信用이 있어外上으로 남의 冊들을 갖다놓고 파렀습니다. 그런데 大正五年이지요 그때 施政記念으로 서울에 共進會가 열였지요 그래시굴서온 손님이 旅館마다 드러찾습니다. 이 機會를 利用해서 旅館으로 돌아단니며 冊을 꽤많이 파렀습니다.」

「그래 그때 利를착실히 보셨군요?」

「네 利라야 머 …… 그런데 바루그해 大正五年이지요 各學校 參考書의 指定販賣를 總督府로붙어마텄지요.」

하고 씨는 오늘까지의 지난 經歷을 뭇기도 전에한참쏟아놓고 다시 담배를 한 개 파이푸에 꽂는다.

「그래 書籍出版은 언제부터 始作하셨습니까?」

하고 기자는 이야기가 작고 橫道로 뻗어나가야는 것을 다시 모라넣었다.

「네 그후부터 始作하였지요」

「어떤 種類의것을 出版했서요?」

「네 種類야 머」

하고 氏는 그것을 밝여말하기가 자못 부끄러운 듯 한참 머뭇머뭇하드니

「尺牘 그저 이런류지요?」

한다.(赤手로 成功한 德興書林의 現形)[200]

1938년 12월호 『조광』에는 당시 출판업계에서 가장 성공한 출판사 주인 3인과의 대담이 실려 있다. 박문서관의 주인 노익형, 영창서관의 주인 강희영, 덕흥서림의 주인 김동진이 그들이다. 박문서관은 1907년에 문을 열었고, 영창서관이 1916년, 덕흥서림이 1912년에 각각 서점업무를 시작했다. 이들의 말을 종합해보면, 그 시절의 출판물 중에서 주로 잘 팔렸던 것은 춘향전, 심청전 등의 구소설류와

---

200) 「出版業으로 大成한 諸家의 抱負」, 『조광』 제4권 12호, 1938, 312-323면.

'尺牘'으로 불리던 일종의 서간집류였다. 구소설류가 출판시장에서 활발하게 유통되었던 것은 1914년 이후였고, 척독류 도서의 경우 1910년 11월 29일자 〈매일신보〉에 난 동양서원 도서목록에도 끼어 있었던 만큼 1910년대 이전에도 제작되어 팔리고 있었겠지만, 아무래도 본격적으로 대량 판매되기 시작한 것은 역시 1914, 5년 이후인 듯하다. 일례로 1915년 4월에 발행된 『청춘』 7호에는 東美書鋪, 博文書館, 東洋書院, 新文館 등에서 '척독류'를 판매한다는 광고를 하고 있는데, 이 중에서 출판물 목록을 게재한 東美書院의 경우를 보면, 『日鮮文高等流行尺牘』, 『增補註解尺牘』, 『新式諺文無雙尺牘』, 『諺文片紙法』, 『精選尺牘』 등 척독류 서적만도 다양하게 편집, 발매하고 있다. 한 출판·서점에서 한 종류의 책에 대해 이토록 다양한 버전을 내놓을 수 있다는 것은 그만큼 수요가 있었기 때문인 것이다. 위의 인용에서 박문서관의 경우 척독류를 언급하지는 않았지만, 『청춘』에 실린 광고문을 보면 척독류 역시 출판, 판매했다는 것을 알 수 있다.

당시에 판매되던 척독류에는 어떤 내용이 있었고, 이것이 대중적으로 많이 팔렸던 이유는 무엇일까. 1910년대에 출판된 척독류 서적 중에서 新舊書林에서 나온 『新編 尺牘大方』의 경우를 살펴보기로 한다. 한자에 토를 단 한문 투 형식으로 쓰인 이 책의 주된 독자층은 한자적 교양이 있는 유식계층이었다. 1915년에 초판이 발행되었고, 1917년까지 4판을 인쇄한 이 책의 정가는 1원 20전이었다. 책의 목록을 보면, 제1장 類聚麗句門 2장 應用套式門 3장 喪中往復門 4장 新式短札 5장 三黨稱號門 6장 家庭往復門 7장 族叔往復門 8장 家庭相慰門 9장 吊慰門 10장 祝文門 11장 祭文門 12장 輓章門 13장 喪服圖式 14장 慶賀門 15장 問慰門 16장 祠訟門 17장 時令門

18장 實業門 19장 勸勉門 20장 薦引門 21장 餽遺門 22장 借求門 23장 索取門 24장 送別門 25장 別章門 26장 邀約門 27장 敍候門 28장 造訪門 29장 請託門 30장 規戒門 31장 文藝門 32장 感謝門 33장 請邀門 34장 請帖門 35장 長幼門 36장 朝鮮歷史圖 37장 朝鮮王室繼序圖 38장 璿源譜畧 39장 道郡名稱位置管轄區域及名山大川 40장 詩韻選英 등 총 40개장으로 이루어져 있다. 여기에는 관혼상제를 비롯하여 일상사를 구성하는 대부분의 영역들이 망라되어 있을 뿐만 아니라, 공문서, 법조문, 실업 관계 서식에 이르기까지 각종 공적인 활동에 필요한 편지의 양식들이 예문과 함께 수록되어 있다. 뿐만 아니라, 상복도식이라든가 조선의 역사, 왕실의 계통표, 도와 군의 명칭과 위치 등 얼핏 '편지'와는 상관없어 보이는 항목들까지 포함되어 있다. 이러한 것들은 일종의 '별책부록'으로 당시 난립하던 척독류 서적시장에서 그 나름의 경쟁력을 확보하기 위한 장치였다고 보아도 좋을 것이다.

이 책이 지니는 경쟁력은 '별책부록' 외에도 각 항목에 대한 구체적인 예문 속에서 찾을 수 있다. 이를테면, 제1장 類聚麗句門의 첫 번째 항목인 間別類를 보면, 헤어진 지 얼마나 지났는지에 따라 각각 다른 인사말 예시를 들어놓고 있다. 예를 들어 헤어진 지 하루가 지났을 때는 "一日이 如隔三秋라"고 하고, 여러 날이 지났을 때에는 "飽飫 德音이 忽經信宿이라", 보름이 지났을 때는 "暫時相違가 不覺經旬이라"[201] 등의 표현을 사용할 것을 제시하고 있다. 이렇게 세부항목에 관련된 예문까지 구체적으로 들고 있기 때문에 이 책을 보는 독자는 자신이 원하는 항목에 해당하는 예문들 중에서 마음에 드는 것을 골라서 사용할 수 있다. 누구에게 보내는 편지인

---

201) 池松旭『尺牘大方』, 新舊書林, 1915, 1면.

지, 그 사람과 떨어져서 생활한 지는 얼마나 되었는지, 용건이 무엇인지만 결정하면, 나머지 것들은 책에서 적절히 뽑아서 배열만 하면 되도록 각 항목이 구성되어 있다. '척독류' 서적은, 자신의 의사를 글로 적는 일에 익숙하지 않지만 편지라는 문자매체를 통해 자신의 의사를 전달해야만 하는 상황에 놓인 사람들에게 필요한 일종의 매뉴얼과도 같은 역할을 했던 것이다.

'편지'는 글을 쓰는 주체가 특정한 대상을 상대로 자신의 용건을 기록한 글이다. 이것은 문자로 기록되지만, 대화적이라는 측면에서 직접성의 성격을 지닌다. 편지는, 특정한 용건을 사이에 둔 화자와 청자가 직접 대면할 수 없는 상황 속에서 그 대화의 내용을 글로 적어 전달하는 의사소통의 수단이다. 편지는, 실감의 영역 바깥에 있는 공간에서 벌어진 일과 가시적으로 확인할 수 없는 사건과 사람의 사정을 전달한다는 점에서 미디어이다. 이러한 소통의 매체로서의 편지는 근대 이전에도 존재했던 것이지만, 이것이 근대적 우편제도의 정착과 더불어 사람들의 일상에 개입하고, 독자적인 글쓰기의 영역으로 인식되기 시작한 것은 1910년대에 들어서이다.

근대적 우편 제도가 성립된 것은 1895년에 중앙에 우체사가 생기고 지방에 통신국이 설치되면서부터인데, 1912년 무렵에는 전국적으로 500여 개의 우편소가 설치될 만큼 우편제도가 안정화되었다. 여기에, 1914년 경원선과 호남선이 개통되어 철도가 全通됨으로써 동일한 거리를 갈 때 걸리는 시간이 대폭 축소되었다는 점도 '편지'가 대중적인 매체로 확산되는 데 중요한 요소로 작용하였다. 우편물 중 일반의 수요가 가장 많은 信書와 小包 등은 식민지 체제의 정비와 함께 일단 양적으로 확대되었다. 통신기관이 일제에 강탈되던 1905년을 기준으로 볼 때 통상우편물 접수는 대체로 1909년까지

2배, 1917년까지는 거의 5배까지 팽창하였다. 1910년대에 들어 우편물 취급 상황은 1915년과 1919년 두 연도를 기준으로 대비해 보면, 중부 이남지방의 1인당 평균 접수물량은 5.5통에서 7.6통으로 약 1.4배가, 그리고 중부 이북지방의 그것은 4통에서 6.4통으로 약 1.6배가 각각 증가하였다. 중부 이북 지방의 우편 이용량은 그 밖에도 1910년대 후반이 되면서 간도로 이민이 늘어남에 따라 상당히 늘어났다.[202] 일상적 차원에서의 편지는 글을 주체가 지인이나 친지를 상대로 작성한 것이다. 가족, 고향, 학교 등 같은 공동체에서 생활하던 사람들 사이에 경험적 혹은 시공간적 분리가 발생했을 때, 편지의 효용은 부각된 것이라 할 수 있다. 이런 의미에서 『청춘』의 '특별현상'에서 제시한 '자기의 근황을 알리는 글'과 '고향의 사적을 전달하는 글'은 편지의 효용과 그 현실적 의미를 예민하게 반영한 것이라 할 수 있다.

1910년대 들어서 '편지'가 중요한 대중적 매체이자 글쓰기의 한 형식으로 부상했다는 것은 균질적 교통망의 확충과 척독류 서적의 유행, 그리고 잡지의 현상문예면을 통해 확인할 수 있다. 하지만 무엇보다도 중요한 것은 '편지'를 통해서 소식을 전하고 의사를 전달해야 하는 상황적 조건들이 이 시기에 만들어졌다는 데 있을 것이다. 일제의 강점이후 '토지조사사업'으로 농토를 잃은 離農者들은 물자집산지나 항만·군사 등의 특징을 지니는 신흥도시로 이동하기 시작했고, 서울을 비롯한 전통적 도시지역 거주민들은 '회사령' 발동으로 새로운 노동력 수요가 창출되지 못하자 일자리를 찾아 이주하기 시작했다. 또한 1910년에서 20년까지의 10년간에 많은 인구가 만주·시베리아·일본 등 국외로 빠져나갔고 일부는 당시의 인구통

---

202) 『韓國郵政100年史』, 체신부, 1984, 212-213면.

계권 밖에 있던 산중 깊숙이 들어가 화전민이 되거나 절해의 고도로 도피해 버리기도 했었다.203) 이러한 인구 이동이 전통적인 공동체의 붕괴와 그곳으로부터의 이탈과정에서 만들어진 것이라면, 19세기 후반부터 시작된 근대적인 교육과 계몽의 필요에 대한 자각은 이 시기에 더욱 강조되어 외국이나 도시로의 '留學'을 확산시켰다. 이러한 현상들은 모두 '異鄕'의 경험을 당시 조선사회 공동의 경험으로 인식시키기에 충분한 것이었고 '편지'가 대중적 매체로 자리잡을 수 있는 상황적 조건들을 형성시켰다.

이러한 조건들 속에서 근대 우편교류의 초기에 주로 새로운 소식을 전달하기 위한 수단이었던 편지는 곧 가족적 친밀함이나 지식인들 간의 동질성과 유대감을 확인할 수 있는 매개물로 활용되기도 했다.204) 1910년대에 발표된 일부 단편소설에서도 '離鄕'의 경험은 '편지'라는 매개를 통해 보편적 경험으로 공유된다. 「薄命」의 주인공 윤옥이 "이제 몟달이 안이여서 돌아간다고 오래동안 客地에 苦生하던 니약이와 將次 집에 돌아가는 날이면 반가울일을 가초가초 片紙"205)할 수 있는 것도 고향을 떠나 외국에서 공부하는 유학생 신분이기 때문이며, 「기로」에서 주인공 치명이 편지로 고향에 자신의 근황을 알리고 고향에서는 가정 사에 관련된 문제를 알릴 수 있었던 것도 주인공이 서울로 유학 온 학생 신분이었기 때문이다.

「기로」에서 주인공의 어머니가 치명에게 보낸 '언문일치로 순서 업시 적은' 편지는 주목을 요한다. 앞에서 살펴본 『척독대방』이 한문체의 편지를 쓰는 법에 대해 설명한 것이고, 그것이 주로 한자적 교양이 있는 유식계층이 활용할 수 있는 글쓰기의 한 규범을 제시

---

203) 손정목, 『일제강점기도시화과정연구』, 일지사, 1996, 45-54면 참조.
204) 위르겐 하버마스, 『공론장의 구조변동』, 한승완 역, 나남, 2001, 참조.
205) 현상윤, 「박명」, 『청춘』 3호, 135면.

172

해 준 것이었다면, 「기로」에 나오는 언문일치의 편지는 비지식인층인 부인의 감각으로 작성된 편지의 한 예문을 제시한다는 점에서 흥미롭다. 작가는 치명의 어머니가 쓴 편지에 대해 "언문일치로 순서업시 적은 것"이라고 말한다. 이러한 표현은 편지 쓰기에는 일정한 순서 혹은 형식적 절차가 있다는 것, 그리고 '언문일치'는 편지쓰기의 보편적인 문체가 아니었다는 것을 역으로 보여주는 것이라 할만하다. "객지에서 돈한푼업시 엇지지내느냐"로 시작되어 "돈 이십환을 보내니 남의빗진것이잇거든 모다갑고 속히나려오나라"[206]로 끝나는 이 편지는, 편지를 받는 사람을 부르는 호칭에서부터 헤어진 지 얼마나 흘렀는가에 따라 달라지는 인사말에 이르기까지 세세한 규칙을 부여한 『척독대방』 류의 편지쓰기 교본과는 전혀 다른 글쓰기 방식인 것이다. 이러한 '언문일치로 순서업시적은 것'으로서의 편지가 보편적인 글쓰기로 자리 잡히게 된 것은 적어도 1930년대가 지나서였다. 그 시대가 되어서야 이광수는 비로소 "원체 편지란 말 대신이 아닌가? 면대하여서 할 말을 고대로 글로 쓰면 고만이 아닌가."[207]라고 갈등 없이 이야기할 수 있었다.

편지는 그것을 주고받는 사람들 사이에 형성된 공간적 거리감을 지우고, 존재의 실감을 부여함으로써 내밀한 공감을 형성한다. 같은 시공간 안에서 대화를 나눈다는 감각으로 발신자는 수신자에게 편지를 쓴다. 편지는 그들 사이에 가로 놓인 시공간을 압축시켜 실감을 부여하고, 편지에 기록된 발신자의 구어적 문체는 수신자가 그것을 읽는 순간 발화자의 '목소리'를 듣는 듯한 효과를 생산해낸다. 여기에, 양자가 직접 대면했을 때라면 쉽게 할 수 없는 이야기라도

---

206) 이상춘, 「기로」, 『청춘』 11호, 1917. 10. 51면.
207) 이광수, 『춘원서간문범』, 삼중당, 1939, 『이광수 전집』 9, 우신사, 197면.

편지를 매개로 했을 때는 자연스럽게 전달된다. 백대진의 「삼십만
원」에서, 가족을 고향에 두고 사업차 만주로 간 주인공이 부인에게
보낸 한 편의 편지는 그 편지를 주고받는 이들 사이의 관계를 매개
하고, 유지시키는 역할을 한다. 일웅의 아내 일정은 어느 날 만주로
간 남편에게서 "부인은 나를위ᄒ야홀로겨신아버니를더욱공경히주
면, 다만나의부인됨으로만사례홀쑨안이라, 쏘흔큰은인으로알고, 빅
골이진토되기ᄭ지부인을잇지아니하리로다"[208)는 편지를 받고 시아
버지를 더욱 열심히 공경하기로 마음먹는다.

 주요한의 「마을집」은 동일한 감수성을 지닌 청년들이 느끼는 우
정과 외부 세계로부터의 고립감을 실감 있게 묘사한 작품이다. 여
기서 청년들의 우정을 매개하는 장치 역시 '편지'이다. 하이칼라 청
년이 되어 고향으로 돌아온 창호의 눈에 고향은 이전보다 발전했지
만 사람들은 변하지 않은 것처럼 보인다. 이미 다른 세계를 경험하
고 새로운 감수성으로 무장한 그에게 고향은 이제 더 이상 편안하
게 안착할 수 있는 곳이 아니다.

 영서형 참견대지못하겠소. 참살수업소. 모든 것이다 쏙맥혓소.
의론할데가없소. 그네들의눈에는아모熱도업소 아모感情도업소. 다
만그저먹고닙기밧게알것이업는가보오. 나는다시가고저합내다. 참
으로견딜수업소. 그네들은밤낫을울기만하오. 밤낫걱정만하오. 새길
이생기고새집이생겻다하지만은참으로 새로된 것은 하나도업소. 우
리는걱정도업고근심도업시 그저 醉生夢死하는 生活을버서낫는지
도 모르겠소. 그러나쏘다시우리의 牢獄이생겻소 …… 입으로소래
만지르면무엇하오. 합시다. 實行합시다. 나는兄이兄의첫難關을어서
밧비突破하기를바라오. 아모려도뭇소 不孝소래라도드러야하겠소.
…… 쏘다시도라올는지도알수업소. 언제나그네들이참理解를가질지

---

208) 백대진, 「삼십만원」, 『신문계』 5권 1-3호, 1917. 1-3.

> 알수업소. 나는이쌍을咀呪하고써나려하오. 나의父母의쌍나의祖父
> 의쌍 이쌍을咀呪하려하오.[209]

창호는 자신이 배운 지식을 고향에서 펼칠 수 있기를 바랐지만, 사람들은 그에게 아무것도 기대하지도 요구하지도 않는다. 뿐만 아니라 자신의 힘으로 결코 해결할 수 없는 산만한 가정 문제 또한 그가 감당하기엔 벅찬 것이다. 그가 고향에 뿌리내리지 못한 것은 그가 가지고 있는 도회적 감수성이 고향의 일상성과 계속 충돌하기 때문이다. 그에게는 p시에 사는 친구 영서가 유일한 대화 상대이다. 결국 그는 "이쌍을 저주하고 써나"간다. 창호가 자신의 답답한 심사를 고백할 수 있는 상대는 고향으로 표상되는 일상적 생활 세계 혹은 전통적 가치관의 세계로부터 벗어나 있는, 문명의 교육을 받은 지식인 청년이다. 도회적 감수성으로 무장한 청년들의 우정은 고향의 일상성과 지속적으로 충돌하면서 배타적인 동류의식을 만들어 간다. 이때 '편지'는 외부 세계와의 단절과 고독의 감정을 교감하며 청년들이 서로의 우정을 확인하는 장소로 기능하는 것이다.

하지만, 편지가 정서를 공유하는 매체만은 아니다. 백대진의 「절교의 서한」은 아내를 잃고 병든 홀어머니와 어린 두 자식을 키우는 주인공이 친구에게 구전의 편지를 보냈다가 거절당하자 절교를 선언하는 답장을 보낸다는 내용으로 이루어져 있다. 자본주의적 화폐 관계에 매어 사는 도시인들의 일상에 천착했던 백대진은 "근대사회 문제는 요컨디 위장에 오로지 잇다"고 말했다. 그는 「절교의 서한」에서 '돈'의 가치에 잠식당한 청년들의 우정과 몰정신성을 고발한다. 주인공 영수는 과거의 은혜를 저버리고 자신의 어려움을 외면하는 친구에게 이러한 절교의 편지를 보낸다. "금전은 제왕의 제왕이란

---

209) 주요한, 「마을집」, 『청춘』 11호, 62면.

말은 임의 드럿노라. 그듸는 다만 황금에만 종이 되고져 ᄒᆞ는가? 원ᄒᆞ노니 그듸여, 그듸는, 신셩ᄒᆞ고, 쏘흔 향긔로운 의리에도, 종이 될지어다."[210] 여기서 편지는 관계의 생산을 매개하는 것이 아니라, 관계의 파탄을 매개한다. 편지의 기능은 전혀 다른 세계에 속해 있는 두 인물의 갈등양상을 드러내는 데에만 있지 않다. 여기서 편지는 관계의 직접성이 불가능한 조건들을 생산해내고, 그 속에서 매개자의 위치를 공고하게 갖는 것이다. 단절된 영역, 하지만 균질화된 생활의 영역에서만 편지는 의미를 갖는다.

최찬식의 「机上의 夢」에서 편지는 중요한 서사전개의 실마리이다. 신소설 작가인 최찬식의 단편소설은 작품의 길이가 짧다는 것을 제외하면, 신소설의 구투를 여전히 탈피하지 못하고 있다. 하지만, 우연성에 의존하는 사건전개의 비현실성을 작가 스스로 강하게 의식하고 있고, 그 결과 서사 과정을 작품의 결말에서 '꿈'으로 처리함으로써 소설의 리얼리티를 확보하고자 했다. 하지만, 이러한 장치조차로 이른바 '몽자류 소설'의 속악한 계승에 지나지 않는다. 최찬식은 이 소설에서 당시 일제의 만주·남양주 식민지 개척 정책을 노골적으로 선전하는 태도를 취하는데, 그것은 주인공 상현의 남양주와 만주의 토지·광산 개척의 성공으로 나타난다. 이 소설에서 '편지'는 여러 차례 등장하는데, 작품의 서두에서 상현의 아우가 학비를 부치며 보내는 편지, 상현의 애인 경자가 미국으로 유학을 떠나며 보내는 편지, 상현이 친구의 도움으로 급하게 동경 유학을 떠나면서 동생에게 보내는 사정을 알리는 편지, 학업을 마친 상현이 남양주회사에 취직해 있을 때, 회사 지배인의 딸 미자에게서 받은 구애의 편지 등이 그것이다. 이 편지들은 모두 인물들 사이에서 '뉴

---

210) 백대진, 「절교의 서한」, 『신문계』 4권 7호, 1916. 7.

스'를 전달하는 기능을 한다. 편지의 존재가 사건 전개의 핵심적인 역할을 담당하는 것이 아니라는 점에서 이러한 편지의 기능은 소설을 읽는 독자에게는 유익한 것이 못된다. 편지를 통하여 '뉴스'에 접하는 것은 편지를 받는 인물이지 독자가 아니다. 편지는 주인공인 상현이 맺고 있는 관계의 횡적 축을 왕래하며, 그가 처해 있는 상황을 요약적으로 제시하는 기능을 한다. 여기서 편지는 자칫 장황하고 산만하게 펼쳐질 수 있는 사건의 가능성을 주인공 한 사람에게 집중시키는 효과를 발휘한다. 신소설 작가인 최찬식이 '단편' 길이의 이야기를 만들어낼 수 있었던 비결이 여기에 있다. 작가는 편지 속에 인물들이 만들어낼 수 있는 사건을 요약 제시함으로써 단편소설의 분량을 맞출 수 있었던 것이다.

4-2. 계몽담론의 유포와 보고형식으로서의 '편지'

우편제도의 안착과 교통 공간의 균질화 속에서 일상적으로 확산된 편지 쓰기는 여행의 경험과 결합됨으로써 '기행편지'의 양식을 만들어 내기도 했다. '서간체 기행문'은 편지형식으로 쓰인 여행에 관한 보고서이다. 이것은 표면적으로는 새로운 세계에 대한 경험에 대해, 그 사실과 감상을 기록하는 형태를 취하고 있지만, 여행자의 시선으로 바라본 낯선 세계의 풍경은 언제나 익숙한 경험의 공간이 겹쳐지면서 비교 대상으로 재발견되는 양상을 보인다. 이광수가 『청춘』에 발표한 세 편의 '서간체 기행문'인 「上海에서」와 「海蔘威로서」 그리고 「東京에서京城까지」는 이러한 양상을 잘 보여주는 작품들이다. 여기서 상해와 해삼위 그리고 경성은 각각 의미를 가진 공간이

다. 상해가 과거의 중국 문명 혹은 동양적인 문명을 상징하는 공간
이라면, 해삼위는 조선과 가장 인접해 있는 서양 문명의 공간, 그리
고 경성은 식민지의 현실을 상징하는 공간이다.

상해에서 '나'는 과거의 위풍당당했던 중화문명의 파산을 목격한
다. "그 사람들이 한사코 짐을 달라고 매어 달리거늘 내 친고가 우
스며「英語로 辱을 하지 저희 말로 하면 우습게 보는걸요」하고 눈을
부릅쓰며「쏫 댐 쎗 아웨」하고 발을 퉁 구르며 주먹을 둘너 메니 그
제야 고개를 푹 수기고 무어라 중얼거리며 다라나더이다 …… 그네
가 堯舜과 孔孟을 가지고 四百州의 故彊과 四億萬의 同族과 五千年
의 文化를 지닌 國民이 아니뇨 그네가 엇지하야「쏘 쌤」을 天性보
담 더 두렵어하게 되고 내 집에 寄留하는 者때에게 도로혀 受侮를
달게녀기게 되엇나뇨"211)라고 기술하는 '나'의 심사는 회한과 연민
에 사로잡혀 있다. '영어'라는 문명의 언어가 가지는 위력은 그것이
비록 욕이라고 할지라도, 요순이나 공맹의 오천년 문화의 자긍심을
압도한다. '나'가 상해에서 목격한 것은 서구문명의 가공할 위력과
중화문명의 몰락이었던 것이다. 상해에서 확인한 문명의 위력과 놀
라움은 '나'를 주눅 들게 한다. '眞字 洋人'이 사는 '海蔘威'로 가기도
전에 "洋人은 富貴의 氣像이 있고, 나는 빠들빠들 洋人의 흉내를
내려는 불쌍한 貧寒者의 氣像이 있는 듯"212) 느낀다.

이제 '나'에게 '문명'한 것은 모두 강하고 아름답게 보인다. '나'는
"富士紡績株式會社의 宏壯한 工場"을 보고 "참 조흔 景致"라고 말
하고 "초라한 朝鮮의 쏠아구니"를 보면서 "가엽게 되엇다"213)고 탄
식한다. '나'가 발견한 초라한 조선의 모습이란 이를테면 이런 것이

---

211) 이광수, 「上海서」, 『청춘』 3호, 1914. 11, 104면.
212) 이광수, 「海蔘威로서」, 『청춘』 6호, 1915. 2, 79면.
213) 이광수, 「東京에서 京城까지」, 『청춘』 9호, 1917. 7.

다. 다른 나라 도시보다 공기가 무겁고, 학문과 인연이 없어서 도서관 하나 학회 하나 없으며, 사람들이 허영심으로 가득 차 있으며 사회의 중심축이 없는[214] 초라한 현실을 보아버린 자, 그에게 여행은 위안이 아니다. 이런 점에서 1910년대의 '기행편지'는 '문명'과 '비문명'이라는 개념적 풍경이 서로 충돌하면서 이전에는 보이지 않았던 것 즉, 우리 혹은 민족의 현실을 발견해가는 글쓰기이기도 했던 것이다.

1910년대 중반 이후 조선인 학생들의 일본 유학이 늘어나면서 그들의 유학과 귀향의 경험이 새로운 글쓰기 양식을 만들어 내기도 했다. 박영희는 이 새로운 양식의 글쓰기를 '서간체 기행문'이라고 부르는데, 이광수의 「동경에서 경성까지」를 문예적 수법으로 쓴 최초의 '서간체 기행문'으로 기억한다.

> (당시) 나의 호기심을 끌던 글은 동경 경성 간의 기행문이었다. 이 기행문은 맨 처음에 누가 쓰기 시작했는지 알 수 없으나 적어도 문예적 수법으로 된 글을 읽기는 『청춘』 9호(1917년 9월)에 실린 춘원의 「동경에서 경성까지」라는 서간체의 기행문이 처음이었다. 그 후로 나는 동경 기행문을 많이 보게 되었다. 어느 틈에 이 동경기행문은 일종의 유행이 되었다. 그때가 동경유학 전성기의 첫출발이었다는 표면적 이유도 있었지마는, 향학열에 불붙는 청년들의 미국 다음가는 동경의 도시가 되었던 까닭이 그 첫째일 것이며 그때의 학생으로는 동경은 최고의 여행이었으니, 제마다 갈 수 없는 동경의 대학생이라는 것과, 최고의 여행을 한다는 자랑도 있었으려니와 선진한 나라의 발전관을 감상적으로 평이하게 소개하는데서 자신을 선진자로 자처하려는 자만심도 또한 없지 않았던 것 같으나, 그보다도 이국정서에서(자연과 풍속과 인물 등) 더 많은 표현욕을 자극시켰으며 이별하고 또다시 만나는 조선을 한

---

214) 현상윤, 「京城小感」, 『청춘』 11호, 1917. 11.

층 더 그리워하며 애틋하게 생각하는 감회를 이 기행문을 빌려서
나타내려는 감상적인 점도 있었다. 어찌했던 동경기행문은 그 후
에 흔히 볼 수 있는 일종의 새로운 문장형식이기도 했다.[215]

　당시가 동경 유학 전성기의 첫 출발이었다는 것, 당시 학생들에
게 그곳이 최고의 여행지로 선진문명의 실제를 경험할 수 있게 해
주었다는 것, 때문에 유학생들은 기행문을 통해 선진의 문물과 이
국적 정서를 표현하고 전달하는 선진자가 될 수 있었다는 것, 이러
한 이유로 동경 경성 간의 여행을 기록한 '서간체 기행문'이 '새로
운 문장형식'으로 부상되었던 것이다. 「동경 가는 길」(『청춘』 7호,
1917. 5)이라는 운문형식의 글이 이광수의 「동경에서 경성까지」보
다 두 달 앞서 『청춘』지에 실리기도 했지만, 춘원의 이 기행문은
조선보다 문명화된 일본의 풍경을 보다 자세하고 생생하게 묘사함
으로써, '이국정서에 대한 표현욕을 자극'했던 것으로 보인다.

　「동경에서 경성까지」는 모두 11통의 짧은 편지로 구성되어 있다.
제1신은 동경에서 이별한 동생에게 여행 기간 중에 계속 편지를 쓰
겠다는 것을 알리는 것으로 전체 내용의 서두 부분에 해당한다. 2
신에서 10신까지는 '關釜連絡船'을 타기 위해 시모노세키로 이동하
는 기차역을 중심으로 쓰이는데, 열차 안에서 벌어지는 몇 개의 에
피소드와 열차 밖으로 펼쳐지는 일본의 풍광을 묘사하고 감상을 토
로하는 것이 그 주된 내용을 이루고 있다. 마지막 11신에서 편지의
발신자는 일본의 자연풍광과 대비되는 초라한 조선의 모습을 기록
하고 있다. 박영희가 말한, 표현욕을 자극하는 '이국정서'는 이 글에
서 어떤 방식으로 표현되고 있을까.

---

215) 박영희, 「초창기의 문단측면사」, 『현대문학』 56호 1959. 8, 210면.

> 日本海岸中에 가장 아름다운 海岸이라는 須磨明石의 海岸에 다
> 달앗다. 바람도 시언키도하다. 날이 맑앗다. 瀨戶內海는 마치 鏡面
> 과갓다. 눈썹갓흔 遠山이며 一字진 水平線! 玉가루갓흔 白沙우에
> 늙고 검푸른소나무! 그밋헤 죽 늘어선 그림갓히 고운 別莊들! 그
> 모든 것이 왼통 夕陽의 빗에 統一이되어 말할수업시 爽快한 늣김
> 을 준다.[216]

편지의 발신자가 풍경을 바라보는 위치는 열차 안이다. 그는 달
리는 기차의 네모난 유리창을 통해 순간적으로 포착된 해변의 풍경
을 묘사한다. 멀리 보이는 산은 눈썹처럼 부드러운 곡선을 그리며
늘어서 있고, 그 아래 수평선이 펼쳐지고, 옥가루를 뿌려놓은 것처
럼 반짝이는 백사장 위에는 늙은 소나무와 고운 별장들이 있는 이
국적 풍경을 그는 그림처럼 묘사한다. 이렇게 묘사된 풍경을 '읽는'
수신자(혹은 독자)는 그 풍경을 머리 속으로 상상하며 그 세계에
대한 동경심을 갖게 되는 것이고 그러한 풍경을 자신도 그려내고
싶은 욕망을 갖게 된다. 이국정서가 표현욕을 자극한다는 말은 이
렇게 성립하는 것이다.

하지만, 이러한 풍경은 그 자체로 성립하는 것이 아니다. "우리가
옷을 지어닙는 西洋木 玉洋木 등 필육을 짜내는 富士紡績會社의 宏
壯한 工場이보인다. 어서 漢江가에도 이러한 것이 섯스면조켓다. 참
조흔 景致다."[217]라고 하는 전제, 즉 보다 발달된 선진문물이 있다
고 인정하는 것 속에서만 발견되는 풍경이다. 이렇게 발견된 이국
적 풍경과 정서는 "해가 쓰니 초라한 朝鮮의 쏠아구니가 分明히 눈
에 씌운다. 져 쌀가버슨 山을 보아라. 져 쌧작마른 개천을 보아라.
풀이며 나무싸지도 오랜 가물에 투습이 들어서 계모의 손에 자라나

---

216) 이광수, 「동경에서 경성까지」, 『청춘』 9호, 1917. 5, 74면.
217) 같은 글, 78면.

는 게집애 모냥으로 참아 볼수가업게 가엽게 되엇다."라고 하는, 조선의 현실을 바라보는 비교급의 시선을 낳게 되는 것이기도 하다.

이러한 비교급의 시선 속에는 "富士紡績會社의 宏壯한 工場"으로 표상되는 문명의 힘을 조선에서 실현해야 한다는 의식이 숨어 있는 것이지만, 그것은 구체성이 결여된 추상적인 희망의 수준을 넘어서지는 못한다.

> 그러나 이제 비가 올테지 싀언하고 기름갓흔 비가 올테지. 져쌀 가버섯던 山이 기름이 흐르는 森林으로 컴컴하게되고져 밧작마른 개천도 맑은물이 남울남울 남칠째가오겟지. 그래서 고운꼿이 피고 청아한 새소리가 들릴째도 오겟지. 確實히 오지. 네가 지금 이러한 새누리의 圖案을 그리는 中이아니냐. 그러타. 그러나 밧바할것 업다. 천천히 천천히 宏壯하고 永遠한 것을 그려다오.[218]

발가벗고 바짝 마른 조선의 산천에 기름진 비가 내리고, 꽃이 피고 새가 우는 풍경을 만드는 '새누리의 圖案'이란 과연 어떤 것인가. 이광수는 이것의 구체적인 모형을 『무정』의 끝부분에서 이렇게 말했다.

> 나종에 말홀 것은 형식인힝이 부산서 배를 탄뒤로 죠션전례가 만히 변혼 것이다. 교육으로 보든지, 경제로 보든지, 문학 언론으로 보든지, 모든 문명ㅅ샹의 보급으로 보든지 다 쟝죡의 진보를흐 엿스며 더욱 하례홀 것은 샹공업의 발달이니 경성을 머리로흐냐 각 대도회에 셕탄연긔와 쇠마치소리가 아니나ᄂᆞᆫ데가 업스며 년리에 극도에 쇠ㅎ엿던 우리의 샹업도 점차 진흥ㅎ게됨이라. 아아 우리 쌍은 늘로 아름다워간다. 우리의 연약ㅎ던 팔뚝에ᄂᆞᆫ 늘로 힘이 오르고 우리의 어둡던 정신에는 늘로 빗히 난다.[219]

---

218) 위의 글, 80면.

182

　사회 각 방면이 '진보'된 조선, 특히 '상공업의 발달'로 대도시에 석탄연기와 쇠망치 소리가 아니 나는 데가 없는 활기찬 풍경, 그것이야말로 '부사방적회사의 굉장한 공장'과도 같은 문명의 힘이 실현되는 조선의 모습에 다름 아니다. 이런 모습이야 말로, 「동경에서 경성까지」에서 발신자인 '나'가 편지를 읽는 '동생'에게 보여주고 싶은 "참조흔 景致, 네게 보여주고 십흔 景致"에 다름 아닌 것이다. 여기에 '식민지'와 '제국'이라고 하는 현실적 문제가 개입할 틈은 없다. 새누리의 圖案'이야말로 문명화의 외피를 입은 철저한 식민지 상태의 욕망에 다름 아닌 것이다.

　제국의 문명과 식민지의 현실을 비교급의 시선으로 바라보는 태도는 「상해에서」와 「해삼위로서」 그리고 「동경에서 경성까지」 등 이광수의 '서간체 기행문'에서 일관되게 나타난다. 〈매일신보〉에 연재했던 「오도답파기행」(1917. 6. 29-9. 12)에서는 이러한 여행자의 시선이 식민지 지배자의 시선과 중첩되면서 한층 더 노골적인 수사로 무장되는 양상을 보인다. 『무정』의 연재가 끝난 지 얼마 지나지 않아 시작된 이 글은 널리 알려져 있듯이 총독부 정치의 성공적 진행을 알리고자 하는 의도 속에서 조선 각 지방의 경제, 문화, 교육, 인정 풍속 등을 소개하는 형식으로 씌어진 '서간체 기행문'이다. 춘원은 기획 의도에 걸맞게 총독부 정치가 얼마나 조선 땅 구석구석에까지 미치고 있는지, 그 결과 얼마나 조선이 발전하게 되었는지를 지난 왕조의 쇠락과 적절히 대비하면서 효과적으로 묘사하고 있다. 제국의 문명과 식민지의 야만을 비교급을 바라보던 여행자의 시선은 여기서 식민지 지배자의 시선을 빌려온다. 호미 바바 식으로 말하자면, 이 글은 피식민 주체에 의해 씌어진, 조선을 '동화'하

---

219) 이광수, 『무정』, 1918, 신문관, 622-623면.

고자 하는 일제와 총독부의 '정형화' 욕망이 얼마나 충실하게 실현되고 있는지를 보여주는 대표적인 텍스트라 할 만하다.[220] 이것은 『무정』의 결말에서 "아아 우리 땅은 날로 아름다워 간다. 우리의 연약하던 팔뚝에는 날로 힘이 오르고 우리의 어둡던 정신에는 빛이 난다. 우리는 마침내 남과 같이 번쩍하게 될 것이로다."라고 외쳤던 이광수의 소설적 전망이 실감의 차원에서 확인되는 것이기도 하다. 그는 총독부로 대표되는 현실적 정치권력의 힘을 충실하게 표현함으로써 식민자의 동일화 욕망에 적극적으로 동화된다. 그는 식민자의 '시선'으로 조선의 풍경과 인정을 바라보고 평가하고 있는 것이다.

다른 한편에서, 이 여행기의 시작이 일본의 문학자인 시마무라 호게츠와의 만남으로부터 시작되고 있다는 점은 흥미롭다. 아마도 이때 시마무라는 일본의 극단 "예술좌"를 이끌고 〈춘희〉, 〈살로메〉 등 신극을 순회공연을 하던 중이었을 터이다.[221] 그는 춘원에게 '조선은 역사가 오래니까 자연 특별한 사상 감정이 있을 것이다. 그런데 오랜 동안 중국문명의 압박을 받아서 그것이 충분히 발육하지 못하고 조잔하여지고 말았다 ……. 대개 정신생활을 표현하는 것은 문학 밖에 없으니까 조선 신청년 중에 문학에 뜻을 둔 자는 일치협력하여 크게 신문학 건설을 의하여 힘쓸 필요가 있다.'는 요지의 '고견'을 들려준다. 그는 직접적으로 정치권력을 행사하는 식민지 권력의 주체는 아니지만, 이광수에게 있어 조선 문학에 대한 그의 발언은 현실정치의 위력보다 더한 것이다. 이 돌발적 마주침의 충격은 춘원으로 하여금 1년 후 『청춘』지에 「부활의 서광」을 발표하도록 추동한다. 이 글에서도 "조선에는 정신생활이 있는가"라는 시마무라의 발언은 하나의 강박이자 모방 욕망으로 기능한다. "적어

---

220) 호미바바, 『문화의 위치』, 나병철 역, 소명, 2002, 참조.
221) 〈매일신보〉, 1915년 11월 9일자 광고 참조.

184

도 이씨 조선 오백년간에 오인은 '우리 것'이라 할 만한 철학, 종교, 문학, 예술을 가지지 못하였었다."222)는 춘원의 진술은, 식민자의 신문명에 동화되는 과정에서 피식민자의 문화를 결여의 형태로 부인하는 태도에 다름 아니다. 결국, 그는 현재 조선에서의 정신생활을 신문학 속에서 발견하고자 한다. 그것의 증거로 그는 최남선의 이른바 '시문체'라고 하는 것을 거론하게 되는 것이다.

이광수의 평가대로 최남선의 '시문체'가 조선의 신문학 형성에 미친 영향력은 적지 않은 것이라면, 그 영향을 가장 직접적으로 받은 대상도 이광수였다. 앞서 살펴본 '서간체 기행문'의 동기가 최남선의 『소년』에서 발견되기 때문이다. '서간체 기행문'을 편지형식으로 기록한 여행담이라고 했을 때, 『소년』지에 실린 「쾌소년세계주유시보」는 그러한 글쓰기의 참조점이 될 만한 텍스트이다.

"얼마ㅅ동안 쇠강하얏던 여행성을 更起케하야 그녀 우리소년만이라도 뎜 활발하고 뎜 쾌활하야 능히 남아사방의 地를 드딀만한사람 되기를 권하고댜함"223)이라는 목적으로 『소년』에 연재된 「쾌소년세계주유시보」224)는 문명 탐사를 목적으로 하는 '서간체 기행문'의 원

---

222) 이광수, 「부활의 서광」, 『청춘』 12호, 1918. 3, 19면.
223) 「쾌소년주유시보」, 『소년』 1년 1권, 1908. 11, 77면.
224) 「쾌소년주유시보」는 양영학교 보통과를 졸업한 최동건이라는 15세 소년이 자신의 여행담을 들려주는 방식으로 기술된다. '계몽'을 위하여 서사적 장치를 도입하는 이러한 글쓰기 방법은 훗날 이광수의 「농촌계발」에도 어떤 시사점을 주었던 것으로 보인다. 그는 여기서 '向陽里'라는 이상적 공간을 설정하고 이곳에서 청년들을 중심으로 농촌이 계발되어가는 모습을 소설적으로 기술해나간다. 어쩌면, 이광수가 『소년』지로부터 받은 영향이라는 것이 훨씬 더 근본적인 것이었을지도 모르겠다. 훗날 그 스스로 이 잡지의 필진으로 활약하던 시기까지를 포함해서. 이광수는 근대문학 초창기에 끼친 최남선의 영향력을 '시문체의 보급'이라는 말로 요약했지만, 『소년』지 전반에 걸쳐 최남선은 다양한 방식으로 근대적 글쓰기의 가능성을 시험하

형이라 할 만하다. 최봉길이라는 15세 소년이 “世界의 實狀을 視察하야 知見을 廣히하고 眼目을 宏히할 次”로 세계여행 길에 오른다는 설정으로 연재되던 이 글은 편지의 발신자가 조선을 채 벗어나기도 전에 잡지의 폐간과 더불어 마감된다. 하지만, 텍스트를 통해서 문명한 세계를 ‘견문’하고 조선의 소년 혹은 청년을 계몽하고자 했던 최남선의 욕망은 『청춘』으로까지 연결되는바, 창간호 부록으로 실린 「세계일주가」를 통해서도 드러난다.

1910년대 ‘서간체 기행문’이 여행을 통해 문명과 야만 혹은 제국과 식민지를 비교급의 시선으로 바라보는 태도 속에서 씌어졌다면, 주로 바다와 연관된 『소년』에서의 여행은 문명화의 가능성을 탐사하는 모험적 탐험에 가깝다. ‘바다’는 ‘소년’이 도달해야 할 문명의 표상이자 “가장 完備한 形式을 가진 百科事彙(Encyclopaedia)”225) 이다. 「海에게서 少年에게」를 시작으로 “少年諸子의 海事智識을 大充 하고 海上冒險心을 勃興케”226) 할 목적에서 씌어진「海上大韓史」, 그리고「북극탐색사적」이나「쾌남아의 消遺法; 최신남극탐험가」 등이 모두 소년에게 용기와 모험심을 심어주기 위해 마련된 것이다. 심지어 최남선이 「巨人國 漂流記」나 「로빈손 無人絶島漂流奇談」을 번역한 것도 문학작품을 통해 “해상생활의 흥취와 항해모험의 취미를 맛보게”하기 위해서이다. ‘소년’은 세계를 탐사하고 개발하게 하여 미래에 ‘문명국’을 이루어야 할 존재이다. 그는 미지의 것을 찾아서 개척하는 모험가이며 탐험가이다. 그러므로 소년에게 필요한 것은 오직 ‘용기’뿐이다. 하지만, 『소년』이 폐간되고 『청춘』이 뒤를 잇게 되는 1910년대가 되면, 더 이상 모험이나 탐험은 없다. ‘청년’은 현

고 있는 것처럼 보인다.
225) 「교남홍조」, 『소년』 2년 9권, 1909. 8.
226) 「海上大韓史」, 『소년』 1권 1호, 1908. 11, 33면.

실을 사는 존재이지, 미래를 꿈꾸는 '소년'이 아닌 것이다. 때문에 '청년'은 추상의 '바다'를 모험하는 탐험가의 길을 버리고, 현실의 '육지'를 기행 하는 '여행자'가 된다.

한편, 문명의 타자로서 조선을 발견한 '서간체 기행문'과 함께 1910년대의 계몽적 논설에도 편지 양식은 개입한다. 편지는 지식을 전달하는 딱딱한 계몽의 형식에서 벗어나 부드럽고 친밀한 설득의 어조를 동원한 부드러운 계몽의 형식으로 적극 활용되는 것이다.[227] 계몽의 내용 혹은 지식을 소유한 편지의 발신자는 수신자와의 현실적 관계와 상관없이 수신자를 계몽하는 교사의 위치에 서게 된다. 즉, 그것이 '계몽'의 성격을 지닌 것인 한, 발신자(계몽자)와 수신자(피계몽자) 사이에 형성되는 '사제관계'의 성격은 바뀌지 않는다. 「K언니에게 與함」(『학지광』 13호)에서 발신자는 수신자보다 나이가 어린 동생임에도 불구하고 그가 가지고 있는 여자교육에 관한 知見으로 수신자를 계몽하는 태도를 보인다. 여기서 편지의 발신자는 조선의 여자도 사람 될 욕망을 가져야 한다는 것, 자기 소유를 만들 욕망이 있어야 한다는 것, 활동할 욕심을 가져야 한다는 것을 주장한다. 그런가 하면, 편지의 내용이 직접 호명되는 수신자에게 향하지 않는 경우도 있다. 白熊의 「某學校長의게」(『학지광』 15호)는 표면적으로 자신의 출신학교 교장에게 보내는 편지 형식을 띠고 있지만, 그 내용은 경성의 사치풍조를 경계하는 내용으로 이루어져 있다. 또는 "지금부터는 우리가 완전히 각성ᄒ야 지식도 수양도ᄒ고 이상도 진흥식히고 의지도 파립ᄒ며 실지적 문명을 천행"[228]하자는 발신자의 자기계몽을 포함한 것 또한 없지 않았다. 연설이 공

---

227) 노지승, 「1920년대 초반, 편지형식 소설의 의미」, 『민족문학사연구』 20호, 2002에서 참조.
228) 박순애, 「대문을 나선 형제들에게」, 『여자계』 2호, 1918. 3, 25면.

적담론의 공감대형성을 목표로 했다면, '편지' 양식의 글쓰기는 친밀감의 공유라는 특성에 힘입어 계몽의 확산과 동의를 보다 강력하게 조직할 수 있었고 이런 이유로 1910년대 중반 이후 적극적으로 활용 되었던 것이다.

한편, 1910년대 중반 이후 개인적 취향의 공유나 내밀함을 고백하는 에세이 형식으로서의 편지들이 범람하기 시작했다. 주로 사상적 문예적 취향과 연관되는 것이거나 일상의 영역에서 벌어지는 지극히 사적인 문제를 상의하고 고백하는 장치로 편지는 글쓰기의 중요한 위치를 점하게 되었던 것이다. 하버마스에 따르자면, 서구에서 편지가 취급되는 방식도 크게 다르지 않았다. "감수성의 시대에 편지는 그것이 언급되어야 할 경우 그에 대해 변명이 필요한 '차가운 소식'을 담는 그릇이기보다는 '마음을 쏟아붓기' 위한 그릇이었다. 편지는 …… '영혼의 흔적', '영혼의 방문'으로 여겨졌다. 사람들은 편지가 피를 말리면서 쓰였기를 바랐으며, 바로 그에 대해 울 수 있기를 바랐다."229)고 그는 말한다.

김억의 「예술적 생활」은 편지양식의 글쓰기가 계몽의 표현형식으로 사용되던 전례에서 벗어나 그 자체로 자율적 영역, 감수성의 소통영역으로 이동하는 과정에서 발견되는 텍스트이다. 여기서 글쓴이는 "예술적 이상을 가지ᄉ못한 인생은 공허며, 짤아서 무생명이며 무가치의 것이아니될수밧게업다"고 하면서 "예술의 의미는 생명을 전긍정함에, 잇서 불완전한 실제를 향상식이며, 창조식이며, 발전식이여, 완전한곳으로 잇ᄭ는힘―생명의 단편을 모아 완전케하는 것이아니어서는아니된다"230)고 말한다. 이 글에서도 발신자가 편지의 수신자인 H군에게 '예술적 생활'이 무엇인지를 알려주는 한편

---

229) 위르겐 하버마스, 앞의 책, 124면.
230) 김억, 「예술적생활―H군에게」, 『학지광』 6호, 1915. 6, 60-61면.

188

그것을 요구하고 있다는 점에서 계몽적인 성격으로부터 완전히 탈각한 것은 아니다.

최승구의 「정감적 생활」 역시 예술적 생활을 요구하고 있다는 점에서 김억의 글과 다르지 않지만, 여기서 발신자와 수신자는 지적 수준 면에서 큰 차이가 없다. 오히려 "「자아를살니러, 시대의 쏘어를개방하러 가는 여행」에 대하야, 나도여행참가자로동의하야주심은 감사하오"[231]라고 말하고 있다는 점으로 미루어 보자면 오히려 수신자가 발신자보다 높은 위치에 있다고도 할 수 있다. 'K.S兄의게與허는書'라는 부제가 붙어있는 최승구의 「정감적 생활의 요구」는 정감적 생활 즉 예술적 생활을 하기 위해서는 (조선인의) 고유한 정신과 생활문제가 해결되어야 한다고 주장한다. 이 글은 발신자보다 수신자기 높은 위치에서 교사역할을 하는 계몽의 성격으로부터는 벗어나 있지만, 예술의 자율적 영역을 강조하는 내용으로 침윤되지도 않는다. 이 글에서 편지의 발신자는 그 자신이 '아틔스토'가 되기 위해선 선결되어야 할 문제가 있다는 것을 강조한다. "적어도 사오세기동안 지내온 노대의 속악이라는 것과 「裨史소설이라고」몹시눌으던것과 승가의 미술이 진흥되지못하든것도, 이사람의 신경에 기름을부어주지못헌큰까닭이오. 축에기름읍는기계가 회전헐수읍소! 나는이기계에부어줄기름만드는것과, 쌀댁이맨드는 것이 제일몹시급헌줄아오. …… 아아, 이사람들의 신경이 완전히운전하야작용허는날이, 나의 갱생하난날이오 …… 流頭節찾고冬至팟죽까지쑤어먹게되며. 北楚布韓山苧나, 羊皮裌子 永興柚바지까지입게되는날이, 나의두번째갱생허는 새요."[232]라고 말하고 있는 것이다. 이러한 문제가 해결된 후에야 "와일드의 본능적 색정6주의나 소로구부의 극단적 염

---

231) 최승구, 「정감적 생활의 요구」, 『학지광』 3호, 1914. 12. 16면.
232) 최승구, 「정감적생활의 요구」, 『학지광』 3호, 1914. 12. 17-18쪽.

세주의 작물들까지도 자미스럽게 읽"을 수 있고 예술적 생활을 할 수 있을 것이라고 그는 말한다.

이러한 글들에서 공통적으로 발견되는 것은 '자율적 영역'으로서의 예술 혹은 문학에 대한 자각이다 하지만, 동시에 그들의 문예에 대한 자각이 조선의 현실적 특수성과 만날 때 완전히 계몽의 강박으로부터 벗어나지는 못했다는 것 역시 간과할 수 없다. 그리고 이러한 현상은 현실과는 다른 소설의 세계 속에서도 크게 달라지지 않았다.

4-3. 문학양식으로서의 서간체 소설

「동경에서 경성까지」에서 '문명'을 기준으로 일본의 아름다운 풍경과 식민지 조선의 초라한 모습을 대비적으로 바라보던 이광수의 이항대립적 감각은 「어린 벗에게」에서 '사랑'을 기준으로 했을 때, 육체적인 것을 야만으로, 정신적인 것을 '문명'으로 대비시키는 것으로 전이된다. 외부의 사물을 이항 대립적으로 바라보고 판단하는 태도야말로 철저히 근대적이고 계몽적인 자의 그것이다. 여기서 세계는 보는 주체로서의 '나'와 내가 보는 '대상'을 중심으로 이원화된다. 주체로서의 '나'는 보고 인식하는 대상을 끊임없이 동질화시키거나 배제하면서 자기동일성을 확보해 나간다. 동질화할 수 있는 것과 배제해야만 하는 것을 구별하는 것, 이것이 이항대립항의 성립조건이자 계몽의 변증법이다.[233]

---

233) 아도르노·호르크하이머, 김유동 역, 『계몽의 변증법』(문학과지성사, 2002)에서 「계몽의 개념」부분 참조.

인류가 문명할사록 개인이 수양이 만흘사록 정신행위를 육체행
위보다 더 중히녀기고 짜라서 정신적 만족을 육체적 만족보다 더
귀히녀기는것이로소이다. …… 남녀관계도 육교를 하여야 비로소
만족을 어듬은 야인의 일이오 그 용모거지와 심정의 우미를 탄상
하며 그를 정신적으로 사랑하기를 무상한 만족으로 알기는 문명
한 수양만흔 군자로야 능히 할것이로소이다. …… 남녀가 서로 육
체미와 정신미에 호리어 전심력을 경주하야 사랑함이 인류에 특
유한 남녀관계니 이는 무슨 방편으로 즉 혼인이라는 형식을 이른
다든가 생식이라는 목적을 달한다든가 육욕의 만족을 구하랴는
목적의 방편으로 함이아니오 「사랑」그 물건이 인생의 목적이니
마치 나고 자라고 죽음이 사람의 피치못할 천명임과 가치 남녀의
사랑도 피치못할 쏘는 독립한 천명인가하나이다.[234]

이광수의 논리는 이항대립의 세계 속에서 구성된다. 이러한 현상
은 이제 정서적 영역, 사랑이라는 사적 감정의 영역에까지도 침투
하는바, "男女關係도 肉交를 하여야 비로소 滿足을 어듬은 野人의
일이오 그 容貌擧止와 心情의 優美를 嘆賞하며 그를 精神的으로 사
랑하기를 無上한 滿足으로 알기는 文明한 修養만흔 君子로 能히 할
것"이라는 표현 속에서 단적으로 드러난다. 이러한 판단의 배후에
는 "사랑이란 말은 듯고 맛은 못본 조선인"이라는 전제가 포함되어
있다. 사랑이란 말은 듣고 맛은 못 본 조선인이란 대체 어떤 존재
인가. '동경에서 경성까지'오는 기차간에서 "富士紡績株式會社의 廣
大한 工場"을 보고 "어서 漢江가에도 이러한 것이 섯스면조켓다"고
생각하는 자, 그는 문명의 세계를 동경하는 자이다. 그러므로 그의
눈에는 "초라한 조선의 쏠아군이가 분명히 눈에 씌운다"[235] 문명은
지금-여기에는 없는 것, 없기 때문에 동경의 대상이 된다는 점에

---

234) 이광수, 「어린 벗에게」, 『청춘』 9호, 1917. 5, 106쪽.
235) 이광수, 「東京에서 京城까지」, 『청춘』 9호, 1917. 5.

서 사랑과 등가적이다. 현실 속에는 없는 혹은 실현 불가능한 것을 욕망하고 소유하는 방식, 그것이 바로 '정신적인 사랑', '정신적인 문명'을 '상상하는 것'이고, 이 상상의 세계를 재현하는 방식의 하나가 '글쓰기'인 것이다.

「어린 벗에게」에서 편지의 발신자가 이야기하는 '정신적 사랑'은 '정신적 문명'과 등가적인 가치를 지닌다. 그러므로 그에게 있어 사랑의 결핍은 문명의 결여와 다르지 않다.

> 나는 朝鮮人이로소이다. 사랑이란 말은 듯고 맛은 못본 朝鮮人이로소이다. 朝鮮에 엇지 男女가 업사오릿가마는 朝鮮男女는 아직 사랑으로 만나본 일이 업나이다. 朝鮮人의 胸中에 엇지 愛情이 업사오릿가마는 朝鮮人의 愛情은 두닙도 피기전에 社會의 習慣과 道德이라는 바위에 눌리어 그만 말라죽고 말았나이다. 朝鮮人은 果然 사랑이라는 것을 모르는 國民이로소이다.[236]

여기서 '나'는 스스로를 '사랑'을 모르는 존재라고 규정한다. 왜냐하면 '조선인'이기 때문이다. 조선의 '사회의 습관과 도덕'은 조선인에게 '사랑'을 맛볼 기회를 주지 않았고, 그런 이유로 '나'는 사랑을 경험해 볼 기회가 없었던 것이다. 조선에 '사랑'은 없는 것이었다. '사랑'은 그 자체로 의미 있는 것이기 때문이 아니라, 조선에는 없는 것, 하지만 '나'는 들어서 알고 있는 것, 그러므로 실행해야 하는 것, 문명과 등가적인 것이기 때문에 가치 있는 것이다. '나'는 사랑이라는 말을 들어본 자이고, 그것을 들은 이상, 실행하고 가르쳐야 한다. 이 지점에서 편지의 내용은 자연스럽게 사랑이란 무엇인가를 계몽하는 것으로 나아간다.

---

236) 이광수, 「어린 벗에게」, 『청춘』 9호, 1917. 5, 105면.

192

'계몽'의 가치는 그것이 실제로 이로운 것인가로 판단된다. 때문에 '나'가 '사랑'이 무엇인지 가르치는 방식은 '조선에는 없는 것이지만, 있으면 이로운 것'이라는, '사랑의 실제적 이익'에 대해서 설명하는 방식이다. 여기서 '나'가 말하는 사랑을 함으로써 얻을 수 있는 실제적 이익은 操관념의 생성, 품성의 도야와 事爲心의 분발 그리고 여러 가지 美質의 학습 등이다. 이러한 실제적인 이익이 있기 때문에 '사랑'은 가치 있는 것이고, 조선인은 '사랑'을 배워야 하는 것이다. 하지만, 모든 사랑이 다 가치 있는 것은 아니다. "肉的으로 사람을 사랑함은 社會의 秩序를 紊亂하는것이매 맛당히 排斥하려니와 精神的으로 사랑하기야 웨 못하리잇가"라고 그는 말한다. 문명과 야만의 이항 대립적 도식이 여기서는 정신적 사랑과 육체적 사랑으로 변환된다.

정신문명의 우위성을 강조하는 이광수의 태도는 "적어도 李氏朝鮮五百年間에는 吾人은 「우리것」이라할만한 哲學, 宗敎, 文學, 藝術을 가지지못하엿섯다"[237]는 인식을 기반으로 한 것이다. 여기서 '우리 것이라고 할만한 철학, 종교, 문학, 예술'은 정신문명의 표현 형식이자 자국의 문화라고 일컬을 만한 것이다. 많은 사람들이 이미 지적해왔듯이, 이광수의 이러한 태도는 정치적 주권이 박탈된 현실에서 그나마 자율성이 보장된 영역이 '정신문명'에 있다고 판단한 것으로부터 나온 것이다. "'국민─국가가 되지 못한' 조선과 조선인을 새롭게 주체화할 기획"[238] 정신문명의 우위성을 강조하고 자국 문화의 생산을 요구하는 이광수의 태도는 「우리의 이상」에서도 확인되는바, 그는 여기서 "반드시 文化는 政治의 從俗적 産物이라할

---

237) 이광수, 「부활의 서광」, 『청춘』12호, 1918. 3. 19면.
238) 김현주, 「식민지 시대와 문명·문화의 이념」, 『민족문학사연구』 20호, 2002. 95면.

수도업고 따라서 엇던 民族의 價値를 논할째에 반드시 政治的位置를 判斷의 標準으로할것은아닌가합니다. 만일 져 로마帝國과갓히 政治的으로나 文化的으로나 다갓히 優越한 地位를 占할수잇다하면 게서 더조흔일이 업건마는, 그러치못하고 만일 二者을 不可不兼할 경우에는 나는 찰하리 文化를 취하려합니다"[239]라고 말한다. 이광수의 이러한 '문명론'은 즉각 '강력주의'를 주장하는 현상윤의 반론에 부딪친다. "문화도 잘사는 것을 의미함이니, 잘사는생활에서 정치를 쎄고 경제를 쎄고 엇지 잘사는생활이 되며진보적생활이 되리오"[240]라고 현상윤은 이광수 '문명론'의 허약성을 비판했던 것이다.

「우리의 이상」에서 말한 '二者를 不可不兼 할 경우' 즉 정치와 문화를 모두 가질 수 없을 때 문화를 선택하겠다고 말한 이광수의 논리는 「어린 벗에게」에서 기혼자인 '나'가 처녀인 김일연과의 연애를 합리화하는 기제로 작동한다. 편지의 제1신에서 길고 장황하게 정신적 사랑의 가치와 의미에 대해 이야기할 수밖에 없었던 이유, 그것은 바로 다름 아닌 '불륜'에 대한 자기방어 논리가 필요했기 때문이다. 문명을 정신적인 것과 물질적인 것으로 이분화하면서 우월한 정신문명은 선한 것으로, 열등한 물질문명은 악한 것으로 파악하게 되고, 여기서 '정치냐 문화냐'에 대한 해답이 주어지게 된다. 문화를 선택하는 이유, 그것은 선한 것이기 때문이다. 마찬가지 논리로, 남녀관계도 육제적인 것은 악하고 야만스러운 것, 정신적인 것은 선하고 문명한 것이 된다. 정신적 사랑이 문명과 동질화되는 순간 그것은 불륜에 대한 강력한 도덕적 명분이 되고, 여기서 '나'는 '사랑이라는 말은 들어보고 맛은 못 본 조선인'에게 사랑을 맛을 가르치

---

239) 이광수, 「우리의 이상」, 『학지광』 14호, 1917. 12. 1면.
240) 현상윤, 「이광수군의 「우리의 이상」을 독함」, 『학지광』 15호, 1918. 3, 57면

는 계몽자의 위치에 서게 되는 것이다. 이 편지의 발신인이 '어린 벗'은 바로 '사랑의 맛은 못 본' 조선인의 대표명사인 것이다.

이광수의 「어린 벗에게」는 최초의 '서간체 소설'로 자주 거론되는 작품이다. 「어린 벗에게」가 이전의 소설들, 즉 작품 속에서 사건의 매개로 '편지'를 활용하던 것들과 근본적으로 다른 것은 '편지'가 그 자체로 '소설의 형식'으로 기능하고 있다는 점에 있다. 이러한 '서간체 소설'의 탄생은 널리 알려진 바대로 개인의 자기발견과 그 내밀함을 고백하는 장치로서의 '편지'의 발견이라는 측면에서 의미심장한 것이다. 이러한 현상은 근대소설의 발생기에 서구의 경우에서도 동일하게 확인되는바, 사무엘 리차드슨의 『패밀러』(1740)는 그것의 기원이 되는 텍스트로 자주 거론된다. 『패밀러』는 순결한 젊은 하녀가 방탕한 난봉꾼의 유혹을 이겨낸다는 단순한 줄거리에도 불구하고, 서술자가 작품 속에 개입하지 않고 주인공이 자신의 이야기를 '편지'를 통해 직접 말하게 한다는 점 때문에 새로운 형식의 글쓰기로 평가받는 작품이다.[241] 이러한 서술방식은 주인공의 내면 갈등을 효과적으로 묘사함으로써 독자로 하여금 주인공의 심리상태에 동화되게 하는 효과를 발생시키는 것이기도 하다.

'편지'가 '나'의 이야기를 직접 전달하는 서술방식이라면, 여기서 전달하는 이야기의 내용은 '나'의 비밀스러운 사생활을 고백하는 것으로 연결되고, 이때, 편지의 수신자이자 소설의 독자는 그것을 들음으로써 혹은 읽음으로써 작가 혹은 편지의 발신자와 특정한 공감대를 형성하게 된다. 하지만, 비밀의 공유는 그것을 주고받는 사람끼리의 공감대를 형성하는 것 이상의 효과를 갖는다. 고백하는 자

---

241) 영미문학연구회, 「쌔뮤얼 리처드슨」, 『영미문학의 길잡이』 1, 창작과 비평사, 2001, 참조.

는 자신의 내밀한 비밀을 고백함으로써 죄의식을 덜어내게 되고, 고백을 듣는 자는 그 고백의 내용을 공유함으로써 고백을 하는 쪽과 심리적인 연대감을 확보할 수 있는 것이다. 그렇다면, 고백하는 자는 무엇을 고백하는가. 고백의 내용은 개인의 내밀한 영역에서 벌어지는 사건이며, 공적영역에서 '금지하는 것'이다. 금지되지 않은 것은 고백할 필요가 없는 것이다. 「어린 벗에게」에서 '나'가 고백하는 것은 기혼자에게 금지되어 있는 것, 즉 부부 관계 바깥에 있는 이성을 사랑하게 되었다는 것이다.

하지만, 여기서 '고백'은 '계몽'과 완전히 분리되지 않는다. '어린 벗에게'라는 제목에서 알 수 있듯이 편지를 받는 수신자는 발신자에 비해 나이가 어려서 삶에 대한 경험이나 지식이 부족한 자이다. 이러한 설정은 이미 이 편지 속에 '계몽'의 내용이 포함되어 있음을 암시하는 것이다. 발신자가 스스로 자신의 내밀한 사생활을 고백한다는 점 때문에 계몽자로서의 발신자와 피계몽자로서의 수신자의 거리는 좁혀지지만, 그 사생활과 고백의 내용이 수신자가 경험하지 못한 것, 미지의 영역에 속하는 것이라는 점 때문에, 편지의 발신자와 수신자의 위치, 즉 계몽자와 피계몽자의 역할이 전도되지는 않는다.

「어린 벗에게」에서 '언표 주체'인 '나'는 '불륜'을 고백하면서 그것의 정당성을 계몽하는 역할을 한다. 이 구조의 바깥에는 실제로 글을 쓰는 '언표행위 주체'인 작가가 있다. 작가는 '편지'라는 장치를 통해 언표 주체인 '나'로 하여금 무엇인가를 고백하게 하고, 고백의 내용을 통해 수신자(독자)를 계몽하게 한다. 그러므로 '편지'가 전달하는 내용은 실제로 작가 이광수의 체험으로부터 구성된 것일 수밖에 없다.

나는 S라는 여자를 아느냐고 물었다. S란 내가 중학교에 다닐
때에 사모하는 그 여자다.

"S? S?"

하고는 S는 한참이나 생각하더니,

"아 옳지. 그 S말일세그려. 응, 그래 자네가 한참 반했었지."

할 때에 그 반했단 말이 나와 S를 모욕하는 것만 같아서 불쾌하
였다. 내 마음에도 아직도 S는 거룩한 천사의 모양으로 남아 있었
다. S의 말에 의하건댄 이 S양은 M이라는 남자와 사랑을 하다가
그 남자가 폐병으로 죽어서 지금은 일생을 교회 일이나 하다가
죽는다고 성경 공부를 하고 있다고 하였다.[242]

김양과 모씨와는 시문의 소개로 부지불식간상사하는 애인이 되
엿나이다. …… 그러나 모씨는 천재의 흔히잇는 폐병이 잇서 몸은
날로 쇠약하고 시정은 날로 청순하여가다가 거년춘삼월 픠는 꽂
우는새의 앗가온 인생을 바리고 구름우 백옥루의 영원한 졸음에
들었나이다. 그후 김양은 파경의 홍루에 속절업시 나렴을 적시다
가 단연히 의를 결하고 일생을 독신으로 문학과 음악에 보내리라
하야 엇던 독일선교사의 소개로 백림으로 향하든 길에 금차의 난
을 조한 것이로소이다.[243]

이광수의 「그의 자서전」이 '그'라는 3인칭을 사용함으로써 극적인
효과를 발생시킨 것이라고 할지라도, 그 안에 담겨진 자서전적 내
용을 전면적으로 부인할 수는 없을 것이다. 첫 번째 인용에서 '나'
는 "그 반했단 말이 나와 S를 모욕하는 것만 같아서 불쾌하였다."
고 말한다. 자연스러운 연애감정인 '반하다'가 '모욕'으로 연결될 수
있는 경우는 그것이 적합하지 않은 상태, 즉 금지된 것을 연상시킬
때이다. 금지된 연애로서의 불륜, 그것은 '비밀'스러운 것이고, 제3

---

242) 이광수, 「그의 자서전」, 앞의 책, 425면.
243) 이광수, 「어린 벗에게」『청춘』11호, 1917. 5, 136면.

자에게 알려져서는 안 되는 것이다. '모욕'은 비밀이 누설되었을 때, 생겨나는 감정인 것이다. 두 번째 인용을 참고하면, 이광수가 사랑했던 S양과 그 S양의 애인인 M의 이야기는 「어린 벗에게」에서 김일연과 요절한 문학청년 모씨의 경우로 부활한다는 것을 알 수 있다. 게이오 의숙 예과를 다녔으며 「벨지움의 용사」를 쓴 요절한 시인 최승구를 M, 조선유학생친목회에서 활동하며 『학지광』에 몇 편의 글을 발표하기도 했던 나혜석을 S로 볼 수도 있을 것이다.[244] 이 지점에서 '서간체 소설'은 '사소설'로서의 1인칭 소설과 연결된다. 이런 점에서 임화는 이광수의 단편소설에서 나타나는 특징을 일컬어 "심경의 사소설성, 또 사소설 표현의 단적인 점이 단편형식을 조장하는 것"[245]이라고 말했던 것이다.

'서간체 소설' 양식은 조심스럽고 민감한 문제를 공론화시키되, 이 과정에서 따를 수 있는 윤리적 비난이나 책임을 면제받는 형식으로 고안된 것이었다. 그것은 소설의 형식이 감당할 수 없었던 성적 윤리의 문제 등과 관련된 개인의 가장 내밀하고 수치스러운 부분을 소설 내부로 끌어들이는 매개적 기능 담당했던 것이다.[246] 이광수는 「어린벗에게」에서 편지 형식을 사용함으로써 사랑에 대한 욕망과 계몽의 당위를 동시에 표현한다. 그는 그것을 언표 주체인 '나'의 입으로 말하게 함으로써, 사적 감정을 고백하는 것에서 오는 현실적인 부담감을 줄일 수 있었던 것이다. 「어린 벗에게」에서 시작된 고백과 내면의 서술은 김동인의 「마음이 옅은 자여」로부터 시작된 20년대 서간체 소설과 1인칭 소설의 유행에도 일정한 영향을 주었지만, 이때의 영향력에서 '계몽'의 맥락은 탈락된다.

---

244) 김윤식, 『이광수와 그의 시대』 1, 솔, 2001, 630쪽.
245) 임화, 「단편소설의 조선적 특성」, 『인문평론』, 1939. 10, 132쪽.
246) 노지승, 앞의 글, 354쪽.

  ‘편지’는 글을 쓰는 주체가 특정한 대상을 상대로 자신의 용건을 기록한 글이다. 이것은 문자로 기록한 것이지만, 대화적이라는 측면에서 직접성의 성격을 지닌다. 편지는, 특정한 용건을 사이에 둔 화자와 청자가 직접 대면할 수 없는 상황 속에서 그 대화의 내용을 글로 적어 전달하는 의사소통의 수단이다. 편지는 ‘소식’을 전달하는 매체이다. 편지는 실감의 영역 바깥에 있는 공간에서 벌어진 일과 가시적으로 확인할 수 없는 사건과 사람의 사정을 전달한다는 점에서 미디어이다. 때문에 그것은 독립된 각각의 공간과 그것을 전달할 수 있는 균질화된 교통망을 전제로 한다. 이러한 소통의 매체로서의 편지는 근대 이전에도 존재했던 것이지만, 이것이 근대적 우편제도의 정착과 더불어 사람들의 일상에 개입하고, 독자적인 글쓰기의 영역으로 인식되기 시작한 것은 1910년대에 들어서이다.

  1910년대 들어서 ‘편지’가 중요한 대중적 매체이자 글쓰기의 한 형식으로 부상했다는 것은 균질적 교통망의 확충과 척독류 서적의 유행, 그리고 잡지의 현상문예면을 통해 확인할 수 있다. 하지만 무엇보다도 중요한 것은 ‘편지’를 통해서 소식을 전하고 의사를 전달해야 하는 상황적 조건들이 이 시기에 만들어졌다는 데 있을 것이다. 일제의 강점 이후 진행된 인구 이동이 전통적인 공동체의 붕괴와 그곳으로부터의 이탈과정에서 만들어진 것이라면, 19세기 후반부터 시작된 근대적인 교육과 계몽의 필요에 대한 자각은 이 시기에 더욱 강조되어 외국이나 도시로의 ‘留學’을 확산시켰다. 이러한 현상들은 모두 ‘異鄕’의 경험을 당시 조선사회 공동의 경험으로 인식시키기에 충분한 것이었고 ‘편지’가 대중적 매체로 자리 잡을 수 있는 상황적 조건들을 형성시켰다. 이러한 조건들 속에서 근대 우편교류의 초기에 주로 새로운 소식을 전달하기 위한 수단이었던 편지는 곧 가족적 친밀함이나 지식인들 간의 동질성과 유대감을 확인할 수 있는 매개물로 활용되기도 했다. 1910년대에 발표된 일부 단편소설에서도 '離鄕'의 경험은 '편지'라는 매개를 통해 보편적 경험으로 공유된다.

우편제도의 안착과 교통 공간의 균질화 속에서 일상적으로 확산된 편지 쓰기는 여행의 경험과 결합됨으로써 '기행편지'의 양식을 만들어 내기도 했다. '서간체 기행문'은 편지형식으로 쓰인 여행에 관한 보고서이다. 이것은 표면적으로는 새로운 세계에 대한 경험에 대해, 그 사실과 감상을 기록하는 형태를 취하고 있지만, 여행자의 시선으로 바라본 낯선 세계의 풍경은 언제나 익숙한 경험의 공간이 겹쳐지면서 비교 대상으로 재발견되는 양상을 보인다. 이광수가 『청춘』에 발표한 세 편의 '서간체 기행문'인 「上海에서」와 「海蔘威로서」 그리고 「東京에서京城까지」는 이러한 양상을 잘 보여주는 작품들이다. 1910년대의 '기행편지'는 '문명'과 '비문명'이라는 개념적 풍경이 서로 충돌하면서 이전에는 보이지 않았던 것 즉, 우리 혹은 민족의 현실을 발견해가는 글쓰기이기도 했던 것이다.

연설이 공적담론의 공감대형성을 목표로 했다면, '편지' 양식의 글쓰기는 친밀감의 공유라는 특성에 힘입어 계몽의 확산과 동의를 보다 강력하게 조직할 수 있었고 이런 이유로 1910년대 중반 이후 적극적으로 활용되었던 것이다.

한편, 1910년대 중반 이후 개인적 취향의 공유나 내밀함을 고백하는 에세이의 형식으로서의 편지들이 범람하기 시작했다. 그것은 주로 사상적 문예적 취향과 연관되는 것이거나 일상의 영역에서 벌어지는 지극히 사적인 문제를 상의하고 고백하는 장치로 편지는 글쓰기의 중요한 위치를 점하고 있었다. 문명은 지금-여기에는 없는 것, 없기 때문에 동경의 대상이 된다는 점에서 사랑과 등가적이다. 현실 속에는 없는 혹은 실현 불가능한 것을 욕망하고 소유하는 방식, 그것이 바로 '정신적인 사랑', '정신적인 문명'을 '상상하는 것'이고, 이 상상의 세계를 재현하는 방식의 하나가 '글쓰기'인 것이다.

「어린 벗에게」에서 편지의 발신자가 이야기하는 '정신적 사랑'은 '정신적 문명'과 등가적인 가치를 지닌다. 그러므로 그에게 있어 사랑의 결핍은 문명의 결여와 다르지 않다. 이광수는 「어린벗에게」에서 편지 형식을 사용함으로써 사랑에 대한 욕망과 계몽의 당위를 동시에 표현한다. 그는 그것을 언표 주체인 '나'의 입으로 말하게 함으로써, 사적 감정을 고백하는 것에서 오는 현실적인 부담감을 줄일 수 있었던 것이다. 「어린 벗에게」에서 시작된 고백과 내면의 서술은 김동인의 「마음이 옅은 자여」로부터 시작된 20년대 서간체 소설과 1인칭 소설의 유행에도 일정한 영향을 주었지만, 이때의 영향력에서 '계몽'의 맥락은 탈락된다.

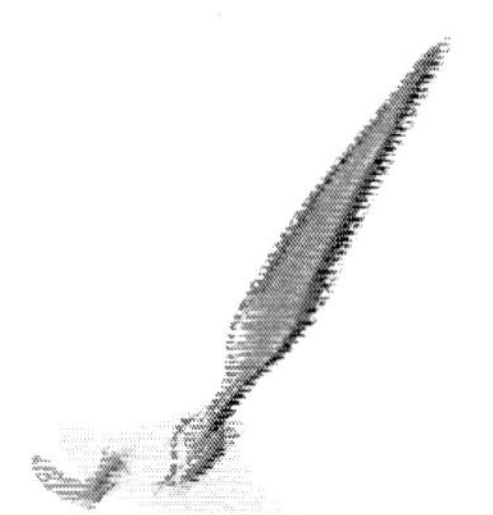

제5장 결 론

　이 글은 1910년대에 발표된 연설·번역·편지 양식의 글을 통해 '근대적 글쓰기'의 형성과정을 추적하고 그 의미를 규명하고자 하는 목적에서 쓰여졌다. 여기서 연설·번역·편지라는 세 가지 양식의 글쓰기에 주목한 것은, 그것이 이전에 없었던 양식이었기 때문이 아니라 1910년대라는 특정한 시대 속에서 새로운 글쓰기의 규범과 문학적 배치를 만들어냈기 때문이다. 구체적으로 연설과 번역과 편지 속에는 모두 일정하게 말하기와 글쓰기의 성격을 확인할 수 있는 요소가 포함되어 있으며, 한쪽에서 다른 쪽으로의 이동과정을 통해 글쓰기가 형성되어 가는 과정과 독자의 성립과정을 동시에 추적할 수 있는 지점이 내포되어 있다고 보았기 때문이다. 이러한 성격은 근대적 '소설'이 만들어지는 과정에 일정하게 동기화 작용을 했다는 점에서 중요하다.

　이 글의 2장에서는 '연설'을 중심으로 구어(口語)의 문자화 과정에서 생겨나는 사태들을 살펴보았다. 연설은 근대에 새롭게 발명된 매체로서 '계몽'을 전파하는 유력한 도구로 활용된 것인데, 이것이 문자로 정착되는 과정은 새로운 문장 언어를 발견해가는 과정이기도 했다. 안국선의 『연설법방』이 주로 말하기 방식의 규범을 보여준 것이었다면, 김창제의 「연설법요령」은 1910년대 들어서 연설이 문자화되는 과정을 참조할 수 있는 글쓰기 규범과 관련된 텍스트이다. 본 장에서는 이 두 텍스트를 중심에 두고, 1900년대에서 1910년대에 이르는 기간 동안 벌어진 '연설'의 변화양상에 주목하였다.

여기서는 다음의 두 가지 사항에 주목하고자 했다. 하나는 앞서 이야기했던 발화자 즉 연설의 주체인 연사가 펼치는 계몽의 담론과 그것을 관철시키기 위해 구사하는 수사의 양상 및 전유방식이다. 그것을 위하여 이 글에서는 '쓰인' 내용이 무엇인가를 살펴보는 것에서 나아가, 연설이라는 말하기 방식이 문자화되는 과정에서 발생하는 새로운 문장의 규칙들을 발견하고 그 의미를 해명해 보고자 하였다.

두 번째는 연설담론이 시대적 맥락에 따라 전이되는 방식을 통해 장르화되는 양상을 살펴보는 것이다. 문학적 장치를 통해 표현된 근대 계몽기의 연설이 문학과 비문학의 미분화양상을 역으로 증명하는 텍스트로 기능한다면, 1910년대 중반 이후 연설은 '문학'을 구성하는 개념적 담론 속에 포섭되지 못하면서 비문학의 영역으로 확실히 분화되어 나가는 양상을 보인다. 1910년대 이전에 발표된 서사적 글쓰기와 연설·토론체 소설이 '계몽'을 위한 일종의 수사적 장치로 활용될 수 있었던 것은 문학에 대한 근대적인 관념 즉, '문학의 자율성'이 확보되지 못한 상황이 전제되었기 때문이다. 하지만, 1910년대 중반에 들어서면서 서양의 문학작품을 읽고, 그 이론적 맥락을 학습한 새로운 지식인층이 등장함으로써 '연설'은 비문학의 영역으로 인식되기 시작한다. 동시에 연설에 대한 규범은 이 시기에 들어 한층 정치한 틀을 갖추어 나가게 된다. 이러한 과정은 연설의 중요한 테마인 "계몽담론"의 변질 내지는 속화 양상과 동시적으로 진행된다.

토론과 문답체의 전통은 1910년대 들어오면서 거대 서사(혹은 정치적 담론)를 말하는 것이 금지된 상황, 일상적이고 제도적인 차원의 계몽 담론만 허용된 정치적 상황 속에서 사라져 갔다. '연설' 및 '토론'을 위한 현실의 공간은 여전히 존재했지만, 그 경우에도 특정한 담론은 말할 수 없었고, 무엇보다도 '문학'과 '소설'에 대한 장르적 인식이 생겨났기 때문이다. 연설이 한편으로는 담론의 논리적 구성과 표현을 중심으로 구성되는 언어활동이라면, 다른 한편으로는 특정한 담론을 통해 '청중의 감정을 고발하여 동정을 得'한다는 목적을 지닌다는 점에서 문학의 목적과도 교감한다. 연설과 소설은 모두 청자나 독자의 감정에 호소한다. 그것을 통해 '동정'(혹은 공감)을 얻어내는 것이 목적이다. 연설자는 '말하는 자'이기도 하면서 그것을 수행하기 위해 '글 쓰는 자'이기도 하다. 연설문을 작성하는 과정은 소설의 구성과정과 크게 떨어져 있는 것이 아니다. '연설회'는 그 자체로 청년들을 동류의식으로 묶어주는 제도적 장치였지만, 그 안에는 여러 가지 문학적 효과, 즉 연설회 관련 기사나 연설법·연설문 작성 등이 포함되어 있는, '문학'을 촉발하고 그것을 가능한 것으로 상상하게 했던, 문학의 인접공간이기도 했던 것이다.

연구의 3장에서는 '번역'과 관련된 부분을 다루었다. 이 시기에 번역은 '근대성'과 '문명'을 학습하는 데 핵심적인 것이었고, 그 스펙트럼 또한 넓은 것이었다. 여기에서는 근대 초기 번역에 관한 요구와 양상의 개략적인 면을 살피면서 그것이 '문학' 관념을 형성하는 데 어떤 역할을 했는지에 주목하였다. 1910년대 '문학'에 있어서 번역의 주된 태도는 외국의 작품을 '번안'하는 것이었지만, 한편으로는 같은 시기에 '번역'에 대한 자의식이 형성되기도 했다. 본 연구에서는 이상협의 『정부원』을 통해 번역의 자의식이 생겨나는 과정을, 진학문의 단편 번역과 창작활동을 통해 본격적인 근대 단편소설에 관한 의식이 생산되는 과정을 보여주고자 했다.

1914년에 〈매일신보〉에 발표된 이상협의 『명부원』은, 그것이 비록 일어본을 중역한 것이긴 했지만, 이전의 '번안소설'과는 다른 지점에서 논의되어야 할 텍스트이다. 우선 그것은 비슷한 시기에 일간지 신문에 연재된 소설 중에서 예외적으로 '서양의 문학작품을 번역한다'는 번역자의 의식 속에서 만들어진 것이다. '번역' 의식이 그 자체로 성립하는 것이 아니라 '원전'에 대한 의식, 혹은 '창작'에 대한 의식의 성립과 함께 진행되는 것이라고 할 때, 『명부원』의 출현은 '번안'과는 다른 방식의 '번역'이 대중적 지면 위에서 실험되었다는 점에 주목할 만하다. '번역'의 경험이 곧장 '창작'의 실천으로 연결되는 것은 아니라고 할지라도, '번안'작가들에게서는 발견할 수 없는 '번역'의식은 그 자체로 '문학'에 대한 근대적 의식의 하나이다. 이상협이라는 작가 개인이 이 문제를 전면적으로 돌파한 것으로 보기에는 한계가 있지만, 그가 가진 개인적 한계야말로 1910년대적 문학의 한 특성이기도 한 것이다.

'서양의 소설을 번역한다'는 의식은 한편으로는 '서양의 소설을 읽는다'라고 하는 의식을 추동한다. 『명부원』 이전까지 '번역된 문학작품'을 읽을 수 있는 기회는 이를테면 잡지나 단행본 서적 등 제한된 지면을 접할 수 있는 소수에게만 주어진 것이었다. '잡지'가 특정한 취향을 가진 독자가 선택적으로 읽을 수 있는 독서물로 보다 전문적인 서사양식을 제공할 수 있었던 데 반해, '신문'은 '불특정 다수'를 독자로 설정하고 있었던 만큼 '대중적 요구'에 부응하는 '읽을거리'를 제공하는 것은 어렵지 않았지만 이전에는 없었던 양식을 실험하는 일은 쉽지 않았다. 번안소설과 신·구소설이 일반인들에게 익숙한 '읽을거리'로 기능했던 상황 속에서 『명부원』이 대중적 지면 위에 발표될 수 있었던 것은 그 해에 벌어진 1차대전의 영향력 때문이기도 했다. 전쟁에 대한 신문의 보도방식이 '시각성'을 중심으로 재편되었고, 그 과정 속에서 이전까지 일반 독자들에게 막연하게 인식되었던 '서양'이라는 존재가 실감 있게 다가올 수 있었던 것이다. 신문의 독자들은 '전쟁'이라는 사건을 통해 '서양'을 학습하면서 『명부원』을 통해 번역된 서양의 문학작품을 받아들일 수 있었던 셈이다.

『명부원』에는 원작이나 일어본에는 없는 특이한 지점이 있는데, 그것은 소설의 전반부에는 '역자의 각주'라는 형태로 그리고 후반부에는 '독자투고'라는 형태로 나타난다. '역자의 각주'가 번역하는 자로서의 자의식을 표현한 것이라고 한다면, '독자 투고'는 그렇게 구성된 번역된 텍스트가 수용되는 방식을 보여주는 것이라고 할 수 있다. 이런 점에서 『명부원』이 가지고 있는, 소설 바깥에서 소설을 둘러싸고 있는 소설에 관한 '첨언'들은 쓰는 자와 읽는 자가 상호교통하며 신파적 '이야기'로부터 탈각해가는 과정을 보여주는 것이기도 하다. 이상협은 서양의 소설을 서양소설답게 번역하고자 했다. 이러한 의식이 『명부원』 이전에도 없었던 것은 아니지만, 그것은 대체로 단행본의 형태로 소량 출판되거나 특정한 독자층을 대상으로 하는 문예잡지에 한정되었고, 익명의 불특정 다수를 독자로 하는 일간지 신문에서는 찾아보기 어려운 것이었다. 번역에 대한 의식의 전환은 '이야기'를 낭독하며 거기에 자신의 감정을 투사하는 것과는 다른, 새로운 독서의 방식을 취하는 독자층을 생산하는 과정이기도 했다.

한편, 비슷한 시기에 『청춘』과 『학지광』에는 본격적으로 서양의 문학작품을 개관, 번역한 작품들이 실리기 시작했다. 『청춘』의 「세계문학개관」이 서양의 고전문학작품을 학습할 수 있는 장으로 활용되었다면, 『학지광』에 번역된 러시아 단편소설은 보다 전문적이고 제한된 성격의 문학작품을 접할 수 있는 기회였다.

1910년대 『학지광』에 실린 러시아 작가의 소설은 한편을 제외하고 모두 진학문이 번역했다.[247] 러시아어 문학 전공자인 그가 번역한 꼬로렌코, 안드레에프, 체홉의 작품을 통해 우리는 이상협의 경우와는 또 다른 측면에서 1910년대에 문학작품의 번역이 진행된 방식을 살펴볼 수 있었다. 위 작가들의 작품을 번역하는 과정에서 진학문은 '-다'체로 번역문체를 실험했고, 그것을 자신의 소설 창작에도 접목시키고자 했다. 창작소설의 경우, 신문에서 사용하는 '-더라'체와 '-이라'체를 '-다', '-ㅆ다'와 혼용하는 일은 이광수가 『무정』을 발표했던 1917년 무렵까지 일반적인 일이었다. 한국어로 창작된 소설이 '-다'체로 정돈된 것은 1920년대에 들어서이다. 그에 비해 1910년대 중반의 번역소설이 '-다'체로 일관된 문체를 보여준다는 점은, 우리가 관례적으로 '언문일치'라고 부르는 문체상의 완결점이 '변역'작업과의 일정한 연관관계 속에서 수행되어 간 것이라는 점을 시사해 주는 것이기도 하다. 일간지 신문에 실린 소설의 문체가 여전히 혼란스러웠던 것은 그것이 익명의 독자대중을 상대로 한다는 특성과 무관하지 않았기 때문이지만, 일정한 수준의 학습능력과 '문예취향'을 공유하는 잡지에 실린 단편소설들 조차도 일관된 서술형 어미를 구사하지 못할 때였다는 점을 상기할 때 진학

---

247) 1914년부터 1919년까지 『학지광』에 번역 게재된 소설 중, 진학문의 손을 거치지 않은 것은 알치바세프의 「밤」(주요한 역, 『학지광』 18-19호) 한 편뿐이다.

문의 예외성은 두드러진다. 외국의 소설을 번역하면서 어미 '-다'체로 정리된 문체를 스스로 실험했던 경험이 소설을 창작하는 과정에서도 활용되었던 것이다. 또한, 이들 러시아 작품들의 주제는 그의 창작소설에 일정하게 반영된 측면이 있는데, 그것은 당시 유학생들이 가졌던 세계에 대한 인식 태도와도 일정하게 상관관계를 갖는 것이었다. 이를테면, 문명국 러시아에 유학하는 소수민족의 청년을 주인공으로 설정한 안드레에프의 「외국인」은 그 자신이 『학지광』에 발표한 「부르지짐」의 문제의식과 연결되고 있는 것이다.

이 글의 4장에서 다루는 대상은 '편지'였다. 편지는 의사소통의 매체로, 문학적 글쓰기의 일부로 근대 이전에도 자주 활용되던 것인데, 여기에서는 근대에 들어 각종 교통공간이 정비되고, 사적 생활이 확보되며 '이향(離鄕)'의 경험이 생겨나면서 이전과는 다른 방식으로 '편지'가 활용되기 시작했다는 점에 주목하였다. 새로운 방식으로 편지가 인식되기 시작하면서, 1910년대에 편지는 한편으로는 '계몽'의 수사로 활용되면서 다른 한편으로는 독립된 개인의 자기 인식과 내면의 고백을 위한 장치로 활용되었다. 본 장에서는 이러한 내용을 '서간체 기행문'과 이광수의 「어린 벗에게」를 분석하는 과정에서 살펴보았다.

1910년대 들어서 '편지'가 중요한 대중적 매체이자 글쓰기의 한 형식으로 부상했다는 것은 균질적 교통망의 확충과 척독류 서적의 유행, 그리고 잡지의 현상문예면을 통해 확인할 수 있다. 하지만 무엇보다도 중요한 것은 '편지'를 통해서 소식을 전하고 의사를 전달해야 하는 상황적 조건들이 이 시기에 만들어졌다는 데 있을 것이다. 근대 우편교류의 초기에 주로 새로운 소식을 전달하기 위한 수단이었던 편지는 곧 가족적 친밀함이나 지식인들 간의 동질성과 유대감을 확인할 수 있는 매개물로 활용되기도 했다. 1910년대에 발표된 일부 단편소설에서도 '離鄕'의 경험은 '편지'라는 매개를 통해 보편적 경험으로 공유된다.

우편제도의 안착과 교통 공간의 균질화 속에서 일상적으로 확산된 편지 쓰기는 여행의 경험과 결합됨으로써 '기행편지'의 양식을 만들어 내기도 했다. 이것은 표면적으로는 새로운 세계에 대한 경험에 대해, 그 사실과 감상을 기록하는 형태를 취하고 있지만, 여행자의 시선으로 바라본 낯선 세계의 풍경은 언제나 익숙한 경험의 공간이 겹쳐지면서 비교 대상으로 재발견되는 양상을 보인다. 1910년대의 '기행편지'는 '문명'과 '비문명'이라는 개념적 풍경이 서로 충돌하면서 이전에는 보이지 않았던 것 즉, 우리 혹은 민족의 현실을 발견해가는 글쓰기이기도 했던 것이다.

연설이 공적담론의 공감대형성을 목표로 했다면, '편지' 양식의 글쓰기는 친밀감의 공유라는 특성에 힘입어 계몽의 확산과 동의를 보다 강력하게 조직할 수 있었고 이런 이유로 1910년대 중반 이후 적극적으로 활용 되었던 것이다.

한편, 1910년대 중반 이후 개인적 취향의 공유나 내밀함을 고백하는 에세이의 형식으로서의 편지들이 범람하기 시작했다. 그것은 주로 사상적 문예적 취향과 연관되는 것이거나 일상의 영역에서 벌어지는 지극히 사적인 문제를 상의하고 고백하는 장치로 편지는 글쓰기의 중요한 위치를 점하고 있었다. 문명은 지금-여기에는 없는 것, 없기 때문에 동경의 대상이 된다는 점에서 사랑과 등가적이다. 현실 속에는 없는 혹은 실현 불가능한 것을 욕망하고 소유하는 방식, 그것이 바로 '정신적인 사랑', '정신적인 문명'을 '상상하는 것'이고, 이 상상의 세계를 재현하는 방식의 하나가 '글쓰기'인 것이다.

　이광수는 「어린벗에게」에서 편지 형식을 사용함으로써 사랑에 대한 욕망과 계몽의 당위를 동시에 표현한다. 그는 그것을 언표 주체인 '나'의 입으로 말하게 함으로써, 사적 감정을 고백하는 것에서 오는 현실적인 부담감을 줄일 수 있었던 것이다. 「어린 벗에게」에서 시작된 고백과 내면의 서술은 김동인의 「마음이 옅은 자여」로부터 시작된 20년대 서간체 소설과 1인칭 소설의 유행에도 일정한 영향을 주었지만, 이때의 영향력에서 '계몽'의 맥락은 탈락된다.

　이상의 세 개 글쓰기 양식을 분석하는 과정에서 본 연구에서는 '근대적 글쓰기'가 형성되는 과정을 살펴보고자 하였다. '근대적 글쓰기'란 '말하기'를 문자화하는 과정에서 새로운 문장 언어를 창출하는 과정에서 발견되는 것이다. 이것은 글을 쓰는 주체가 가지는 근대적 주체로서의 자의식, 그리고 그것을 읽어낼 수 있는 독자층의 형성이 연동하면서 만들어지는 사태이다. 본 연구에서는 1910년대의 연설과 번역과 편지가 이러한 현상을 가장 예민하게 보여주는 글쓰기 양식이 될 수 있다는 가정 하에 이들 세 양식이 일정한 자기규범을 만들어가는 과정을 보여주고자 하였다. 하지만, 궁극적으로 이들 양식의 글쓰기가 획득하게 된 규범이 정식화되고 문법화되는 과정을 세밀하게 살피지 못했다. 또한, 연설과 번역과 편지가 갖는 구어와 문어의 싸이클 속에서 '언문일치'라고 하는 문장 언어의 정체를 규명하고자 하였으나 설득력 있는 결론에 도달하지 못했다. 추후의 과제로 남긴다.

|참고문헌|

1. 기본자료

『독립신문』, 『대한매일신보』, 『매일신보』

『소년』, 『청춘』, 『학지광』, 『신문계』, 『여자계』

『대한흥학보』, 『대한유학생학회보』

『번안(신)소설』, 아세아문화사.

『이광수전집』, 우신사.

『朝鮮總督府統計年報』(朝鮮總督府 刊).

권영민, 『한국근대문인사전』, 아세아문화사.

日本近代文學館 編, 『日本近代文學大事典』, 講談社.

2. 연구논문

강금숙, 「신소설 〈눈물〉연구」, 이화어문논집 7, 1984.

강명관, 「일제 초 구지식인의 문예활동과 그 친일적 성격」, 『창작과비평』 62호, 1988.

김권정, 「金昶濟의 생애와 개혁사상」, 『한국기독교와 역사』 7호, 1997.

김동식, 『한국의 근대적 문학개념 형성과정 연구』, 서울대 박사논문, 1999.

김소은, 『한국 근대 연극과 희곡의 형성과정 및 배경 연구』, 숙대 박사논문, 2002.

김현실, 「1910년대 단편소설연구」, 이화여대 박사학위논문, 1989.

김현주, 「식민지 시대와 문명·문화의 이념」, 『민족문학사연구』 20호, 2002.

노지승, 「1920년대 초반, 편지형식 소설의 의미」, 『민족문학사연구』 20호, 2002.

박영희, 「초창기의 문단측면사」, 『현대문학』 56호 1959. 8.

박찬승, 「식민지시기 도일유학생과 근대지식의 수용」, 『지식변동의 사회사』, 문학과지성사, 2003.

신지영, 『「대한민보」 연재소설의 담론적 특성과 수사학적 배치』, 연대 석사논문, 2003,

양승국, 「1910년대 한국 신파극의 레퍼터리 연구」, 『한국극예술연구』, 한국극예술연구학회, 1998.

유광렬, 「이상협론」, 『제1선』, 1932. 5.

윤명구, 「개화기서사문학연구」, 『한국문학연구총서』, 새문사, 1981.

윤세진, 『근대적 '미술' 개념의 형성과 미술 인식』, 서울대 석사논문, 2000.

윤수영, 『한국 근대 서간체 소설 연구』, 이화여대 박사논문, 1990.

이동하, 「1910년대 단편소설연구」, 서울대 석사학위논문, 1982.

정재정, 「대중교통의 발달과 시민생활의 변천」, 『일제침략과 한국철도』, 서울대학교 출판부, 1999.

정진석, 「총독부기관지 〈매일신보〉의 사람들」, 『신문과 방송』, 1991. 12.

조남현, 「개화기 소설양식의 변이현상」, 『한국현대소설연구』, 민음사, 1987.

조용만, 「하몽 이상협」, 『신문평론』, 1975. 6.

진학문, 「나의 문화사적 교유기」, 국제펜클럽한국본부 편, 『한국대표수필문학전집』, 을유문화사, 1975.

최독견, 「〈눈물〉로 익힌 이상협선생」, 『현대문학』, 1963. 7.

최원식, 「장한몽과 위안으로서의 문학」, 『민족문학의 논리』, 창작과 비평, 1982.

한기형, 「최남선의 잡지 발간과 초기 근대문학의 재편」, 『대동문화연구』 45호, 2004.

한설야, 「나의 인간수업, 작가수업」, 이기영 외, 『나의 인간수업, 작가수업』, 인동, 1990.

홍정선, 『근대시 형성과정에 있어서의 독자층의 역할 연구』, 서울대 박사논문, 1992.

韓光洙, 『日本近代小說の韓國における翻案に關する研究－『己か罪』, 『金色夜叉』, 『捨小舟』つについて』, 東京專修大學校, 博士論文, 1994.

3. 단행본

강상중, 이경덕·임성모 역, 『오리엔탈리즘을 넘어서』, 이산, 1997.

강영주, 『벽초 홍명희 연구』, 창작과비평, 1999.

권보드래, 『한국 근대소설의 기원』, 소명, 2000.

권영민, 『서서양식과 담론의 근대성』, 서울대학교출판부, 1999.

김병철, 『한국근대번역문학사연구』, 을유문화사, 1975.

김병철, 『한국서양문학이입사연구』, 을유문화사, 1998.

김복순, 『1910년대 한국문학과 근대성』, 소명, 1999.

김영민, 『한국근대소설사』, 솔, 1997.

김영우, 『한국근대토론의 사적 연구』, 일지사, 1991.

김윤식, 『이광수와 그의 시대』, 솔, 2001.

김윤식, 『한국근대문학양식론고』, 아세아문화사, 1980.

김진균·정근식 편, 『근대주체와 식민지 규율권력』, 문화과학사, 1997.

나카무라 미쓰오, 『일본 메이지문학사』, 고재석·김환기 역, 동국대학교출판부, 2001.

들뢰즈·가타리, 『천의 고원』, 연구공간 수유＋너머 역, 2000.

마샬 맥루한, 『구텐베르크 은하계』, 임상원 역, 케뮤니케이션북스, 2001.

마에다 아이, 『일본근대독자의 성립』, 유은경·이원희 역, 이룸, 2003.

문학사와 비평연구회 편, 『한국문학과 계몽 담론』, 새미, 1999.

박찬승, 『한국근대정치사상사연구』, 역사비평사, 1997.

베네딕트 앤더슨, 『상상의 공동체』, 윤형숙 역, 나남, 2002.

손정목, 『일제강점기도시화과정연구』, 일지사, 1996.

송민호, 『한국개화기소설의 사적연구』, 일지사, 1976.

아도르노·호르크하이머, 김유동 역, 『계몽의 변증법』, 문학과지성사, 2002.

안국선, 『연설법방』, 탑인사, 1907.

야나부 아키라, 『번역어성립사정』, 서혜영 역, 일빛, 2003.

영미문학연구회, 「쌔뮤얼 리처드슨」, 『영미문학의 길잡이』 1, 창작과
    비평사, 2001.

위르겐 하버마스, 『공론장의 구조변동』, 한승완 역, 나남, 2001.

유길준, 『서유견문』, 허경진 역, 한양출판, 1995.

유모토 고이치, 『일본근대의 풍경』, 연구공간 수유＋너머 역, 그린비,
    2004.

윤명구, 『개화기소설의 이해』, 인하대 출판부, 1996.

이광수, 『무정』, 신문관, 1918.

이재선, 『한국단편소설연구』, 일조각, 1975.

이효덕, 『표상공간의 근대』, 박성관 역, 소명, 2001.

임화, 임규찬·한진일 편, 『신문학사』, 한길사, 1993.

정선태, 『개화기 신문 논설의 서사 수용 양상』, 소명, 1999.

주종연, 『한국근대단편소설연구』, 형설출판사, 1982.

주종연, 『한국소설의 형성』, 집문당, 1991.

최원식, 『한국계몽주의문학사론』, 소명, 2002.

코모리 요이치, 『일본어의 근대』, 정선태 역, 소명, 2004.

『韓國郵政100年史』, 체신부, 1984.

한기형, 『한국근대소설사의 시각』, 소명, 1999.

한원영, 『한국근대신문연재소설연구』, 이화문화사, 1996.

한점돌, 『한국 근대소설의 정신사적 이해』, 국학자료원, 1993.

호미 바바, 『문화의 위치』, 나병철 역, 소명, 2002.

후쿠자와 유키치, 『학문을 권함』, 엄장준·김경신 역, 지안사, 1993.

D.로빈슨, 『번역과 제국』, 이혜욱 역, 동문선, 2002.

R. Barthes, R, A. Lavers & C.Smith trs, *Writing Degree Zero*, Hill
    & Wang, 1987.

R. Williams, *KEYWORDS: a vocabulary of culture and society*, Oxford
    uni pre. 1985.

· 저자 ·

권용선
(權容善)

· 약　력 ·

인하대학교 문과대학원 국문학 박사
인천대 · 인하대 · 명지대 강사

· 주요논저 ·

「1910년대 근대적 글쓰기의 형성과정 연구」(인하대 박사논문 2004)
『한국문학연구의 현단계』(공저)
『삼국지연의 한국어 번역과 서사변용』(공저) ·
외 다수

근대적 글쓰기의 탄생과 문학의 외부

· 초판 인쇄	2007년 5월 31일
· 초판 발행	2007년 5월 31일
· 지 은 이	권용선
· 펴 낸 이	채종준
· 펴 낸 곳	한국학술정보㈜
	경기도 파주시 교하읍 문발리 526-2
	파주출판문화정보산업단지
	전화　031) 908-3181(대표) · 팩스　031) 908-3189
	홈페이지　http://www.kstudy.com
	e-mail(출판사업부)　publish@kstudy.com
· 등　　록	제일산-115호(2000. 6. 19)
· 가　　격	23,000원

ISBN　978-89-534-6793-4 93810 (Paper Book)
　　　　978-89-534-6794-1 98810 (e-Book)